AF346669

COLLECTION DES PLANTES

USUELLES, CURIEUSES, ET ETRANGERES,

SELON LES SYSTEMES

DE M^{RS} TOURNEFORT ET LINNÆUS,

Tirées du Jardin du Roi, & de celui de MM. les Apothicaires de Paris; gravées & imprimées en couleur, & en leur forme naturelle, avec leurs fleurs, leurs fruits, leurs graines & leurs racines d'ufage.

Par M. GAUTIER DAGOTY, Botanifte & Anatomifte Penfionné du Roi.

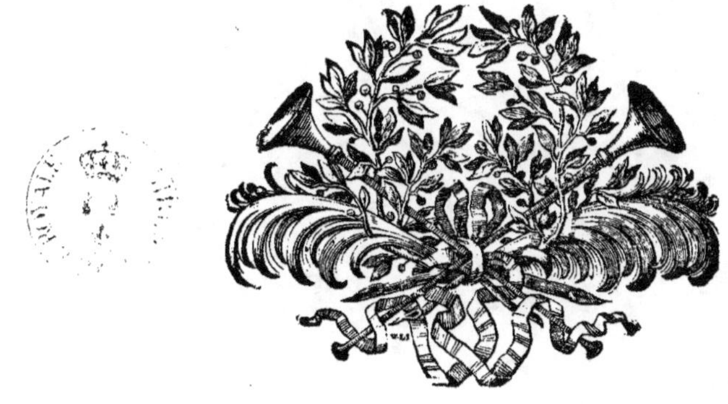

A PARIS,

Chez {L'AUTEUR, Place du Quai de l'Ecole.
{BOUDET, Imprimeur du Roi, rue faint Jacques.

1767.

AU ROI.

SIRE,

LES Sciences utiles font connues & protégées de *VOTRE MAJESTE'*; lorfque j'eus l'honneur* de lui dédier & de lui préfenter mon Cours d'Anatomie, je fus fenfiblement touché de la diftinction qu'elle accorda aux efforts que j'avois faits pour perfectionner la connoiffance du Corps humain : les Medecins ne peuvent fixer cette connoiffance, fi néceffaire dans l'art de guerir, que par un exercice continuel, ou par le fecours des Tableaux fidéles & colorés de toutes les parties qui entrent dans la compofition de l'Homme, que j'ai repréfentées dans cet Ouvrage.

J'entreprends aujourd'hui de la même façon avec le fecours de l'Art que j'ai perfectionné, de donner en couleur des Tableaux imprimés des Plantes dans leur état naturel, avec les differtations convenables à la Botanique que je range fous un nouveau point de vue, à côté de ceux que nous ont donné Tournefort & Linnæus. *VOTRE MAJESTE'* me fait la grace d'accepter la Dédicace de ce nouveau Cours, & du Syftéme qui l'accompagne ; & j'ai l'honneur de lui en préfenter les premices. Les regards de *VOTRE MAJESTE* animent les cœurs, encouragent les Philofophes & les Sçavans dans la penible carriere des Lettres, & les Auteurs par ce feul agent réuffiffent dans les plus grandes entreprifes : c'eft ce que j'ai déja éprouvé, & l'on verra en moi encore ce puiffant effet dans les Plantes que je vais donner. Etant avec le plus profond refpect,

SIRE,

DE VOTRE MAJESTE,

Le très-humble & obéiffant
ferviteur & fidéle fujet,
GAUTIER DAGOTY.

* En 1749 à Compiegne.

PRIVILÉGE DU ROI

ACCORDÉ AU S^R JACQUES GAUTIER DAGOTY,
Anatomiste & Botaniste Pensionné du Roi, Inventeur de l'Impreſſion combinée,
ſur toile & ſur papier, en couleurs fixes, pour les fleurs & les plantes, & de
la Théorie de l'Art d'Imprimer les Tableaux.

EXTRAIT DES RÉGISTRES DU CONSEIL D'ÉTAT.

Du 5 Septembre 1741.

PAR la Requête préſentée au Roi en ſon Conſeil par *Jaques Gautier*, contenant que SA MAJESTÉ, par Arrêt du Conſeil du 12 Novembre 1737, a permis au ſieur le Blond & à ceux qui lui ſeroient donnés pour Adjoints, d'exercer ſeuls pendant l'eſpace de *Vingt années*, excluſivement à toutes perſonnes, l'Art d'Imprimer les Tableaux avec trois Planches ; & par autre Arrêt du 1er Avril 1738, SA MAJESTÉ, en ordonnant l'exécution du précédent, auroit ordonné que le ſieur le Blond ſeroit tenu de travailler à ſon Art d'Imprimer les Tableaux en préſence des ſieurs Dufay de l'Académie des Sciences, & Intendant du Jardin Royal ; Duhamel auſſi de l'Académie des Sciences ; Gautier de Mont-Dorge, Maître de la Chambre aux Deniers, & de la D^{lle} Baſſeporte, reçue en ſurvivance pour la place de Deſſinateur au Jardin Royal, qui lui avoient été donnés pour Adjoints, au déſir dudit Arrêt du 12 Novembre 1737 ; & qu'il leur déclareroit tous les Secrets de la Pratique de ſon Art ; mais que ledit ſieur le Blond eſt décédé au bout de deux années, ſans avoir preſque fait aucun uſage de ce Privilége ; enſorte que, quoique SA MAJESTÉ ait paru dans le deſſein d'introduire cet Art dans le Royaume, en accordant le Privilége au ſieur le Blond, il n'a pas néanmoins eu le ſuccès qu'on en pouvoit attendre au moyen du décès dudit ſieur le Blond, auquel ledit Privilége étoit perſonnel, & eſt ceſſé par ſon décès ; & comme le Suppliant poſſéde le même ſecret, qui eſt très-intéreſſant ſur-tout pour l'Anatomie, la Botanique & l'Hiſtoire Naturelle, il déſireroit d'exercer ledit Art, ſi SA MAJESTÉ veut bien lui accorder le Privilége. A ces cauſes requéroit ledit ſieur Gautier qu'il plût à SA MAJESTÉ lui accorder le Privilége excluſif d'exercer pendant trente·année l'Art d'Imprimer les Tableaux avec trois Planches, avec la faculté de choiſir un Aſſocié qu'il jugera à propos pour l'admettre à ſon travail, & trois Adjoints, dont le choix ſera confirmé par SA MAJESTÉ ; & qu'en cas qu'il vienne à décéder avant l'expiration deſdites trente années, ledit Privilége appartiendra à *Marie-Anne Moreau*, ſon épouſe, & à leurs Enfans nés & à naître, conjointement avec Gaſpar Gautier ſon frère, & au ſurvivant d'eux pour le tems qu'il en reſtera à expirer. Vû ladite Requête : Oui le Rapport du ſieur Orry, Conſeiller d'État & ordinaire au Conſeil Royal, Controlleur Général des Finances : LE ROI, en ſon Conſeil, ayant aucunement égard à la Requête, a permis & permet audit *Jacques Gautier* d'exercer pendant l'eſpace de *trente années*, à compter de la date du préſent Arrêt, l'Art d'Imprimer les Tableaux avec trois Planches. Fait SA MAJESTÉ défenſes à toutes perſonnes, de quelque qualité & condition qu'elles ſoient, de le troubler, ſous quelque préxte que ce puiſſe être, directement ou indirectement, à peine de tous dépens, dommages & intérêts. Fait au Conſeil d'État du Roi tenu à Verſailles le 5 Septembre 1741. Collationné, Signé, *De Vougny.*

BREVET de ſix cens livres de penſion, du 18 Novembre 1764, accordé par SA MAJESTÉ au ſieur Gautier Dagoty, pour le Cours d'Anatomie imprimé en Couleurs, qu'il a donné au Public, & dont il va faire une ſeconde édition.

AUJOURD'HUI, dix-huit Novembre mil ſept cent ſoixante-quatre, LE ROI étant à Verſailles s'eſt fait repréſenter ſa déciſion, du 29 Septembre 1749, par laquelle SA MAJESTÉ auroit accordé au ſieur Gautier, Auteur d'un Cours d'Anatomie, qu'il a dédié à SA MAJESTÉ, une Penſion de ſix cens livres, & voulant aſſurer audit ſieur Gautier la jouiſſance de ladite Grace pendant ſa vie ; SA MAJESTÉ a déclaré & déclare, veut & entend que ledit ſieur Gautier continue de jouir, par chacun an de ſa vie durant, ſur ſes ſimples quittances, de ladite penſion annuelle de ſix cens livres, que SA MAJESTÉ a bien voulu lui accorder par ſa déciſion ſuſdite, & qu'il en ſoit payé par les Gardes de ſon Tréſor Royal, préſens & à venir, ſuivant les États ou Ordonnances qui en ſeront expédiés en vertu du préſent Brevet, que pour aſſurance de ſa volonté SA MAJESTÉ a ſigné de ſa main, & fait contreſigner par moi Conſeiller-Secrétaire d'État, & de ſes Commandemens & Finances. *Signé*, LOUIS.

Et plus bas ; PHELYPEAUX.

LETTRES RENOUVELLÉES, du 18 Mars 1767, portant Privilége exclusif pour les Planches Anatomiques, & la Collection des Plantes imprimées en couleur naturelle.

LOUIS, PAR LA GRACE DE DIEU, ROI DE FRANCE ET DE NAVARRE : A nos amés & féaux Conseillers, les Gens tenans nos Cours de Parlemens, Maîtres des Requêtes Ordinaires de notre Hôtel, Grand-Conseil, Prévôt de Paris, Baillifs, Sénéchaux, leurs Lieutenans Civils & autres nos Justiciers qu'il appartiendra. SALUT. *Notre bien amé le sieur Jacques Gautier Dagoty, possédant seul l'Art & le véritable Secret de Graver & Imprimer les Tableaux en Couleur ;* nous ayant fait exposer qu'il désireroit faire imprimer & donner au Public une suite de Planches d'Anatomie, pour la démonstration des différentes parties du Corps Humain, imprimées en Couleurs naturelles d'après les parties disséquées par lui, avec des tables indicatives & explicatives desdites Planches, & une Collection de Planches de Plante d'Usage & de Plantes Curieuses imprimées en couleurs, avec leurs tables, de sa composition ; pour quoi il Nous a fait supplier très-humblement de lui accorder nos Lettres de Renouvellement de Privilége, sur ce nécessaires. A CES CAUSES, étant informé que les travaux entrepris à grands frais, du vivant de feu sieur le Blond, ont été continués & même perfectionnés depuis sa mort, par ledit sieur Gautier Dagoty ; Nous lui avons permis & permettons par ces Présentes d'exercer l'Art d'Imprimer les Tableaux en Couleur, de donner au Public *la suite des Planches d'Anatomie & des Plantes d'Usage & Curieuses,* & faire imprimer les Tables indicatives & explicatives desdites Planches, en telle forme, manière & grandeur, feuilles séparées ou autrement, & autant de fois que bon lui semblera ; & de les vendre, faire vendre & débiter par tout notre Royaume pendant le tems de six années, à compter de la date des Présentes. Faisons défenses à toutes personnes, de quelque qualité qu'elles soient, de graver ou faire graver copier, ou faire copier, vendre, faire vendre, débiter, ni contrefaire en noir, en couleur & en façon quelconque lesdits Ouvrages, & à tous Imprimeurs, autres que ceux qui seront choisis par le sieur Gautier Dagoty, d'imprimer les tables indicatives qui seront jointes auxdites Planches, & sous quelque prétexte que ce soit d'augmentation, correction ou autrement, sans la permission expresse dudit Exposant ou de ceux qui auroient droit de lui, à peine de confiscations desdits Ouvrages contrefaits, ainsi que des desseins, presses, outils & autres ustensiles qui auroient servi à ladite contrefaction ; de 3000 livres d'amende contre chacun des contrevenans, dont un tiers à Nous, un tiers à l'Hôtel-Dieu de Paris, & l'autre tiers audit sieur Gautier Dagoty, ou à ceux qui auroient droit de lui, & de tous dépens, dommages & intérêts ; à la charge que ces Présentes seront enregistrées tout au long sur le Régistre de la Communauté des Libraires & Imprimeurs de Paris, dans trois mois de la date d'icelle ; que la Gravure & Impression en Couleur desdits Ouvrages sera faite en notre Royaume & non ailleurs ; que l'Impétrant se conformera aux Règlemens de la Librairie, en ce qui concerne l'Impression desdites Tables ; & que sans déroger aux Statuts de la Communauté des Imprimeurs en Taille-douce, il sera tenu de faire faire l'Impression de ses Planches de la manière & ainsi qu'il en a été usé jusqu'à présent avec ladite Communauté, conformément aux Arrêts de notre Conseil, & à ceux de notre Cour de Parlement de Paris des 16 Déc. 1741, & 11 Janvier 1742 ; & qu'avant de mettre en vente lesdites Tables, les Manuscrits d'icelles seront remis dans le même état, où l'Approbation y aura été donnée, ès mains de notre très-cher féal Chevalier Chancelier de France le sieur DE LAMOIGNON ; & qu'il en sera ensuite remis deux Exemplaires de chacun dans notre Bibliothéque publique, un dans celle de notre Château du Louvre, un dans celle de notredit sieur DE LAMOIGNON, & un dans celle de notre très-cher & féal Chevalier Vice-Chancelier & Garde des Sceaux de France le sieur DE MAUPEOU, le tout à peine de nullité des Présentes : Du contenu desquelles vous mandons & enjoignons de faire jouir ledit Exposant & ses Ayans cause, pleinement & paisiblement, sans souffrir qu'il leur soit fait aucun trouble ou empêchement. Voulons que la copie des Présentes, qui sera imprimée tout au long au commencement ou à la fin desdits Ouvrages, soit tenue pour dûement signifiée, & qu'aux copies collationnées par l'un de nos amés & féaux Conseillers-Sécrétaires, foi soit ajoutée comme à l'original. Commandons au premier notre Huissier, ou Sergent sur ce requis, de faire, pour l'exécution d'icelle, tous actes requis & nécessaires, sans demander autre permission, & nonobstant clameur de Haro, Charte Normande, & lettres à ce contraires. Car tel est notre plaisir. Donné à Paris, le dix-huitième jour du mois de Mars, l'an de grace mil sept cent soixante-sept, & de notre Règne le cinquante-deuxième. *Par le Roi en son Conseil ; Signé, LE BÉGUE.*

Régistré sur le Régistre XVII de la Chambre Royale & Syndicale des Libraires & Imprimeurs de Paris. N°. 1295. Fol. 181. conformément aux Réglement de 1723, qui fait défenses, Art. 41, à toutes personnes, de quelques qualités & conditions qu'elles soient, autres que les Libraires & Imprimeurs, de vendre, débiter, faire afficher aucuns Livres, pour les vendre en leurs noms, soit qu'ils s'en disent les Auteurs ou autrement ; & à la charge de fournir à la susdite Chambre neuf exemplaires, prescrits par l'Art. 108. du même Réglement. A Paris, ce premier Avril 1767. Signé, GANEAU, Syndic.

PLANTES D'USAGE.

LE TABAC, *Nicotiana*, appellé par les Indiens *Petum*, & en quelques endroits de l'Amérique *Picielt & Petebecenuc*; en Efpagne *Tabaco*, d'une Ifle de ce nom, où il croît en abondance. En France on l'a appellé *Nicotiana*, ou *Herbe à la Reine*, du nom de Jean Nicot, de Nîmes en Languedoc, Député du Roi de France en Portugal, qui préfenta de la graine de cette Plante à la Reine Mere, Catherine de Médicis, & lui en démontra les vertus & l'ufage. Les Sçavans ont latinifé ce nom & appellent le Tabac *Nicotiana*, quelques-uns *Herba fanĉta*, & d'autres *Bugloffum antarĉticum*. Aujourd'hui cette Plante eft commune, elle fait l'ornement des Jardins & le délice de prefque tous les hommes des quatre parties du monde ; on fume fa feuille, on la met en poudre de plufieurs façons pour la fleurer, & fervir à picoter les nerfs olfaĉtifs, ce qui réveille les efprits animaux. On la mache pour exciter les glandes falivaires & fécher les humeurs, & les Flamands & d'autres Nations en font des petits rouleaux, avec lefquels ils s'interdifent toute forte d'odeur. Dalechamp, de Caen en Normandie, en fait un grand éloge. Le Tabac naît dans les Indes aux lieux humides & à l'ombre. Dans les pays froids on le feme en Août ou en Septembre, pour germer aux premieres chaleurs, parce que fa petite femence fe plaît dans ces pays à refter long-tems en terre avant de germer. Dans les pays chauds il fleurit en Juin & Juillet, & la femence eft bonne en Septembre. Il fleurit en Automne dans les pays du nord, & la femence fe recueille plus tard. Nicolas Monard recommande de fécher fes feuilles à l'ombre, pour en faire ufage.

TOURNEFORT.

CLASSE 2. Des herbes à fleur d'une feule feuille réguliere, femblable à un entonnoir ou à un godet.

SECTION 1. Des herbes à fleur en entonnoir, & dont le piftile devient le fruit.

GENUS II. Nicotiana *eft plantæ genus, flore A, B, monopetalo, infundibuli-formi & multifido : ex cujus calyce C furgit piftillum D infimæ floris parti adinftar clavi infixum, quod deinde abit in fruĉtum E membranaceum, oblongum, vel fubrotundum, fepto intermedio G in duo loculamenta FF divifum, plurimis feminibus fœtum I, placentæ H affixis.*

Nicotianæ fpecies funt.

1. Nicotiana major, *latifolia C. B. Pin.* 169. *Nicotiana major five Tabacum majus J. B. 3.* 629. *Hyofcyamus Peruvianus Dod. pempt.* 452. Nicotiane, ou Tabac à large feuille.

2. Nicotiana major, *anguftifolia C. B. Pin.* 170. *Nicotiana five Tabacum folio anguftiore J. B. 3.* 630. *Hyofcyami Peruviani altera icon. Dod. pempt.* 452. Nicotiane, ou Tabac à feuille étroite.

3. Nicotiana major, *lato & rotundo folio H. L. Bat. Pycielt feu Tabacum Hernand.* 173.

4. Nicotiana minor, *C. B. Pin.* 170 *; Priapeia quibufdam, Nicotiana minor J. B. 3.* 630, *Dubius Hyofcyamus luteolus, folanifolius Lob. icon.* 269.

5. Nicotiana arborefcens, *fpinofiffima, flore exalbido Plum.*

DALECHAMPIUS. *H. P.* 1896.

Temperamentum.

Calidam effe & ficcam Plantam hanc in fecundo gradu idem Nicolaus Monardus tradit, ideò calefacere, refolvere, abftergere, & aliquantùm abftringere, ut ex fequentibus facultatibus colligere licet.

Vires.

Folia ejus, inquit, calefaĉta & impofita cephalææ & hemicraniæ præfenti funt remedio, fi morbus à caufa frigida, aut à flatibus ortus fuerit. Dentium dolores à caufa frigida non modò finit dente prius deterfo aliquo linteo ejus fucco delibuto, & pilula ex ejus folio confeĉta denti indita, fed etiam ne putredo ferpat prohibet, &c.

On ne donne ici que deux mots des vertus que lui attribue Dalechamp. Il fait du Tabac un reméde univerfel, que l'on peut voir dans l'Auteur même ; mais il a fort mal repréfenté la Plante.

PLANTES D'USAGE.

LE RICIN, *Ricinus*, *Kerva* en Arabe, il eſt appellé auſſi en Latin *Cataputia major*, *Pentadactylon* & *Palma Chriſti*, les Allemans *Underbaum* ou *Creatzbaum*, les Eſpagnols *Figueroa del jnfierno*, les Italiens *Giraſole*. Les Latins l'ont nommé *Ricinus* à cauſe de la reſſemblance que ſon fruit a avec un petit inſecte qui s'attache dans les bois ſur le bétail & ſur les chiens, & qui ſe nomme en François Tique ou Tiquet ; & on le nomme *Palma Chriſti*, ou Palme de Chriſt, à cauſe de ſa feuille qui reſſemble à une main ouverte. Il fleurit en Automne, & ſa fleur à étamine eſt ſéparée du fruit ; ce qui a fait croire que cette plante étoit hermaphrodite ; elle n'eſt pas originaire de nos climats, mais elle y vient facilement, & ſe multiplie beaucoup : une fois qu'elle eſt dans un jardin on en voit naître de tous côtés : celle-ci eſt le Ricin ordinaire, N.° 1. *Ricinus vulgaris C. B. Pin. 432.*

TOURNEFORT.

CLASSE XV. Des Plantes qui ont les fleurs à étamines, & dont la partie poſtérieure du calice devient le fruit.

SECTION V. Des Plantes qui ont les fleurs à étamines, ſéparées des fruits ſur le même pied.

Genus 6. RICINUS *eſt plantæ genus, flore A apetalo, plurimis ſcilicet ſtaminibus B ex calice K ſurgentibus conſtante, ſed ſterili ; embryones enim C à floribus ſejunguntur in eâdem Planta & deinde abeunt in fructum D trigonum, ex tribus capſulis E compoſitum, axi F affixis, ſemineque fœtis G, cortice duriore H obducto.*

Ricini ſpecies ſunt.

1. RICINUS VULGARIS *C. B. Plin. 432. J. B. 3. 642. Ricinus Dod. pempt. 367. vulgò Palma Chriſti.*
2. RICINUS AMERICANUS, *major, caule vireſcente H. R. Par. prioris varietas.*
3. RICINUS AFRICANUS, *maximus, caule geniculato, rutilante H. R. Par.*
4. RICINUS AMERICANUS, *minor C. B. Pin. 432. Erawai, Ricini puſillum genus Cluſ. Exot. 48.*
5. RICINUS ZEYLANICUS, *foliis profundiùs laciniatis.*

LEONHARDUS FUCHSIUS.

Temperamentum.

Ricinus in ſecundo vel ſummum tertio ordine calefacientium & ſiccantium eſſe apparet.

VIRES EX DIOSCORIDE.

Ex ſemine Ricini oleum nomine Ricinum exprimitur, ad edendum minimè aptum : alioquin tamen lucernis & emplaſtris utile. Grana triginta numero putaminibus purgata, trita & pota, pituitam, bilem, & aquam per aluum dejiciunt. Vomi-

tiones etiam movent. Eſt verò injucunda admodùm & laborioſa hujuſcemodi purgatio : ſtomachum enim validè ſubvertit. Tuſa & illita varos maculaſque ſole contractas purgant. Folia trita cum polenta, oculorum ædemata & inflammationes ſedant, mammaſque turgentes cohibent. Per ſe aut cum aceto illita ignes ſacros reſtingunt.

EX GALENO.

Semen Ricini, quod etiam purgat, extergendi & digerendi facultatem obtinet. Sic verò & folium, ſed undequaque debilius. Oleum quod ex ſemine conficitur, calidius, tùm tenuiorum partium, quàm eſt oleum commune, ac proindè quoque digerit.

Extrait.

Tournefort admet cinq ſortes de Ricin nommés ci-deſſus ; mais ce qu'il y a de curieux dans l'explication du fruit & de la fleur de cette Plante, ſéparés ; c'eſt qu'il met l'Embrion de la Plante comme à l'ordinaire dans l'étamine, & le fruit comme Femelle, ſelon lui, reçoit cet Embrion qui fait le germe de la graine : ce qui eſt parfaitement conforme à mon Syſtême de la génération.

Dioſcoride fait la graine purgative, & l'huile utile à la lampe & aux emplâtres, & la feuille pilée avec la boullie (*polenta*, eſpéce de boullie épaiſſe faite avec la fleur de farine) contre les tumeurs & inflammations des yeux, & les duretés des mammelles.

La *Polente* dans pluſieurs endroits de l'Italie, ſe fait avec le lait, la fleur de farine de Bled de Turquie & celle de poix chiche ; mais pour l'uſage ci-deſſus celle qui eſt faite ſeulement avec le lait, la fleur de farine du Bled de Turquie & la feuille pilée du Ricin eſt très-propre pour les duretés & les maux du ſein. Elle fait percer facilement & ſupurer, & dans l'emplâtre que l'on met enſuite pour guérir on y fait entrer l'huile de Ricin.

La Maürette de Constantinople
Gautier

PLANTES D'USAGE.

A **LE NARCISSE BLANC** à cercle pourpre. *Narcissus albus, circulo purpureo C. B. Pin.* 48.

B **La JONQUILLE SIMPLE.** *Narcissus juncifolius, luteus, minor C. B. Pin.* 52.

C **Le NARCISSE DES BOIS.** *Narcissus silvestris, pallidus, calice luteo C. B. Pin.* 52.

D **Le NARCISSE BLANC DOUBLE** à cercle pourpre. *Narcissus flore singulari albo, pleno J. B.* 2. 602.

DISSECTION DE LA FLEUR POUR L'INTELLIGENCE DES TERMES DE BOTANIQUE.

A la présente Planche outre l'Anatomie de la fleur que donne Tournefort, expliquée dans son article ci-après, je donne deux coupes du Narcisse. A la premiere coupe, *a* démontre la partie du PISTILE, que Linnæus nomme *Germen 1*, où l'on voit une coupe de la cloison & les graines fraiches en situation. La partie du pistile 2, est le *stil*; 3, est la partie que cet Auteur nomme *Stigma* : ce qui compose ensemble le sexe feminin de la plante, ou l'Uterus. Les ETAMINES ou la partie mâle, nommées *Stamen*, contiennent ce qu'il appelle *filament* 4, & ce qu'il nomme *anthere* 5. Le CALICE de cette fleur est *spathe* selon Linnæus, c'est-à-dire en spatule, on le voit à la fleur D & C indiqué par 6. Tous ces noms augmentent les difficultés de l'étude de la Botanique, mais en les expliquant dans une langue familiere & usitée comme le François, l'Italien, l'Allemand, &c. on applanit ces difficultés de mots qui rébutent quelquefois les Amateurs. La COROLLE ou le chapeau de la fleur, 7, (fig. *a*) est ce que l'on nomme communément feuille, & la seule partie que connoît le vulgaire, c'est aussi la partie colorée qui en fait l'agrément ; elle est divisée par Linnæus en *petale*, 7, & en *nectaire*, 8, ces deux parties n'en font qu'une seule dans leur principe, & se séparent ensuite peu après leur naissance, ou dans la partie élevée de la corolle, comme dans la fleur que nous disséquons ici. Le nectaire sert à recevoir le miel des fleurs. Il est en tuyau, ou en espéce de langue & a quelquefois la forme de gueule comme le Narcisse, on en verra les diverses formes dans le cours de cette collection. Les fleurs monopétales sont celles qui ne sont point divisées à leur naissance, & forment un tube ou une cloche qui s'évase sur le haut & se divise souvent en feuilles dans plusieurs fleurs. Linænus appelle dans les fleurs monopétales le bas du corolle *tube* 9, le haut *lymbe* 10, & dans les fleurs à plusieurs pétales le bas des pétales *unguis*, & le haut *bractea*, l'ongle & la lame, d'autres fleurs disséquées nous démontrent ces parties.

OBSERV. Figure *b* est une fleur monstrueuse qui commençoit à quitter sa qualité de simple & ses facultés génératrices, pour devenir double : elle m'est tombée par hasard dans les mains, & j'ai remarqué que le nectaire, & les étamines en même-temps quittoient leur forme ordinaire pour devenir pétales & augmenter les feuilles, ou lames de la fleur ; ce qui démontre les causes de la stérilité des fleurs doubles, qui sont pour lors toutes monstrueuses, & ce qui fait voir en même-temps qu'on pourroit bien retrancher une infinité d'espéces de fleur dans un même genre, qui ne different que par cet endroit ou par la couleur des pétales, ce qui n'est que variété & non pas différence d'espéce. *c* est la partie du nectaire de cette fleur qui commençoit à se former en pétale, *d* est l'étamine qui se métamorphosoit de même.

TOURNEFORT.

NARCISSUS *est plantæ genus, flore A, B, C, D, liliaceo, monopetalo, campani formi F G, in sex partes secto, meditullium ejus coronæ instar cingentes. Calix autem qui plerumque prodit è vaginá membranaceá* 6, *abit deindè in fructum K oblongum vel subrotundo, trigonum, trifariam dehiscentem L, in tria locumenta M divisum, seminibusque fœtum subrotundis N.*

LINNÆUS.

NARCISSUS. 319. Calix, 6, *spatha oblonga, obtusa, compressa, latere plano rumpens, marcescens. Corolla* nectarium monophilum, 8, *cylindraceo infundibuli-forme, superne coloratum, ore patulo, plicato, crispo. Petala* sex, 7, *ovata, acuminata, plana, tubo nectarii externe supra basin inserta. Stamen* filamenta sex, 4, *subulata, tubo corollæ affixa, nectario breviora. Antheræ,* 5, *oblongiusculæ. Pistilum germen,* 1, *subrotundum, obtuse triquetrum, sub receptaculo. Stilus,* 2, *fili-formis, staminibus longior. Stigma,* 3, *trifidum, concavum, obtusum. Pericarpium, capsula subrotunda, obtuse trigona K, trilocularis L, trivalvis M. Semen* plura, *globosa, appendiculata N. Receptaculum columnare.*

GAUTIER.

La NARCISSE. Elle a la *racine* bulbeuse, noirâtre en dehors, blanche en dedans, visqueuse, amere. *Tige* d'environ un pied de haut, canelée, ébranchée. Celle du Narcisse de Constantinople est anguleuse, ébranchée, unie, grosse. *Feuille* gladieuse, contours unis, caudassée, texture unie.

* On donnera dans la table deuxiéme les diverses espéces de Narcisse que décrit Tournefort.

le chicalote du ...

PLANTES CURIEUSES ET ÉTRANGERES.

LE CHUPALONE DU PEROU.

Nierenberg Hiſtoriæ ; & Adanſon , famille des Plantes , p. 164.

CES Plantes font une partie très-intéreſſante de l'Hiſtoire Naturelle : comme elles ſont rares, & ne ſe trouvent pas complettes dans les Jardins des Amateurs, on ſera bien aiſe de les avoir le plus ſuivies qu'il ſera poſſible, en Planches avec leurs couleurs naturelles. Dans les Jardins publics, leur collection eſt plus étendue, ſoit dans celui du Roi à Paris, & à Londres dans celui de la Société Royale, & en pluſieurs autres endroits ; mais tout le monde ne peut fournir à des entretiens conſidérables. Deſorte que cet ouvrage remplira les vuides des Collections particulieres. On ne parle pas de leur uſage ni de leurs vertus, chaque pays ayant aſſez de Plantes en lui-même pour fournir à nos beſoins ; mais cependant lorſqu'il ſera queſtion de celles dont l'uſage eſt commun, on le donnera dans leurs Tables.

Le Chupalone, ainſi nommé par M. de Juſſieu, n'eſt point encore connu. M. de la Condamine, dans ſon voyage du Pérou, par ordre du Roi, pour la meſure des degrés de latitude près la ligne, qu'il a ſi exactement accompli, n'a rien oublié de ce qui pouvoit être utile aux Sciences : il deſſina le Chupalone, dont il fait actuellement préſent au Public, & le coloria lui-même d'après nature. Il l'envoya, en 1736, à Monſieur Dufai, pour lors Intendant du Jardin du Roi, après avoir fait l'anatomie curieuſe de toutes les parties de cette Plante, avec la deſcription ſuivante.

La fleur de cet arbriſſeau, qui croît dans les Pays-Bas & chauds de la province de Quito à l'oueſt, & dans celle d'*Eſmeraldas* ou des Emeraudes, renferme & développe un fruit bon à manger ; on le nomme dans le pays *Chupalulones*, qu'on prononce *Choupaloulones*, nom Hybride tiré de la langue Péruvienne des Incas, avec une terminaiſon Eſpagnole.

Diſſertation ſur la génération des Plantes.

Figure premiere.

Tige de la plante avec ſa fleur, ſes fruits & ſes feuilles. Ce qu'il y a ici de curieux, c'eſt que les étamines qui partent du haut du piſtile, ſont renverſées, & pendent directement ſur l'uterus des graines, c'eſt-à-dire, le fruit, & ſont enfermées dans un vagin qui tombe enſuite avec les étamines, & ne reſte plus que le piſtile avec ſon chapiteau implanté dans le fruit.

Selon l'idée du ſyſtême de M. Tournefort, les étamines ſont le membre viril, le fruit eſt l'uterus, & les graines ſont les Embrions. Le piſtile eſt les véſicules ſéminales & les teſticules. Quelquefois dans certaines Plantes le piſtile au contraire eſt l'uterus, & le calice ſoutient les étamines, & renferme les teſticules & les véſicules ſéminales ; c'eſt-à-dire, que ce qui devient le fruit, d'une façon ou d'autre, eſt l'uterus. Je crois cet arrangement naturel & conforme à toute eſpéce de génération. Les plantes & les animaux générent tous de la même façon, dans leur genre différent. Il y a dans les vivipares & les ovipares, toujours les mêmes parties jointes dans le même corps ou ſéparées entre le mâle & la femelle. La vipere, par exemple, & pluſieurs inſectes génerent ſeuls, & ont leurs parties internes & voiſines qui ſe joignent dans le corps même de l'animal au tems de la génération, & produiſent les embrions tous formés & tous vivans ; ce qui ſe voit ici dans le *Chupalone*, où rien ne paroît en dehors, tout étant enfermé dans un vagin. *A la Table ſuivante on donnera la ſuite.*

A, le vagin. *B*, l'uterus. *C*, le fruit formé. *D*, le piſtile. *Fig.* 2. portion de la fleur en bouton. *Fig.* 3. le fruit vû par deſſus. *Fig.* 4. la coupe du fruit. *Fig.* 5. le fruit vû de profil ; & *Fig.* 6. ſa coupe verticale. *Fig.* 7. le vagin ouvert par en-bas & le piſtile qui le ſoutient. *Fig.* 8. le vagin & l'uterus ouverts entierement, où l'on voit les étamines. *Fig.* 9. toutes ces parties vues au microſcope.

PLANTES D'USAGE.

L'ASPHODELE d'Italie ; *Asphodelus spiralis, luteus, Italicus, flore magno H. R. Par.* Cette plante fleurit à la fin du Printemps, en Mai & Juin.

TOURNEFORT.

Asphodelus est plantæ genus, flore liliaceo monopetalo A, B, in sex partes secto, ex cujus meditullio surgit pistillum C, quod deindè abit in fructum D, ferè globosum, carnosum & trigonum, apice dehiscentem E, in tria loculamenta divisum F, seminibusque fœtum G triangularibus.

Asphodeli species sunt.

Asphodelus albus, ramosus, mas. C. B. Pin. 28.

Asphodelus albus, ramosus, minor, seu ramosus alter H. R. Par.

Asphodelus albus, non ramosus C. B. Pin. 28.

Asphodelus, purpurascens, foliis maculatis C. B. Pin. 28.

Asphodelus foliis compressis, asperis, caule patulo.

Asphodelus luteus & flore & radice, C. B. Pin. 28.

Asphodelus africanus, angustifolius, luteus, minor.

Asphodelus spiralis, luteus, italicus, flore magno H. R. Par.

Asphodelus albus, minimus C. B. Pin. 29.

Asphodelus foliis fistulosis C. B. Pin. 29.

Asphodelus differt à Phalangio florum formâ.

LINEUS.

335 ASPHODELUS. *Hexandria. I. monogynia.* Calix. *Nullus.* Corolla A, B, *monopetala, sex partita: laciniis lanceolatis, planis, patentibus.* Nectarium *valvulis sex, minimis, conniventibus in globum, basi petali insertis.* Stamen. *Filamenta sex, a, b, subulata, valvulis nectarii inserta, arcuata alterna, b, breviora. Antheræ, c, oblongæ, incumbentes, assurgentes.* Pistilum, D, *Germen subrotundum, intra nectarium. Stylus, d, subulatus, situ staminum. Stigma truncatum.* Pericarpium, F, *Capsula globosa, carnosa, triloba, trilocularis.* Semen. G, *Plura triangularia, hinc gibba.*

OBSERV. *Filamenta in aliis declinata, in aliis extrosum arcuta sunt.*

GAUTIER.

Les Asphodeles sont de deux classes différentes ; les uns sont comme celui qui est représenté dans la planche ci-jointe, à tige simple, & les autres à tige rameuse. Plusieurs Auteurs joignent avec ceux-ci l'Asphodele bulbeux, ou l'*Ornitogalum spicatum*, qui est l'Asphodele femelle qui croît en Allemagne dans les montagnes & dans les bois ; ce qui fait des plantes différentes sous le même nom dans les Auteurs anciens. Les systêmes des plantes fondés sur la forme des fleurs obligent les Botanistes modernes de mettre dans la même classe celles à tige simple & à tige rameuse ; ce qui nuit à l'étude de la connoissance des plantes à cause de *leur port* & de *leur caractere différent.* Une plante sur une seule tige differe certainement de celle qui est rameuse, & qui a un caractere bien opposé, c'est ce que l'on évite en considérant les plantes par leurs tiges, leurs racines & leurs feuilles.

La RACINE, H, de cette plante est de la *douziéme famille*, c'est-à-dire, composée de plusieurs navets suspendus à une tête commune ; ces navets sont d'un jaune foncé & de couleur blanche en dedans ; leur substance est charnue, d'un gout un peu amer & acre.

La TIGE, I, est dans la *deuxiéme classe*, simple, ronde, l'extérieur follié, l'intérieur tendre & plein.

La FEUILLE, K, est du *onziéme genre*, acusée, ses contours simples, caudacée, texture unie, à dos aigu.

La FLEUR, A, B, est liliacée monopetale, divisée en six parties ; les *Etamines, a, b,* au nombre de six, leurs *antheres, c,* oblongues, le *pistille, D,* rond entre les nectaires, le *stil, d,* très-fin, situé entre les étamines & tronçoné.

Le FRUIT, E, F, rond, divisé supérieurement en trois & comme composé de trois côtes, qui se séparent à sa maturité, sa *semence* est triangulaire & noire, de la grandeur d'une lentille.

LIEUX ET USAGE.

Cette plante vient dans les endroits pierreux ; elle croît en abondance dans les collines du Languedoc peu distante de la mer. En Italie on fait tremper & bouillir la racine de l'Asphodele dans l'eau pour en enlever l'âcreté, on en tire la pulpe par un crible, qu'on mêle avec de la farine de bled ou d'orge & un peu de sel, & la pâte bien paitrie & cuite au four, fait le pain d'Asphodele, dont les paysans Italiens se servent dans la cherté du pain.

VERTUS ET QUALITÉS.

Matthiole. La racine bue avec du vin du poids d'un gros guérit les douleurs de côté, fait cesser les renvois & la toux, &c. *Lemery.* Leurs racines sont détersives, incisives, apéritives, propres pour exciter l'urine, les mois aux femmes ; elles sont contrevenin, & servent à nettoier les vieux ulceres, elles sont aussi résolutives.

le Souci
Gautier

PLANTES D'USAGE.

LE SOUCI, *Caltha* seu *Calendula*, nommée ainsi par les Latins, à cause que cette Plante fleurit tous les mois dans les pays chauds, & dans nos climats depuis le mois de Mai jusqu'à la fin de l'Automne. Elle a été nommée *Soulcie* d'abord, en vieux françois, à cause que la fleur de cette Plante s'ouvre au lever du Soleil & se referme la nuit; les Allemands l'appellent *Ringelblumen*, & les Italiens *Fior d'ogni mese*. Sa tige n'est pas bien élevée, elle est comme canelée & un peu ligneuse, les feuilles de diverses espéces de Souci sont de la même couleur, mais elles different un peu de la forme. Les plus belles & les doubles ont les feuilles moins allongées, & les communes ont les feuilles plus longues & plus aiguës à leurs extrémités. Les fleurs différent aussi de teinte & de grosseur, nous donnons ici *A* le Souci sixiéme *Caltha polyanthos major, C. B. Pin. 276. flore aureo*: & *B.* le Souci 2, *Caltha vulgaris flore citrino*. Celle-ci vient dans les vignes & dans les terres cultivées. Elles ont une odeur forte mais point désagréable. Ce qui est curieux en cette fleur, c'est que chaques pétales qui la composent, sont autant de petites fleurs particulieres (*flosculi*) qui ont leur fruit sur lequel elles sont implantées.

TOURNEFORT.

CLASSE XIV. Des Herbes à fleurs radiées & à semences aigrettées.

SECTION IV. Des Plantes à fleurs radiées, & les semences renfermées dans des capsules.

Genus 1. CALTHA *est plantæ genus, flore A radiato, cujus discus B ex plurimis flosculis C: corona verò E ex semiflosculis F componitur, embryonibus D, G insidentibus & calyce H comprehensis. Embryones autem deinde abeunt in capsulas plerumque incurvas K L, & marginatas M, N, semine fœtas O, ut plurimùm oblongo I.*

Calthæ species sunt.

1. CALTHA VULGARIS, *flore pallido C. B. Pin. 275. Caltha flore simplici J. B. 3. 101. Calendula Dod. pempt. 254.*

2. CALTHA VULGARIS, *flore citrino C. B. Pin. 275.*

3. CALTHA VULGARIS, *flore rufo C. B. Pin. 275.*

4. CALTHA POLYANTHOS, *maxima C. B. Pin. 275. Calendula multiflora, maxima Tabern. Icon 231.*

5. CALTHA POLYANTHOS, *major C. B. Pin. 275. Caltha flore pleno J. B. 3. 101. Calendula lutea, flore pleno Eyst.*

6. CALTHA POLYANTHOS, *major, flore aureo C. B. Pin. 276. Calendula polyanthos, flore aureo Tabern. Icon. 332.*

7. CALTHA POLYANTHOS, *major, flore mellino C. B. Pin. 276. Calendula sativa, polyanthos, mellina Tabern. Icon. 333.*

8. CALTHA FLORIBUS REFLEXIS *C. B. Pin. 276. Calendula multiflora, orbiculata, Tabern. Icon. 333.*

9. CALTHA PROLIFERA, *majoribus floribus C. B. Pin. 276. Caltha prolifera J. B. 3. 102. Calendula prolifera 1. Tabern. Icon. 334.*

10. CALTHA PROLIFERA, *majoribus floribus, flore mellino H. R. par.*

11. CALTHA PROLIFERA, *minoribus floribus C. B. Pin. 276. Calendula prolifera, ij. Tabern. Icon. 335.*

12. CALTHA CALENDULA, *flore mixto H. R. Par.*

13. CALTHA ARVENSIS *C. B. Pin. 276. Caltha minima. J. B. 3. 103. Calendula arvensis Tabern. Icon. 335.*

14. CALTHA HUMILIS ET MINIMA *C. B. Pin. 276.*

15. CALTHA AFRICANA *flore intus albo, foris violaceo. Calendula humilis, Africana, &c. simplici H. L. Bat.*

16. CALTHA SILVESTRIS LUSITANICA.

17. CALTHA MARITIMA LUSITANICA, LANUGINOSA.

Ab eo genere excludi debet Caltha palustris, flore simplici & pleno C. B. Pin. 276. ad populaginem revocanda.

Calthæ species flore fructuque carentes dignosci solent foliis oblongis, crassiusculis, odore gravi & proprio.

LEONHARDUS FUCHSIUS.
Temperamentum.

Calidam & siccam esse statuunt, neque id immeritò, quandoquidem dulcedine modica cum amaritudine conjuncta participet.

VIRES EX RECENTIORIBUS.

Herba ipsa adhibetur condimentis & acetariis. Flos ex vino potus ciet menses: item herbæ succus quo in dentium dolore os præsentaneo remedio colluitur. Non parum etiam ejus flos ad flavos reddendos capillos conducit. Idem perinde atque ipsa herba, secundas conducit mirificè, si aridus, suffitibus, admotus fuerit.

Extrait.

La fleur du Souci, infusée dans le vin blanc, excite les menstrues. Le suc de la Plante est un remede efficace pour les douleurs de dents & pour les préserver de la corruption.

le jalape
fig 1.
fig 2.
le jalape
Gautier

PLANTES CURIEUSES ET ÉTRANGERES.
LE JALAP DU MEXIQUE.

Jalapa, Tourn. 129 & 50. Mirabilis, longi flora, Linn. 3.

ON appelle aussi cette Plante dans l'Amérique *Gialapa. Gelapa & Celopa.* Cette Plante est une espéce de Belle-de-nuit. La tige croît à la hauteur de quatre ou cinq pieds ; ses feuilles approchent de la figure de celles des autres Belles-de-nuit, mais elles sont plus petites. Cette espéce ici croît sans culture au Méxique, dans les montagnes froides ; elle vient aussi aux Isles de Madere. On coupe la racine du Jalap en rouelles épaisses (*fig 2.*) qui deviennent, compactes, parsemées de veines résineuses, difficiles à rompre avec les mains, mais faciles à casser avec le pilon. Ces rouelles sont de couleur grise, d'un goût un peu âcre.

LA FLEUR du Jalap est monopétale, sessile & en touffe. Le *Calice* est monophile & couronné de cinq dents allongées ; il est velu & gluant : à son centre est le pistile ovalaire duquel part la *Corolle* qui a le Pétale extrêmement allongé, gluant & velu ; il forme une espéce de tube fort mince, un peu évasé sur le haut, ayant le Limbe semblable à un second calice, divisé en cinq dents aiguës & verdâtres. De l'orifice du tube part le Nectaire, qui forme la fleur en Jasmin composée de cinq feuillets. Les *Etamines* partent du pistile & non de la corolle ; ils sont au nombre de cinq ; leurs filamens sont déliés & extrêmement allongés & vont jusqu'au bout du tube, & sont alternativement un peu plus courts ; ils portent un Anthere reniforme & divisée sur les deux faces, qui sont applanies & opposées, elles sont de couleur jaune doré. Le *Pistile* a son germen globuleux, le stil est allongé & plus long que les étamines. Le Stigma est en rose & violet.

Ce qu'il y a de très-remarquable dans cette Plante, c'est qu'elle a une Coque qui forme le germen ou la base du pistile, laquelle soutient, comme l'on vient de dire, la corolle, les étamines & le stil qui porte son stigma. Cette coque est très-dure, entierement creuse & détachée totalement du péricarpe, lequel est fait en noix, & ne tient que par une attache courte au fond de la coque ; il y a sur sa partie supérieure un fil court, aigu qui ne touche nullement au haut de la coque : de sorte que le stigma, le stil, les étamines & toutes les parties de la génération de cette fleur n'ont rien de commun extérieurement avec la graine, & ces parties ne doivent servir, comme à toutes les autres plantes, que de glandes & de filtres séminaux pour la préparation des liqueurs qui forment le germe dans l'uterus. La Dissertation suivante servira à faire connoître que ce qu'on appelle *partie mâle & femelle* selon Tournefort, comme l'on a vû dans la Table précédente, n'est pas si absolument fondé & établi, qu'il soit impossible de définir autrement la génération des plantes & de ne leur donner qu'un seul sexe, dans lequel se formeroit, au moyen des organes, l'embrion. Car le double sexe me paroît une chose bien inutile & bien aventurée.

LA RACINE est rapontique. Celle que nous représentons ici est seche, & comme elle se trouve chez les Apothicaires, elle est de couleur brune, & en dedans d'un blanc grisâtre, ayant plus d'odeur & de force que celle de la Belle-de-nuit que l'on cultive en France dans les jardins.

LA TIGE est sarmenteuse, velue & gluante.

LA FEUILLE est cardiale, pétiolée dans les parties inférieures de la tige, & acaudassée dans le haut des tiges & contre les fleurs : ses contours sont velus de même que toute la texture. Les jeunes feuilles sont gluantes.

VERTUS.

Elle purge fort bien par le ventre toutes les humeurs, mais principalement les sérosités ; on s'en sert pour l'hydropisie, pour la goutte, pour les rhumathismes, pour les obstructions. La dose est depuis dix grains jusqu'à une dragme. *Lemery.*

PREMIERE DISSERTATION.
Sur la Génération des Plantes.

La variété des parties de la fructification dans les Plantes a dérangé l'ordre des Systêmes, & a forcé d'y jetter quelque confusion. Si les étamines, qui sont les parties mâles de la plante, selon nos Botanistes, s'étoient suivis, & eussent constamment paru dans toutes les fleurs, comme dans les douze premieres classes de Linnæus, les amateurs seroient à leur aise ; mais sitôt que l'on passe la treziéme classe, on ne sçait quel est l'ordre qu'il faut suivre. Linnæus dit bien, *Didynamia* 14e. Classe, c'est-à-dire, deux étamines longues ; & *Tetradynamia* 15e. Classe, quatre étamines longues : mais il s'arrête ici pour quitter le nombre des étamines, & va chercher leur attache, leur configuration & leur division d'avec le pistile dans des Fleurs différentes.

Il appelle *Monadelphia,* 16e. Classe, les étamines réunies en un corps. *Diadelphia,* 17e. C., les étamines réunies en deux corps ; *Polyadelphia,* 18e. C., en plusieurs corps ; *Syngenesia,* 19e. C., les antheres attachées au cylindre, & *Gynandria,* 20e. C., les Etamines posées sur le Pistile. Linnæus croit ensuite que l'ordre systématique n'est point interrompu en considérant la privation réciproque de ces parties, en deux Fleurs différentes sur la même Plante, ou posées sur des Plantes différentes. Il nomme *Monæcia,* 21e. C., les Plantes hermaphrodites comme le Richin, le concombre, &c, où les Fleurs sont de deux espéces, l'une mâle & l'autre femelle. *Diæcia,* 22e. C., les Plantes, où les Fleurs mâles & femelles sont séparées entre deux individus, comme le Chanvre, le Genevrier, &c.

Polygamia, 23e. C., dans cette Classe les plantes ont des Fleurs de diverse génération ; elle est sousdivisée, comme Linnæus a déja fait en d'autres, 1°. En *Polygamia Monæcia* ; dans laquelle division on trouve des Plantes qui sont à Fleurs hermaphrodites femelles & à Fleurs hermaphrodites mâles tout ensemble. Dans les Fleurs hermaphrodites femelles on trouve les étamines, le fruit & les graines ; & dans les hermaphrodites mâles, le fruit avorte ; quoiqu'il y ait les étamines & un pistile complet. Telles sont le Banannier, l'Elébore blanc, le Sorgum, l'Ægilops, le Micoucoulier, le Panicasterlla & la Croisette. Mais la Pariétaire, qui est dans la même Classe, détruit tout le Systême des Etamines, parce qu'elle a des Fleurs hermaphrodites qui portent la graine, & des Fleurs femelles qui n'ont point d'étamines & qui portent aussi la graine. Voyez *Genera Plantarum Linnæi* 929.

Cette Plante n'est pas la seule qui prouve que le défaut d'étamine n'empêche pas la génération ; l'Arroche est de même. Le Convolvulo-Tithymalus de Boerhave, que Linnæus met dans la même Classe, est une plante dont les fleurs mêlées dans le même calice, qu'il appelle *Intra Involucrum,* sont tout ensemble, d'une part mâles à étamines sans fruit, & de l'autre à pistile & semence sans étamines. L'Aster, sur le même calice, a des fleurs séparées, qui forment ensemble un Disque & une Couronne. Celles du Difque font hermaphrodites, & ont des étamines & un piftile, qui a fon ftile & fon ftigma, & celles de la Couronne font femelles fans aucune étamine ; les unes & les autres ont la même graine.

2°. La II Divifion de la Claffe des *Polygamia* dans Linnæus eft nommée *Polygamia Diœcia*, c'eft-à-dire, mâles & femelles féparées entre deux individus, & de plufieurs générations différentes en même temps. Dans l'Anthofpermum, la fleur de la plante mâle a les étamines fans fruit ; la plante qui eft androgine a les fleurs mâles comme la précédente, & la fleur femelle porte la graine. En outre, celles qui ont la fleur femelle feulement portent leurs graines auffi fans étamine. Le Frêne dans cette même divifion eft avec des fleurs hermaphrodites qui ont les étamines, le fruit & la femence : il eft auffi avec des fleurs femelles qui n'ont point d'étamines, & qui portent leurs graines ; ce qui prouve encore l'inutilité des étamines pour la génération des plantes. Le Rodia des Apothicaires eft dans le même genre.

3°. La III. Divifion de la 23e. Claffe eft nommée *Polygamia Triœcia*, c'eft-à-dire, Plantes de plufieurs générations, & qui ont les trois fexes tout à la fois. L'Empetrum de Tournefort eft l'exemple dont fe fert Linnæus. Les fleurs hermaphrodites de cette plante ont des étamines, des piftiles & des fruits ; la fleur mâle n'a que des étamines, & ne porte point de fruit ; & la fleur femelle porte du fruit comme l'hermaphrodite, & n'a point des étamines.

La 24e. Claffe de Linnæus eft le *Cryptogamia*, qui contient les plantes dont les fleurs ou la graine nous font imperceptibles, comme le Figuier, les Fougeres, les Mouffes, les Algues & les Champignons.

Le Figuier, felon cet Auteur, porte les flofcules mâles fur l'extrémité de la figue, mais en très-petit nombre ; & les flofcules femelles rempliffent la figue, qui eft le calice & portent leurs graines cachées dans le centre de leur piftile, elles font fans corolle ni étamine. Les flofcules mâles manquent quelquefois à certaines efpéces de figue, mais les graines des femelles font toujours propres à la génération de la plante. Les Fougeres n'ont aucune fleur ni étamine, mais une feule capfule qui leur tient lieu de piftile, & génèrent fans le fecours des fexes.

Les Algues ont des fleurs mâles & femelles. Les fleurs mâles ont, felon les efpéces, quelquefois des calices feulement, & quelquefois des corolles, & bien fouvent ni calice ni corolle ; & toujours des étamines, qui ne montrent dans quelques fortes d'Algues que l'Anthere, globuleufe, œuvée, &c. Les fleurs femelles n'ont point d'étamines, & fouvent ni calice ni corolle, mais une graine feulement ; de forte que l'on peut prendre la graine des unes de ces fleurs pour les étamines, & les étamines des autres pour la graine. Les Champignons & les Byffus ne font aucunement définis.

Les Lithophites non plus ne font point définis dans cette Claffe, ils contiennent les Millepora, Tubipora, Madrepora, Cellepora, &c. Mais ces prétendues plantes n'ont rien à nous préfenter de ce qui concerne la génération.

L'Appendix, ou 25e. Claffe de Linnæus eft un affemblage de diverfes efpéces de plantes d'aucune Claffe. Le Chamœrops a des fleurs hermaphrodites & des fleurs mâles. Le Phœnix a des fleurs mâles & des fleurs femelles. Le Corypha n'a que des fleurs ordinaires. Le Coccus a des fleurs hermaphrodites & des fleurs femelles ; & ainfi des autres qui finiffent le *Genera Plantarum* de Linnæus.

Linnæus eft l'un des grands Botaniftes du fiécle ; on peut croire que prefque toutes les plantes connues de notre temps ont paffé par fes mains ; il a voulu faire un Syftème univerfel par les étamines, qui eft très-curieux & très-intéreffant. J'aimerois autant, malgré cela, le Syftème de Tournefort, qui, étant pris fimplement dans la forme de la corolle & dans fon défaut, nous mene jufqu'à la derniere Claffe de ce Syftème, fans tout ce cahos de particules, la plûpart microfcopiques. Du moins dans Tourne-

fort à l'afpect d'une fleur fans la découper on connoît de quelle Claffe eft la Plante qui la porte. Il n'a que ce défaut, qui lui eft commun avec Linnæus, qu'après le fruit la plante refte inconnue, fi on n'a pas étudié les autres parties.

L'expofition que je viens de faire des dernieres Claffes du Syftème de Linnæus ne font rapportées ici que pour ce qui concerne la génération des plantes qu'il eft néceffaire de connoître.

Les plantes génèrent feules, ce qui eft certain : même celles où les fleurs à étamines font féparées des fleurs à fimple piftile, & pofées dans des plantes différentes, comme le Chanvre, le Houblon, &c. Car une feule graine de Chanvre ou de Houblon femées dans un vafe fur une fenêtre éloignée de toute autre plante, bien fumée & bien foignée, fait une plante ou mâle ou femelle. La femelle prétendue, génére feule & porte graine, propre à femer, comme fi le prétendu mâle avoit été à côté de cette plante pour la fructifier. Cette pouffiere qui voltige des étamines pour féconder les plantes femelles eft douteufe par conféquent, & il faut convenir que ce que l'on a cru fleur mâle eft une fleur avortée, & fleur femelle ou hermaphrodite eft une fleur naturelle, mâle & génératrice, qui n'a befoin que d'elle-même pour produire, & que les veficules féminales, ou l'uterus, où fe forme leur Embrion, font organifées, felon le genre du végétal, de pétale & d'étamines & de tout ce qui lui eft propre pour perfectionner fa femence ; & au défaut d'étamine extérieure, il a les glandes intérieures qui lui font propres pour la génération des graines.

On a cru que les étamines étoient la partie mâle de la Fleur, parce qu'elles font ordinairement hériffées, & ont une efpece de chapiteau, qu'on appelle anthere ; mais on eft revenu de cette idée : on a fait enfuite de leur anthere des tefticules, & des fils qui les foutiennent des canaux déférents. Il faudroit demander à ces Naturaliftes où font alors les véficules feminales de la Plante, fi le piftile eft l'uterus. La pouffiere de ces étamines a été auffi prife pour les Embrions dans ceux qui adoptent les Vermicules ; & pour la Semence végétale, dans ceux qui adoptent le fyftème des œufs : mais, par les réflexions que l'on vient de faire, l'on s'eft apperçu que plufieurs Fleurs généroient fans étamines ; & d'ailleurs, quand même toutes les Fleurs fécondes auroient des étamines, ce qui n'eft pas, on doit obferver que les prétendues parties mâles des Plantes n'ont point de pénil pour faire l'introduction néceffaire dans le germen, comme il faudroit que cela fût, ainfi que cela fe pratique dans les animaux.

Les Fleurs font bien différentes des poiffons, qui, dans leur frai, jettent leur femence fur les œufs qui font fortis de la femelle ; la poffibilité de cette jonction, entre les œufs & la femence, eft non-feulement démontrée, mais elle a été obfervée par une infinité de Naturaliftes. Au contraire les Graines ou Fœtus des végétaux font enfermés & inacceffibles aux pouffieres ou femence prétendue des étamines. Dans le Figuier d'Inde, par exemple, le Piftile que Linnæus appelle le Calice, eft clos totalement fans aucun ftigma ni ftil, & fon orifice eft bouché par un fecond Calice ou receptacle, fur lequel, comme fur une cloifon inacceffible, partent les étamines avec leurs antheres & les pétales ; ces étamines & ces pétales tombent, & la Figue clofe porte cependant toujours fes graines fécondes dans les petits conceptacles mielleux, qui les renferment en particulier, fans que jamais on puiffe foupçonner qu'il y ait eu la moindre communication entre le Piftile & la pouffiere des Etamines.

Combien d'autres Fleurs ne voit-on pas dont le ftigma, qui eft le prétendu orifice de l'utérus, eft entierement élevé & inflexible, & les étamines baffes & hors de fa portée ; & d'autres Plantes, dont les étamines font attachées au cylindre, fans flexion, à l'entour duquel cylindre, fe tiennent les anteres qui n'approchent jamais du ftigma.

La fuite de cette Differtation à la Table fuivante.

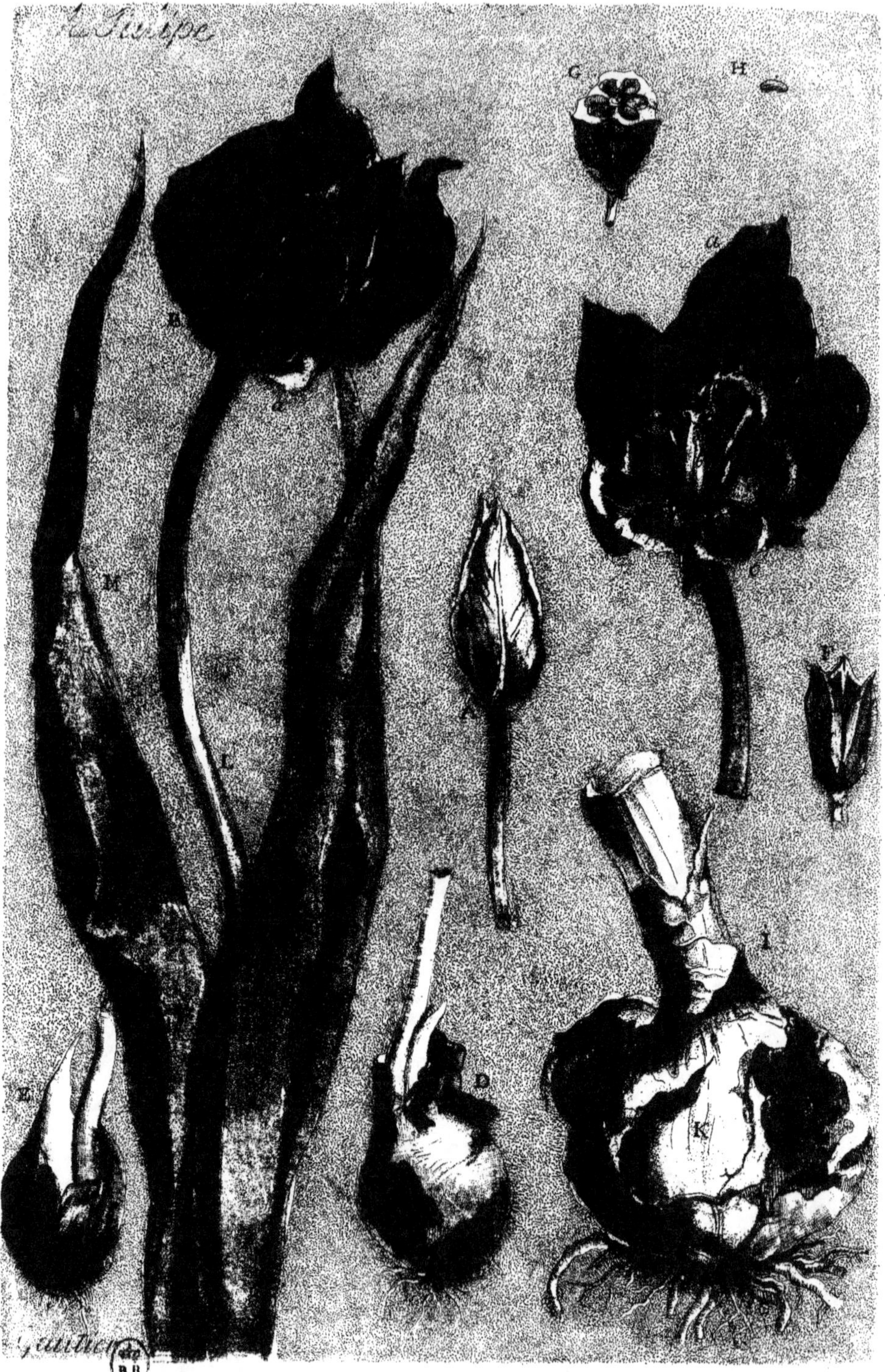
La Tulipe
Gautier
B.R

PLANTES D'USAGE.

LA Tulipe jaune d'Italie, *Tulipa minor, lutea, italica* C. B. *Pin. 63.* B. La Tulipe précoce, rouge, *Cluf. hiſt. 139.* Cette plante porte auſſi le nom de *Lilio-narciſſus* dans pluſieurs auteurs. Elle eſt originaire de Natolie, d'où elle fut portée par Geſner en 1559. Les Fleuriſtes en comptent aujourd'hui plus de 150 variétés qu'ils ne doivent qu'à la culture. Les Turcs appellent cette plante *Tulipam*, à cauſe de ſa fleur qui reſſemble à la forme d'un bonnet dont les Turcs font uſage. La Tulipe ſauvage vient dans les prés, aux environs de Smirne & des autres villes de Natolie, qui eſt l'ancienne Cappadoce, ainſi que dans le reſte de l'Aſie mineure. On en trouve de deux eſpéces, la précoce, dont nous donnons ici la figure ; & la tardive, que l'on cultive également dans les jardins, où elles deviennent moins affilées dans leurs tiges, dans leurs pétales & dans les étamines de leurs fleurs, & même dans leurs feuilles, ce qui donne les variétés des formes que remarquent les amateurs ; la couleur varie auſſi ſelon les engrais & les terres, par des nuances inſenſibles qui font par la ſuite des années des couleurs tranchées, & dont les variétés ſont fort eſtimées.

TOURNEFORT.

TULIPA *eſt plantæ genus, flore A , B , liliaceo, ex petalis a ſex compoſito, urcei quodammodo formâ. Piſtilum autem* b *quod meditullium petalorum occupat, abit deinde in fructum F oblongum, trifariam dehiſceutem, in tria loculamenta diviſum* G *, ſeminibuſque fœtum planis* H *, & bino ordine ſibi incumbentibus. His notis addenda eſt radix* D *, tunicata* E *, parte ſeſſili fibrata.*

Tulipæ ſpecies ſunt.

1. Tulipa præcox, *lutea : rubra : purpurea : alba : lutea varia : anguſti folia,* C. B. *Pin.* 57, & 60.

Tulipa præcox, *flore amethyſtino : flore è purpurâ nigricante & obſoleto : coccinea rubentibus oris, petalis ad exortum lituris rubris ad cordis effigiem aſperſis : flore coccineo, puniceove rutilante : coccino flore, candidis oris : candore & rubrore ſuffuſa : rubello flore nitido, candidis oris :* Lob. *Icon.* 127, 128, 129, 130 & 131.

Tulipa præcox, *amethyſtina, varia : rubra varia : purpurea varia : polyanthos, roſea, colore mixtâ :* J. B. 2. 668, 669, 670.

Tulipa præcox, *ex albo in luteum lineis oblongis, rubris,* Eyſt.

2. Tulipa ſeronita, *lutea : ramoſa major : ramoſa minor : Braſſicæ floridæ ſimilis, vel Tulipa viridis prima :* C. B. *Pin.* 60, 61.

Tulipa ſeronita, *ſtellata : flore pleno, miniato : tota lutea ; flore pleno ; globoſa, cinnabaris colore : globoſa, aureo colore punctata :* Eyſt. *coccinea.* J. B. 2. 661.

Tulipa ſeronita, *viridis, duplici foliorum in flore ſerie : viridis altera :* Cluſ. Hiſt. 148.

3. Tulipa dubia, *major : major altera : media ſulphurei coloris : media altera :* C. B. *Pin.* 61.

Tulipa dubia, *major ad aurantium colorem accedens.* J. B. 2. 674.

4. Tulipa lutea, *rubentibus oris : phœniceo confuſè : mixta lati folia, phœniceis rubentibus oris : oris rubris, ſtriatis, carinâ ſubviridi.* Lob. Icon. 333, 334, 335.

Tulipa lutea, *maculis minutis aſpera : lituris aureis : margine roſeo : maculis rubens : prope calycem radio rubro : lituris miniatis : ex rubro viridi, coccineo variegato :* Eyſt.

Tulipa : *Lutea, centifolia, le monſtre double : lutea lituris quibuſdam viridibus & ſanguineis diſtincta, flore maximo laciniato le monſtre jaune : verſicolor, media, foliolis criſpis ad florum baſim adhæreſcentibus, la crouſtilleuſe :* H. R. Par.

5. Tulipa : *flava ex ſulphureo colore, palleſcentibus oris, prope apices roſeis, flammi formibus : oris rubris :* Eyſt.

6. Tulipa, *floridè pallens, oris coccineis : coccinea albeſcentibus oris : roſea venis luteis : miniata, linea viridi : argenti & albicantis coloris : albicans, maculis latis rubentibus : ex albo rufa, margine rubente : aurei coloris : diverſi coloris alba, lineâ rubente : verſicolor, parte media, viridibus ſignaturis,*

altera verò rubra : albicans, margine coccineo : albicans ex flavo purpureo, foliis propre calicem luteis unguibus : purpurea, calyce palleſcente : Eyſt.

Tulipa alba, *lineis viridibus : maculis roſeis : marginibus rubeſcens : oris rubeo purpuraſcentibus : oris ex rubro purpureis :* Eyſt.

Tulipa : *phœnicea, peramœna, oris luteis :* Tourn. *Floribus flexis, interiùs miniatis, exteriùs herbaceis, margine ex cinabari bubente : explicata flore candido, lineis rubris :* Eyſt. *Tulipa anguſti folia, ſive foliis hyacinthi : bulbos in foliorum alis ferens : bombycina, cretica : variegata perſica :* C. B. *Pin.* 60, 63 & 64 : *candia folio lucido polyclonos :* H. R. *Par.*

Tulipa pumilio, *latifolia, alba : latifolia ſulphurea : latifolia rubra : anguſtifolia : gramineo folio :* C. B. *Pin.* 63.

Tulipa minor, *lutea, italica : folio latiore : rubra : lutea, galica : ex luteo purpuraſcens.* C. B. *Pin.* 63 & 64.

LINNÆUS.

TULIPA 331. *Hex.* 1. *Mon.* Calix *nullus,* corolla, a, *campanulata.* Petala *ſex, ovato-oblonga, concava, erecta.* Stamen, c. Filamenta *ſex, ſubulata, breviſſima.* Antheræ, d, *quadrangula, oblonga, erecta, diſtantes.* Piſtillum, b, *Germen magnum, oblongum, trigono-teres.* Stylus, *nullus.* Stigma *trilobum, triangulare : angulis protuberantibus, bifidis, perſiſtens.* Pericarpium F, G, Capſula *triquetra, trilocularis, trivalvis : valvulis margine ciliatis, ovatis.* Semen, H, *plurima, plana, gemino ordine incumbentia, ſemicircularia, floccis conformibus diſtincta.*

SPECIES LINNÆI.

Tulipa Silveſtris.

1. TULIPA *Flore ſubnutante, foliis lanceolatis.* Fl. *Suec.* 2. *n.* 284. *

Tulipa minor, *lutea italica.* Bauh. *Pin* 63.

Tulipa minor, *lutea Gallica.* Bauh. *Pin.* 63. Sauv. *Monſp.* 306.

Habitat Monſpelii, inque Apenninis, Lundini (Fruticantes.) Diſtinguitur à ſequente : Caule altiore, Foliis anguſtioribus, Floris colore luteo ſubtus vireſcente, Petalis acutioribus. Scapo verſus florem inflexo & ante floreſcentiam nutante. Sed præprimis Staminum filamentis baſi valdè attenuatis, & ſupra baſim hirſutis. Petala interiora margine hirſuta ſunt, & flos odorus.

GESNERIANA.

2. TULIPA *Flore erecto, foliis ovato-lanceolatis.*

Tulipa *Scapo triphyllo, foliis ovato lanceolatis.* Hort. Upſ. 82.

Tulipa Hort. Cliff. 118. Roy. Lugdb. 31. Fl. Suec. 262.

Tulipa (*Genus fere totum.*) Bauh. Pin. 57.

Tulipa Turcarum. Cord. Hiſt. 213.

Habitat in Cappadocia, unde in Europam 1559. *Geſnero authore.* (Fruticantes.)

BREYNIANA.

3. TULIPA *caulæ multifloro polyphillo, foliis linearibus.*
Sisyrinchium, *ex phæniceo suave-rubente flore, Æthiopicum.*
Breyn. cent. t. 36. Rudb. Elyf. 2. p. 13. fol. 11.
  Habitat in Æthiopia, (Fruticantes.)
  Folia caulina 6. f. 7. alterna lineari-lanceolata : suprema sensim breviora. Flores ad apicem, 3 f. 4, minores quàm plantæ Breynii cultæ. Petala basi angustata. Stylus nullus.

GAUTIER.

LA TULIPE est une fleur dont les variétés sont sans nombre. Tournefort en donne ici 93 différentes, & depuis cet Auteur on en a formé ou découvert une soixantaine de plus. Linnæus ne regarde, comme l'on voit dans son *Species*, que les vraies especes, & laisse les variétés dont Tournefort parle, & avec lesquelles il fait des especes différentes. Linnæus ne donne que trois Tulipes, la sauvage, celles de Gesner, & celles de Breynius.

RACINES D, E, bulbeuses ou de la *VII famille.* La substance du bulbe est, comme celle de tous les oignons, poreuse, & pleine de suc un peu laiteux, composée de plusieurs tuniques : la couleur extérieure brune, & intérieurement blanche.

TIGES *de la premiere classe,* d'environ un pied de hauteur, unies, ayant une moële.

FEUILLES *du XII genre,* ou gladieuses, unies, acaudassées.

FLEUR A, B, liliacée. La *Corrolle,* à six petales, *a.* Le *Calice,* aucun, les *Etamines, c,* six ; le Fil très-court ; les Antheres quadrangulaires, oblongues, écartées & hérissées. Le *Pistile, b,* le Germen très-grand, oblong, à trois faces, le Stile, aucun, le Stigma crochu a trois lobes & triangulaire.

FRUIT F, G, divisé en trois parties, dans lesquelles sont posées plusieurs *Semences* plates, sémicirculaires & rougeâtres.

Vertus.

Sa racine est digestive, résolutive, propre pour exciter la semence, mais on ne s'en sert guères dans la Médecine.

La Pomme d'Amour
Gautier

PLANTES CURIEUSES ET ÉTRANGERES.
LA POMME D'AMOUR.

Lycoperficon arborefcens ampliffimis foliis angulatis , fructu aureo. Plum. Solanum. MORELLE. Tourn. 148 & 62. Solanum Bonarienfe , caule fubfrutefcente fubinermi ; foliis cuneiformibus finuato-repandis. Lin. 8.

Cette Plante ici eft la Pomme d'amour du jardin du Roi, donnée par le P. Plumier. (*Spec.* 4. *ic.* 224. *f.* 2.)

LA FLEUR de cette Plante eft en touffe ; *le calice* eft périanthe, monophyle , divifé en cinq dentelures allongées, & perfiftant. *La corolle* a le pétale gris-de-lin & blanc en forme de roue ; fon tube eft très-court & le limbe eft découpé en cinq dentelures, ou feftons aigus. Les *Etamines a*, au nombre de cinq, font attachées à la naiffance du tube *b* ; elles ont leur Fil très-court, & les Antheres oblongues en grain de feigle réunis autour du ftil *c*, & mi-partis par une ligne creufe en-dehors fur leurs furfaces extérieures. *Le Piftile* a fon Germen *d* rond, le Stil filiforme un peu plus long que les étamines & le Stigma eft fait en mufle de veau.

La tige eft ronde, branchue & mince. *Les feuilles* font communes & feftonées, recourbées & unies. *On n'a pas pu en examiner la racine.*

Suite de la premiere Differtation de la précédente Planche.

Dans les Plantes hermaphrodites croit-on que la pouffiere vole fur les germes clos de la Fleur femelle, & que cette foible pouffiere va juftement s'infinuer par une orifice que l'on ne voit point ; comme dans le Richin , où la graine eft renfermée, de même que celle du Marron d'Inde , dans une coque hériffée de pointes. Il faudroit donc recourir à la *fymphatie* des anciens, & revenir à adopter des facultés inconnues. La fixion eft bien plus finguliere dans les Plantes féparées en deux fexes, où les mâles font fouvent très-éloignés de quantité de femelles qui ne laiffent pas de grainer ; ce que l'on voit dans les Chénevieres, où l'on arrache toutes les Plantes avant le développement des étamines, & dans lefquelles on ne laiffe que les femelles néceffaires pour fructifier, qui fouvent n'ont point approché des prétendues Plantes mâles , & en ont été bien éloignées.

Linnæus s'eft bien apperçu que fon fyftème des étamines n'étoit point univerfel ; il a donné après celui-ci un *Methodus à calicis fpeciebus* , dont nous avons parlé, où les Plantes font rangées felon la forme de leurs calices ; mais ce fyftème n'a rien de commun avec la génération en ce qui concerne les parties mâle & femelles de la Fleur, & n'entre point dans le fujet que nous traitons dans la préfente differtation.

Mais fon troifieme fyftème, qui eft fon *Fragmenta methodi naturalis* , eft fondé fur la partie femelle de la Plante ; c'eft-à-dire , fur le nombre des Piftiles , & fur la diverfité de leur ftile & de leur ftigma ; & en même-temps dans la claffe des *Syngenefies* fur le fexe & l'arrangement des Flofcules, compofées & non compofées, fur un même calice. Les compofées font , les *Poligamia æqualis* , fi les Flofcules font hermaphrodites dans le difque & dans la couronne : les *Poligamia fuperflua* , fi les Flofcules font hermaphrodites dans le difque , & femelles dans la couronne : les *Poligamia fruftanea* , fi les Flofcules font hermaphrodites dans le difque & neutre dans la couronne : & les *Poligamia neceffaria* , fi les Flofcules font mâles dans le difque & femelles dans la couronne. Les Fleurs non-compofées font les *Monogenia* , comme la violette , la balfamie, &c.

Ce Syftème ici eft rangé dans les mêmes claffes de celui des étamines ; il a le même ordre : mais , comme nous venons de dire, c'eft le Piftile & fes diverfes parties qui forment les divifions au lieu des étamines. Et les

mêmes obfervations que nous venons de faire, fervent pour l'un & l'autre de ces Syftêmes, on obferve feulement qu'il eft fujet à beaucoup de variétés ; & cette nouvelle façon de confidérer les Plantes ne démontre pas mieux la réalité des deux fexes dans les végétaux, où l'on doit conclurre qu'ils n'ont qu'un feul fexe comme les viperes, & les autres infectes qui génèrent feuls ; & que les étamines, que l'on prend pour un fexe différent du Piftile, ne font que des glandes & des filtres extérieurs de la génération ; cela eft fi vrai qu'elles fe changent en pétales quand la Fleur devient double & monftrueufe, ainfi que le Nectaire ; & que très-fouvent elles partent des pétales ou du nectaire , fans toucher au réceptacle ni au Piftile ; quelquefois elles partent du réceptacle , & de même en certaines Fleurs du Piftile ; mais ces variétés ne fervent qu'à prouver l'hypothefe que nous voulons établir fur la génération des Plantes.

DEUXIEME DISSERTATION.

Sur la conformation des fexes dans les hommes & les animaux.

Après avoir démontré l'inutilité des différens fexes dans les Plantes, & prouvé que les Plantes portent des fruits & des graines, fécondes fans le fecours des étamines, & que les étamines ne font que des glandes féminales, où les liqueurs de la formation fe préparent pour produire les fœtus végétaux, & que ces glandes peuvent être intérieures comme dans plufieurs fortes de plantes, & ainfi qu'elles le font fouvent extérieurement au centre des fleurs, & à l'entour des uterus où fe moulent les graines. Les plantes font faites pour générer feules & le Créateur ne les a pas privées de cette puiffance fi néceffaire à leurs individus : les deux fexes leur étoit inutile ; il ne leur en falloit qu'un feul, ainfi que cela eft en effet. Cette confidération découvre la perfection des œuvres de Dieu , & fi on veut en même temps confidérer que la preuve d'un feule fexe, eft confirmée par l'exacte diffection des parties de l'homme & de la femme dans le genre animal ; je cite ici un article de mes tables anatomiques où je fais cette démonftration.

Je vais d'abord expofer les diffections des deux fexes, defquelles je donne les figures dans mes tables anatomiques imprimées en couleurs.

Sexe Mafculin.	*Sexe Féminin.*
LE MEMBRE VIRIL.	LE CLITORIS.
Le gland ou chapiteau.	*Le gland ou chapiteau.*
Le prépuce.	*Le prépuce.*
Les corps caverneux.	*Les corps caverneux.*
La cloifon entre ces corps.	*La cloifon entre ces corps.*
La bifurcation de ces corps.	*La bifurcation de ces corps.*
Leur attache à la branche inférieure de l'os pubis.	*Leur attache à la branche inférieure de l'os pubis.*
Leur extention intérieure fur la petite branche de l'ifchion.	*Leur extension intérieure fur la petite branche de l'ifchion.*
Le ligament fufpenfoire attaché à la fymphife de l'os pubis.	*Le ligament fufpenfoire attaché à la fymphife de l'os pubis.*
Les Mufcles érecteurs attachés aux corps caverneux , & à la Tubérofité de l'os ifchion.	*Les Mufcles Erecteurs attachés aux corps caverneux , & à la tubérofité de l'os ifchion.*
Les Mufcles Accélérateurs qui embraffent le bulbe & le canal de l'uretre.	*Les Mufcles Accélérateurs qui embraffent le canal de l'uretre, & le grand conduit.*
LE CANAL DE L'URETRE.	LE VAGIN.
Les commiffeurs de l'Orifice	*Les Nimphes ou commiffeurs du*

du canal.	*Vagin.*
Le Tissu spongieux qui forme le corps du canal.	*Le Tissu spongieux qui forme le grand conduit ou vagin.*
Le col de la vessie.	*Le canal de l'uretre.*
Les prostates.	*Les caroncules.*

LES VESICULES SÉMINALES.	L'UTERUS.
Le verumontanum.	*L'angle antérieur de l'uterus.*
Les orifices du verumontanum d'où sort la semence.	*L'orifice interne du vagin, ou le mufle de veau.*
Les petits orifices des glandes du fond du canal.	*Les petits orifices des glandes qui entourent l'orifice interne du vagin.*
Les canaux déférens.	*Les trompes.*
Les testicules.	*Les ovaires.*
Le ligament suspensoire.	*Les ligamens de la matrice.*
Les vaisseaux spermatiques.	*Les vaisseaux spermatiques.*

Ce n'est point ici une fiction, on ne peut nier une seule de ces parties dans les deux sexes, & on ne peut en indiquer d'autres de telle façon que ce soit, sans que l'on ne soit en état de faire voir leur trace dans le sexe opposé, si ce n'est des vaisseaux & des glandes diversemens configurés, par rapport aux formes différentes que souffre le prolongement de quelques parties, ou le rétrécissement des autres. Quelques observations vont affermir cette remarque, que j'ai déja faite il y a long-temps dans mes Observations.

1°. Maria Nonzia, du Village de Luri, Province du Cap-Corse, dans l'Isle de ce nom, fut visitée par ordre de M. le Marquis de Cursay, Commandant en chef dans cette Isle; & les Chirurgiens chargés de cette commission, donnerent, dans mes Observations, la description suivante signée *Julien & Soulés*, anciens Chirurgiens & Aides-Majors dans l'armée de Corse.

Maria Nonzia est d'une complexion forte & robuste, la taille ordinaire, son visage sec & barbu, lui rend la physionomie mâle: elle a les mammelles comme les autres femmes, à la réserve que la circonférence des mammellons est garnie de poil; mais les autres parties que nous avons découvertes, la constituent précisément dans ce genre Hermaphrodite, sous lequel nous l'avons annoncée dans le préliminaire, &c. En l'examinant nous avons observé que sa verge, dont la racine est environnée de poil, n'a que deux pouces de longueur, le gland y est à découvert, & arrêté par un filet qui, retenant le membre viril, en interdit l'extension. Le canal de l'uretre y manque; mais l'urine trouve son passage par le meat urinaire, ce que nous avons vérifié par le moyen de l'algali.

Nous y avons découvert ensuite les cloisons des scrotums, séparées & un peu applaties, les deux testicules étant d'une grosseur assez ordinaire, se trouvent renfermées chacune dans leur cloison avec leur cordon spermatique tel que dans l'homme, en écartant & relevant un peu les bourses, nous avons vu une ouverture d'un pouce & trois lignes & demie de diametre à l'endroit ordinaire où la vulve est placée, laquelle ouverture restant toujours béante, nous a permis d'observer par une introduction presque forcée du doigt, qu'elle va à un peu de bas en haut, où nous avons touché deux petites brides en travers dans le vagin, à peu de distance l'une de l'autre, & il n'est pas douteux que si dans le temps, on avoit augmenté l'ouverture par une petite incision, Maria Nonzia auroit pû souffrir l'introduction: elle a eu ses régles comme toutes les autres femmes; mais nous n'avons trouvé aucune marque de clitoris. La singularité de ces différentes parties, nous ayant engagé à demander la nature des desirs dont elle avoit éprouvé la sensation; elle nous a répondu que les personnes du Sexe ne l'avoient jamais affectée; mais qu'à l'âge où elle étoit, elle se trouvoit encore pour les hommes les mêmes desirs qu'elle avoit dans sa premiere jeunesse.

2°. M. Mertrud, Démonstrateur en Anatomie au Jardin Royal, visita, en 1750, l'Hermaphrodite de Paris *Michel-Anne Drouart*. Cet Hermaphrodite étoit alors d'une structure maigre & charnue, d'une assez vive complexion; son visage étoit sec, un peu allongé & d'un air commun; elle n'avoit sur la poitrine aucune apparence de gorge naissante; ses hanches étoient équivoques; elles ne paroissoient point autant élevées qu'il convient au corps d'une fille de son âge.

Le ventre & l'ombilic n'avoit rien de différent de celui d'une fille ou d'un garçon de son âge: la verge recouverte de son prépuce, garnie d'un peu de poil à sa racine, ressembloit à celle d'un garçon de seize ans, ayant deux corps caverneux qui étoient très-bien faits, de même que le gland; mais ce qu'il y a d'extraordinaire, c'est que la verge n'étoit pas perforée.

Le prépuce contribuoit à former une bride sous la verge, & venoit d'un repli de la peau, qui tenoit lieu de grandes lévres aux femmes, & de scrotum aux hommes: il laissoit une ouverture qui approchoit de la vulve ou de l'orifice du vagin, que l'on appelle orifice de la matrice. Cette ouverture se terminoit en bas par une bande qui ressembloit assez à la fourchette: on y voyoit un petit bouton semblable à celui qui se trouve dans les jeunes filles. Au-dessus de ce bouton & vis-à-vis, se trouvoit l'ouverture du canal de l'uretre, qui paroissoit, en le sondant, aussi court que celui d'une fille, à la différence qu'il étoit situé un peu plus bas dans l'ouverture de la vulve.

L'ouverture de la vulve étoit beaucoup plus étroite que celle des filles bien configurées, à peine pouvoit-on y introduire le petit doigt, & on n'y voyoit point de caroncules mirti-formes; elle n'avoit point eu les regles qui arrivent quelquefois plutôt aux filles de son âge. On ne voyoit point des testicules dans ce qui tient lieu de scrotum, ni dans les aines.

3°. M. Morand, Docteur en Médecine, me remit, il y a dix ou douze ans, une Dissertation concernant une question de Médecine. *Peut-il y avoir des Hermaphrodites?* pour inférer dans mes observations, dans laquelle M. Morand rapporte une dissection de M. Sue, Chirurgien Démonstrateur de S. Côme, sur laquelle il avoit fait ses remarques. Je la cite ici.

Il y a six ans qu'il tomba entre les mains de M. Sue Chirurgien, le cadavre d'un enfant de treize à quatorze ans, qui avoit passé pour mâle; il étoit fourni extérieurement d'une verge & d'un scrotum, qui, à la premiere vûe, paroissoit bien conformé, de maniere que cet Anatomiste ne découvrit la monstruosité, qu'à l'ouverture du bas ventre, qui fit appercevoir une matrice, & ensuite les apparences des parties de l'homme & de la femme dans l'ordre suivant.

La matrice étoit dans sa position ordinaire, entre la vessie & le rectum; elle présentoit au côté droit un ovaire très-distinct, attaché à la partie latérale de son fond, & dans sa longueur à une trompe de Fallope; ce conduit partoit du fond de l'uterus tout près de l'ovaire, & se terminoit par des franges bien marquées: enfin un ligament rond venant aussi de la partie postérieure de la matrice, & se terminant à l'aine. Du côté gauche au lieu d'ovaire, de trompe & de ligament rond, étoit un canal qui se terminoit en un testicule grêle & allongé, mais qui ne sortoit pas du ventre: la partie supérieure, ce testicule avoit un corps tenant la place d'un Epididime: on voyoit partir du testicule même deux tuyaux qui alloient se rendre dans le premier canal auprès de son insertion dans l'uterus, de maniere qu'au cas que l'ovaire du côté droit & ce testicule du côté gauche fussent bien conformés, cet enfant auroit pû concevoir d'une part, & engendrer de l'autre par le moyen de ces deux canaux, qu'on peut regarder comme des vaisseaux déférens & éjaculatoires, destinés à porter dans la matrice, &c. Le vagin se terminoit par un trou fort petit, situé ainsi que le meat urinaire à la partie antérieure du scrotum, de maniere que la verge qui étoit imperforée, les cachoit tous deux quand elle étoit pendante.

4°. M. Eisenman, Docteur en Médecine, & Professeur d'Anatomie & de Chirurgie de la Faculté de Strasbourg en 1751, observa sur le cadavre d'une fille morte, à l'Hôpital bourgeois de cette ville, un phénomene qui va confirmer entierement mon opinion. M. Jacobi, Démonstrateur d'Anatomie, fit la dissection de ce sujet: il trouva réellement deux entrées de vagin égales d'ouverture & de diametre: chacune desquelles avoit un himen. Après avoir enlevé les visceres du bas ventre, il continua son examen, & apperçut deux vagins d'une longueur & d'une capacité semblable, posés l'un à côté de l'autre, l'un desquels étoit à droite & l'autre à gauche: leurs parois internes étoient unis, & avoient la forme ordinaire, avec ses rides dans la surface intérieure, comme on a coutume de le trouver dans les vierges: chacun de ces vagins aboutissoit à un de ces orifices extérieurs qu'on a observé, comme aussi à un orifice interne de leurs uterus, d'une structure parfaite.

La suite dans la Table suivante.

PLANTES D'USAGE.

LE SCEAU DE SALOMON, à large feuille, *Poligonatum latifolium maximum C. B. Pin. 303.* Cette Plante croît dans les bois sur le bord des hayes, dans les lieux ombrageux, & vient également dans les plaines & dans les montagnes; elle fleurit en Mai & en Juin, & la graine est mûre en Juillet & Août, selon les climats. Sa fleur est blanche, mais le Poligonatum rameux a les fleurs jaunes.

TOURNEFORT.

POLYGONATUM *est plantæ genus, flore A monopetalo, campani formi, tubulato, calycis experte, & multifido: ex cujus fundo surgit pistilum B, quod deindè abit in fructum C mollem, plerumque globosum & seminibus fœtum D, ut plurimum subrotundis E.*

Polygonati species sunt.

Polygonatum *latifolium, vulgare C. B. p. 303.*

Polygonatum *latifolium, vulgare, caulibulis rubentibus H. L. Bat.*

Polygonatum *latifolium maximum C. B. Pin. 303.*

Polygonatum *latifolium, Hellebori albi foliis, C. B. Pin. 303.*

Polygonatum *Hellebori albi folio, caule purpurascente Raii Synops. 148.*

Polygoñ. *latifolium, flore majore, odoro C. B. 303.*

Polygoñ. *latifolium, flore duplici, odoro H. R. P.*

Polygonatum *latifolium, minus, flore majore C. B. prod. 136. Pin. 303.*

Polygonatum *humile, anglicum Raii synops. 148.*

Polygonatum *angustifolium, non ramosum C. B. Pin. 303.*

Polygoñ. *angustifolium, ramosum, C. B. Pin. 304.*

Polygonatum *Americanum, scandens, altissimum, foliis Tamni Plum.*

Ab eo genere excludendæ sunt plantæ sequentes.

Poligonatum spicatum sterile Corn. 32.

Poligonatum spicatum, fertile Corn. 34.

Polygonatum racemosum, Corn. 37.

Poligonatum racemosum, flore luteo, majus Corn. 39.

Poligonatum racemosum, flore luteo, minus Corn. 41.

Polygonatum à lilio convallium formâ floris aptè distinguitur. Nomen habet à vocibus Græcis πολύ, *multum, &* φριν *genus, propterea quod radices & caules Polygonati geniculati sunt.*

LINEUS.

CONVALLARIA 341. *Hex. I. mon.* Calix *nullus.* Corolla, *a, campanulata (præsertim recens) monopetala, glabra.* Limbus, *b, sex fidus, obtusus, patenti reflexus.* Stamen, *c, filamenta sex, subulata, petalo inserta, corolla breviora.* Antheræ, *d, oblongæ, erectæ.* Pistillum, *B, germen globosum,* Stylus, *e, filiformis staminibus longior.* Stigma, *f, obtusum, trigonum.* Pericarpium, *C, D, Bacca globosa, trilocularis, ante maturitatem maculata.* Semen, *E, solitaria subrotunda.*

OBSERV. *Bacca immatura maculata notam præbet omnibus communem.*

α *Quum corolla globoso-campanulata, patens sit.*

ϛ *Quum corolla tribulato-campanulata, patens sit.*

γ *Quum unica tertia pars numeri in partibus fructificationis à vulgatissimo exempta sit.*

δ *Quum corolla sex partita patens, acutissima sit.*

GAUTIER.

LE SCEAU DE SALOMON; Tournefort exclud cinq sortes de Poligonatum, du 2ᵉ genre de la 2ᵉ section de sa 1ᵉ Classe, comme l'on voit ici à la fin de son article, quoiqu'il y en ait quelques-uns de ceux-ci dans la classe des campaniformes; de même dans mon systême ces 5 sortes de Poligonatum restent dans la même famille, mais se divisent en deux sortes de classes par les tiges. Les douze premiers & les *spicatum* ont les tiges de la premiere classe, c'est-à-dire, rondes, & les *racemosum* sont de la 5ᵉ classe, c'est-à-dire à tiges anguleuses & rameuses. Ils se divisent encore en deux genres par les feuilles. Les douze premiers Poligonatum ont les feuilles communes, ou du premier genre, & les cinq derniers les ont gladieuses.

RACINES, F, tous les Poligonatum, ou Sceau de Salomon, sont *de la 1ᵉ famille,* nodeuses, blanc de marbre, ou jaune pâle en dehors, tirant quelquefois sur le gris-de-lin & blanches en dedans, de mauvaise odeur, d'un goût douceâtre.

TIGES, G, *de la premiere classe,* hauteur d'environ un pied & demi ou deux pieds, rondes, simples; l'espéce que je représente ici est légerement canelée, quoique ronde, elles sont lisses, tendres & pleines. Les tiges des trois dernieres que rejette Tournefort, sont rameuses, anguleuses, lisses & pleines.

FEUILLES, H, *du premier genre,* communes, contours unis, cannelées, queuefollieuses. Les cinq dernieres, que rejette Tournefort, ont les mêmes qualités, mais elles sont gladieuses.

FLEUR, A, companiforme monopetale, le *limbe, b,* divisé en six. Calice, aucun. Etamines, *c,* six, en fil, attachées au pétale. Anthere, *d,* oblongue & droite. Pistille, *B,* le germen globulus. Le *stile, e,* plus long que les étamines. Le Stigma, *f,* obtus & triangulaire.

FRUIT, C, en baie, de la grandeur d'un pois, à trois côtes, presque rond, un peu mou, verd, ou brun, ou purpurin. Ce Bacca, ou cette baie, a trois cloisons intérieures, D. Semence, E, enfermée seule dans chaque cloison, presque ronde, blanche & à peu près la grandeur d'une vesse.

Vertus & qualités.

Cette Plante contient beaucoup de phlegme, d'huile & de sel essentiel. Sa racine est détersive & astringente; on s'en sert pour les fleurs blanches des femmes; étant prise en décoction, elle purifie le sang; on l'emploie extérieurement pour nettoyer & blanchir la peau, pour desfécher la gratelle des enfans, pour effacer les cicatrices, pour résoudre les tumeurs. On attribue à ses baies la vertu de purger & d'exciter le vomissement. *Lem.*

PLANTES D'USAGE.

LE NARCISSE DES INDES, *Pancratium alterum, vernum, indicum I. B. 2. 614. Narcissus Matthioli 3. Narcissus Illyricus, liliaceus. C. B. Pin. 55. Pancratium Illyricum. Linn. 6.*

TOURNEFORT.
Narcissi species sunt.

NARCISSUS maximus Pallidus, *foliis incurvis. Pallidus medio croceus. Pallidus medio aureus. Pallidus circulo luteo. Pallidus circulo aureo alter. Maximus palide luteus. Sylvestris, Pallidus calice luteo. C. B. Pin.* 48, 50, 51, 52.

NARCISSUS maximus, *Flore cœruleo-albicante, fimbriâ, croceâ, aureâ : C. B. Pin.* 48.

NARCISSUS albus, *magno odore, floris circulo pallido. Niveus odoratus, circulo rubello. Albus, circulo, croceo minor. Albus, circulo purpureo. Albus, circulo croceo vel luteo. Albus major, odoratus. Totus Albus major. Totus albus minor. Niveus. Albus flore minore, jasmini odore. Albus, circulo croceo, polyanthos. Niveus calice flavo odoris fragantissimi. Totus niveus multiplex,.. Albus, medius, calice luteo brevi. Albus tubo luteo. Albus calice flavo, muscari odore. Albus, calice flavo alter. Albus oblongo calice. Albus, fimbriâ luteâ. Albus corona multiplici lutea. Albus multiplex, ex virgineâ. C. B. Pin.* 48, 49, 50, 51, 52, 53, 54. *Albus foliis reflexis, calice brevi aureo. H. R. Pin.*

NARCISSUS orientalis, *major, albus. Orientalis medius albus. Orientalis, albus, calice stellato. Orientalis, albus, calice luteo, campanula simili maximus. Orientalis albus, calice luteo medius. Orientalis, calice luteo minor. Orientalis, calice aureo, pluribus foliolis pleno. Orientalis calice rotundo, aureo luteo. Orientalis, flore multiplici & pleno albo luteo. C. B. Pin.* 49, 50, 51, 52.

NARCISSUS medio luteus, *majoribus floribus. Medio luteus copioso flore, odore gravi : medio-croceus, gramino folio : medio purpureus multiplex. C. B. Pin.* 50, 51, 54.

NARCISSUS medio purpureus: *Eyst.*

NARCISSUS incomparabilis, *flore pleno, partim flavo, partim croceo : H. R. Par.*

NARCISSUS luteus, *polyanthos, Africanus. Luteus polyanthos, Lusitanicus. Luteus Constantinopolitanus. Totus luteus, florum foliis reflexis. Luteus repens. Luteus sylvestris duplici & triplici tubo aureo. Luteus sylvestris, triplici tubo, alter. Luteus tubo diviso. Major totus luteus, calice pralongo. Parvus totus luteus. C. B.* 50, 51, 53, 54.

NARCISSUS Constantinopolitanus, *polianthos, major, melino pleno flore. H. R. Par.*

NARCISSUS angusti folius, *totus luteus. Angusti folius, flavus, magno calice. Angusti folius; albus major. Angusti folius, albus minor. Angusti folius, pallidus, calice flavo. Angusti folius, albus, calice oblongo floreque reflexo. C. B.* 51.

NARCISSUS parvus, *albus fimbriâ suave rubente. C.B.Pin.* 53.

NARCISSUS Junci folius, *oblongo calice, luteus major. Junci folius, luteus, minor. Junci folius flore luteo variegato. Junci folius, flore pallidiore, calice flavo. Junci folius, flore rotundo roseo : junci folius totus albus : junci folius aureus multiplex, anemones forma. C. B. Pin.* 51. *Junci folius albus, calice magno D. Cor. Coorne, fertilibus foliis. J. B. 2.* 599.

NARCISSUS autumnalis, *albus. Albus autumalis minimus.*

NARCISSUS latifolius, *maximus albus, calice brevi luteo. Latifolius pallidus, calice amplo, aureo, caule striato. Latifolius pallidus, calice amplo alter. Latifolius, sulphureus, vel albus, brevi calice. Latifolius albus, medio luteus. Latifolius albus, medio aureus. C. B. Pin.* 51, 52, 53, 54.

NARCISSUS montanus, *junci folius, calice flavo. Montanus alter flore fimbriato. Montanus albus minimus. Montanus junci folius, calice aureo. Montanus coronatus. C. B. Pin.* 53.

NARCISSUS totus flavus, *multiplex. Subflavus, tubo sex angulo. Flavus tubo rotundo. C. B. Pin.* 52, 54.

NARCISSUS sylvestris *multiplex, calice carens. C. B. Pin.* 54.

NARCISSUS flore pleno *variegato. C. B. Pin.* 54.

NARCISSUS aureus, *pleno flore juvent.*

NARCISSUS maritimus. *Maritimus flore rubro. C. B. Pin.* 54.

NARCISSUS Illyricus, *liliaceus. C. B. Pin.* 55.

NARCISSUS Americanus, *vernus flore albo. Tourn.*

NARCISSUS Americanus, *flore multiplici, albo, odore Balsami Peruviani.* Tourn.

NARCISSUS Zeylanicus, *flore albo, hexag. odorato. H. L. Bat. Narcissus vel à Narcisso juvene in florem mutato, ut jocatur Ovidius, vel quòd saporem inducat :* ναρκη *sopor.*

LINNÆUS.
Narcissi species sunt.

1. NARCISSUS POETICUS *spatha uniflora, nectario rotato brevissimo scarioso crenulato. Hort. Upf.* 74.

Narcissus *foliis ensiformibus, floris nectario rotato brevissimo. Hort. Cliff.* 134. *Roy. Lugdb.* 35.

Narcissus *albus, circulo purpureo G. Bauh. Pin.* 48.

Narcissus *medio purpureus. Dod. pempt.* 223.

β. Narcissus *medio purpureus multiplex Bauh. Pin.* 54.

Habitat in G. Narbonensi. Italia. (Perennes.)

2. NARCISSUS PSEUDO NARCISSUS, *spatha uniflora, nectario campanulato erecto crispo, aquante petala ovata.*

Narcissus *foliis ensiformibus, florum nectario longitudine petalorum. Hort. Cliff.* 134. *Hort. Upf.* 74.

Narcissus *sylvestris pallidus, calice luteo Bauh. Pin.* 52.

Narcissus *luteus sylvestris. Dod. pempt.* 227, *f.* 12.

β. Narcissus *sylvestris multiplex, calice carens. Bauh. Pin.* 54.

γ. Narcissus *luteus sylvestris, duplici S. triplici tubo aureo. Bauh. Pin.* 54.

Habitat in Gallia, Anglia, Hispania, nemoribus. (Perennes.)

3. NARCISSUS BICOLOR, *spata uniflora, nectario campanulato, margine patulo crispo aquante petala.*

Narcissus *albus, calice flavo, alter. Bauh. Pin.* 52.

Narcissus *major totus luteus, calice pralongo. Bauh. Pin.* 52.

Habitat in Europa australi. (Perennes.)

Similis N. pseudo Narcisso, sed petala alba ; nectarium saturate luteum, majus : limbo patulo, undulato, crenato.

4. NARCISSUS MINOR, *spatha uniflora, nectario obconico-erecto, crispo, sexfido aquante petala lanceolata.*

Narcissus *parvus totus luteus. Bauh. Pin.* 53.

Narcissus *sylvestris pallidus minimus. Barr. ic.* 976.

Pseudo-Narcissus *minor Hisp. latifolius. Cluf.Hist.* 1, *p.*165.

Bulbocodium *minus. Bauh. Hist.* 2, *p.* 597.

Habitat in Hispania. (Perennes.)

Affinis maxime N. pseudo Narcisso, sed triplo omnibus partibus minor. Scapus vix striatus. Spatha virens. Flos magis nutans. Petala basi inter se distincta, lanceolata, recta, nec obliqua aut ovata. Nectarii margo sexfidus, undulatus, crispus.

5. NARCISSUS MOSCHATUS, *spatha uniflora, nectario cylindrico truncato subrepando aquante petala oblonga.*

Narcissus *totus albus, nutante flore, longa tuba. Barr. Ic.*

Narcissus *albus, calice flavo, moschari odore. B. Pin.* 52.

Narcissus *flavus, tubo rotundo. Bauh. Pin.* 52.

Habitat in Hispania. (Perennes.)

Nectarium cylindricum, ore obsolete repando, non dentato.

6. NARCISSUS CALATHINUS, *spatha multiflora nectario campanulato subcrenato, aquante petala, foliis planis.*

Narcissus *angustifolius flavus, magno caule. Bauh. Pin.* 51.

Narcissus *IX angustifolius 1, Cluf. Hist.* 1, *p.* 158.

Habitat in Europa australi, oriente. (Perennes.)

Simillimus N. Tazettæ, sed petala paulo majora & acutiora : nectarium longitudine petalorum.

7. NARCISSUS TAZETTA, *spatha multiflora, nectario campanulato truncato breviore petalis, foliis planis.*

Narcissus *foliis ensiformibus, florum nectario campanulato erecto petalis longe breviore. Hort. Cliff.* 134.

Narcissus *medio luteus copiose flore : odore gravi. Bauh. Pin.*50.

Narcissus *luteus polyanthos Lusitanicus. B. Pin.* 50.

Narcissus *latifol. flore prorsus albo* 1, 2. *Cluf. Hist.* 1, *p.* 155.

Habitat in G. Narbonensis, Lusutania, Hispania maritimis subhumidis. (Perennes.)

Nectarium triplo brevius est petalis.

8. NARCISSUS ODORUS, *spatha sub multiflora, nectario campanulato sexfido lævi dimidio breviore petalis.* Amœn. Acad. 4, p. 311.

Narcissus *polyanthos, flore minore stellato toto luteo.* Rudb. Clyf. 2, p. 60, f. 7.

Habitat in Europa australi. (Perennes.)

Flos luteus, triplo major flore N. Tazettæ, varians spatha uniflora & multiflora : nectarium non fimbriatum, sed ore diviso lobis sex obtusis.

9. NARCISSUS TRIANDRUS, *spatha subuniflora nectario campanulato crenulato, dimidio breviore petalis, staminibus ternis.*

Narcissus *junci folius, albo flore reflexo.* Cluf. App. Alt.

Narcissus *albus, oblongo calice.* Bauh. Pin. 53.

Habitat in Pyrennais. (Perennes.)

Magnitudo N. Poëtici, sed folia dimidio angustiora canaliculata : spatha (mihi) uniflora : corolla tota nivea : petala ovato oblonga : nectarium campanulatum, corolla dimidio brevius, margine recto inæqualiter crenulato : stamina tria (mihi ut Clusio) raro sex, quæ tamen in quibusdam vidi individuis : antheræ luteæ : nectario breviores.

10. NARCISSUS TRILOBUS, *spatha submultiflora, nectario campanulato subtrifido integerrimo, dimidio breviore petalis.*

Narcissus *angusti folius pallidus, calice flavo.* Bauh, Pin. 51.

Habitat in Europa australi. (Perennes.)

Similis N. Jonquillæ, sed nectarium cylindricum, longitudine plus, quam dimidiæ petalorum, non crispum, sed obsolete trilobum.

11. NARCISSUS JONQUILLA, *sphata multiflora, nectario hemisphærico crenato, breviore petalis : foliis semiteretibus.*

Narcissus *foliis subulatis, florum nectario brevissimo.* Hor. Cliff. 134.

Narcissus *juncifolius luteus minor.* Bauh. Pin. 51.

Narcissus *juncifol. oblongo calice, luteus maj.* Bauh. Pin. 51.

Narcissus *juncifolius minor, &c.* Cluf. Hist. 1, p. 150.

Habitat inter Hispalin & Gades, inter Guadaloupam & Toletum, inque oriente locis uliginosis. (Perennes.)

12. NARCISSUS SERONITUS, *spatha uniflora, nectario brevissimo sexpartito.* Lœfl. it. 19.

Narcissus *albus autumnalis minimus.* Bauh. Pin. 51.

Narcissus *seronitus.* Cluf. Hist. 1. p. 162.

Narcissus *autumnalis minor.* Cluf. Hisp. 251, t. 252.

Habitat in Hispania, Italia, Barbaria. [Perennes.]

13. NARCISSUS BULLOCODIUM, *spatha uniflora, nectario turbinato petalis majore, genitalibus declinatis.*

Narcissus *foliis subulatis, nectario maximo patulo, genitalibus declinatis.* Hort. Cliff. 134.

Narcissus *montanus alter, flore fimbriato.* Bauh. Pin. 53.

Narcissus *juncifolius calice aureo.* Bauh. Pin. 53.

Pseudo-Narcissus, *juncifolius 2, flavo flore.* Cluf. Hist. 1, p. 166. *Habitat inter Ulyssiponem & Hispalim.* (Perennes.)

Pancratii species sunt.

1. PANCRATIUM ZEYLANICUM, *spatha uniflora, petalis reflexis.* Fl. Zeyl. 126.

Narcissus *Zeylanicus, flore albo, hexagono, odorato.* Herm. Lugd. 691, t. 693.

Lilium Indicum. Rumph. Amb. 6, p. 161, t. 70, f. 2.

Catallipola. Rheed. Mal. 11, p. t. 40.

Habitat in India. (Perennes.)

2. PANCRATIUM MEXICANUM, *spatha biflora.* Hort. Cliff. 133. Roy. Lugdb. 34.

Pancratium *Mexicanum, flore gemello candido.* Dill. Elth. 299, t. 222, f. 289. *Habitat in Mexico.*

3. PANCRATIUM CARIBÆUM, *spatha multiflora, foliis lanceolatis.* Hort. Cliff. 133.

Narcissus *Americanus, flore multiplici albo hexagono odorato.* Comm. Hort. 2, p. 173, t. 87.

Narcissus *totus albus latifolius polyanthos major odoratus :* Sloan. Jam. 115, hist. 1, p. 244.

Habitat in Jamaica, Caribæis : (Perennes.)

4. PANCRATIUM MARITIMUM, *spatha multiflora, petalis planis, foliis linguatis :* Mill. Dict. t. 197.

Narcissus *maritimus* Bauh. Pin. 54.

Lilio-Narcissus *albus maritimus minor :* Morif. Hist. 2, p. 365, f. 4, t. 10, f. 28. *

Hemerocallis *Valentina :* Cluf. hist. 1, p. 167.

Habitat in Hispaniæ maritimis circa Valentiam & infra Monspelium. (Perennes.)

5. PANCRATIUM CAROLINIANUM, *spatha multiflora, foliis linearibus, staminibus nectarii longitudine.*

Lilio-Narcissus *polyanthos, flore albo :* Cat. Car. 3, p. 5, t. 5. *Habitat in Jamaica, Carolina.* (Perennes.)

6. PANCRATIUM Illyricum, *spatha multiflora, foliis ensiformibus, staminibus nectario longioribus :* Roy. Lugdb. 34.

Pancratium *foliis ensiformibus, spatha multiflora, floribus magnis candidis fragrantibus.* Threw. Ehret. t. 27.

Narcissus *Illyricus liliaceus.* Bauh. Pin. 55.

Lilio-narcissus *hemerocallidis facie.* Best. Cyst. Vern. 3, t. 16, f. 1. *Habitat in Illyria.* (Perennes.)

7. PANCRATIUM AMBOINENSE, *spatha multiflora, foliis ovatis nervosis petiolatis.*

Narcissus *Amboinensis, folio latissimo subrotundo.* Comm. Hort. 1, p. 77, t. 39.

β. Pancratium *foliis ovatis acuminatis petiolatis, spatha multiflora, floribus minoribus candidis fragrantibus :* Trew. Ehret. t. 28.

Cepa sylvestris. Rumph. Amb. 6, p. 160, t. 70, f. 1. *Habitat in Amboina.*

GAUTIER.

Les especes de Narcisse selon l'ordre de Linnæus.

1°. NARCISSE DE POETE : ce Narcisse est d'une seule fleur sur sa tige, ou dans le calice ; il a le nectaire court & rond, frisé & dentelé ; ses bords forment un cercle coloré de rouge. *Il est originaire du Languedoc, de Provence & de l'Italie.*

2°. LE FAUX NARCISSE, ou *Narcisse des bois :* il n'a qu'une seule fleur sur sa tige, dont le nectaire est en cloche élevé, crispé, & égal aux pétales qui sont planes, & d'un jaune pâle, & le nectaire plus jaune que les pétales. *Cette espece se trouve en Europe ; elle est commune.*

3°. LE NARCISSE BICOULEUR qui n'a qu'une seule fleur sur sa tige ; le nectaire est en cloche, son extrémité frisée, étendue, de la largeur des pétales : jaune & les pétales blancs. *Il est originaire de l'Europe Méridionale.*

4°. LE PETIT NARCISSE n'a qu'une fleur sur sa tige, son nectaire conique droit crispé, divisé en six, égal aux pétales qui sont lancéolées ; il est ou tout jaune foncé, ou pâle. *Il croît en Espagne.*

5°. LE NARCISSE MUSQUÉ n'a qu'une fleur sur sa tige ; le nectaire en cylindre tronqué, recourbé, égal aux pétales qui sont oblongues. *Il vient en Espagne.*

6°. LE NARCISSE EN COUPE a plusieurs fleurs dans le même calice, & sur la même tige ; le nectaire en cloche & dentelé, égal aux pétales, ses feuilles sont planes. *Il vient dans l'Europe Méridionale & au Levant.*

7°. LE NARCISSE TAZETTE a plusieurs fleurs sur le même pied ; le nectaire en cloche tronqué & court, les feuilles planes. *Il vient en Espagne sur les côtes maritimes, en Portugal & en Languedoc.*

8°. LE NARCISSE ODORANT a plusieurs fleurs sur la même tige ; le nectaire en cloche, divisé en six feuilles légeres, & plus court que les pétales. *Il vient dans l'Europe Méridionale.*

9°. LE NARCISSE A TROIS ÉTAMINES : une seule fleur sur sa tige ; le nectaire en cloche, dentelé, plus court que les pétales à trois étamines ; il y en a de cette espece deux différentes, outre celle que l'on vient de définir ; un à fleur de jonquille, à fleur blanche recourbée ; & un autre à fleur blanche, le nectaire oblong. *Il naît aux Pyrennées.*

10°. LE NARCISSE A TROIS LOBES a plusieurs fleurs sur la même tige ; le nectaire en cloche, divisé totalement en trois plus court que les pétales. *Il vient dans l'Europe Méridionale.*

11°. LE NARCISSE JONQUILLE a plusieurs fleurs sur la même tige ; le nectaire hémisphérique dentelé, plus court que les pétales, les feuilles demi-rondes. *Il vient au Levant, & dans la Guadeloupe, aux lieux marécageux.*

12°. LE NARCISSE TARDIF a une seule fleur sur la tige, le nectaire très-court divisé en trois. *Il vient en Espagne, Italie & Barbarie.*

13°. LE NARCISSE BULBOCODIUM a une seule fleur sur la tige, le nectaire en poire plus grand que les pétales. *Il vient en Espagne & en Portugal.*

PLANTES D'USAGE.

A L A grande Couronne Imperiale , *Lilium, sive Corona Imperialis per omnia major. H. R. Par.*

B La Couronne Imperiale à fleur jaune , *Lilium, sive Corona Imperialis per omnia major, flore luteo. H. R. Par.* Cette plante est originaire de Perse, & fut apportée en France de Constantinople en 1570; les Turcs la nomment *Tusai.* Elle est vivace & d'une mauvaise odeur ; elle se conserve très-bien dans nos jardins, pourvu qu'on la préserve de l'humidité. Elle fleurit en Avril, & sa graine murit en Juillet. La plante varie souvent d'une année à l'autre ; quelquefois elle produit deux tiges au lieu d'une, & diffère sur le nombre des fleurs qui forment la couronne.

TOURNEFORT.

Corona Imperialis *est plantæ genus, floribus A, B, velut in coronam dispositis, supra quam eminet numerosa foliorum coma, B, singuli autem flores liliacei sunt, C, veluti campaniformes , ex petali sex , D, compositi. Pistillum verò , E, quod meditullium petalorum occupat , abit deinde in fructum, F, oblongum , alis per longitudinem instructum , in tria locumenta , G , divisum , seminibusque fœtum , H , planis , mutuò sibi incumbentibus. His notis addenda est radix.* (Voyez la planche de la Tulipe, où est l'oignon de la Couronne Impériale.) *I , tunica, K , parte sessili fibrata.*

Coronæ Imperialis species sunt.

Corona Imperialis *Dod. Pempt.* 202. *Lilium sive Corona Imperialis , C. B. Pin.* 79. *Corona Imperialis sive Tusaï aliis. J. B.* 2. 667.

Corona Imperialis *flore pulchrè rubente. Tusai sive Lilium Persicum. ij. Clus. hist.* 128.

Corona Imperialis *flore luteo pallescente. Lilium sive Corona Imperialis flore luteo vel veriùs pallescente C. B. Pin.* 79.

Corona Imperialis *flore luteo , striato. Lilium sive Corona Imperialis flore luteo , striato, H. Edinb.*

Corona Imperialis *flore pulchrè luteo. Lilium sive Corona Imperialis per omnia major , flore luteo H. R. part.*

Corona Imperialis, *major. Lilium sive Corona Imperialis, per omnia major , flore luteo , H. R. Par.*

Corona Imperialis *seronita , foliis amplioribus , flore saturo-phœniceo. Corona seronita Lob. Adv. part.* 2. 513.

Corona Imperialis *multiflora latoque caule. Lilium sive Corona Imperialis multiflora latoque caule C. B. Pin.* 79. *Corona Imperialis polyanthes Eyst.*

Corona Imperialis *duplici coronâ. Lilium sive Corona Imperialis duplici Coronâ C. B. Pin.* 79. *Corona Imperialis phœnicea , duplici coronâ aut serie florum Lob. Icon.* 172. Couronne Impériale à double rang.

Corona Imperialis *folio vario. Lilium sive Corona Imperialis Sinensium , seu folio vario H. R. par. Lilium imperiale seu Corona Imperialis , foliis variegatis Mor. hist. Oxon. part.* 2. 407. Couronne Impériale à feuille panachée.

Corona Imperialis, *flore pleno. Lilium sive Corona Imperialis flore pleno H. R. Par.* Couronne Impériale à fleur double.

Corona Imperialis *non fœtens. Lilium sive Corona Imperialis non fœtens C. B. Pin.* 79. *Tusai varietas iiij Clus. hist.* 128.

Corona Imperialis *ramosa. Lilium sive C. I. ramosa C. B. Pin.* 79.

Corona Imperialis *monstrosa J. B.* 2. 689.

Corona Imperialis, *à florum dispositione.*

LINNÆUS.

Fritillaria 330. *Calix nullus,* Corolla , D, *hexapetala , campanulata , basi patens. Petala oblonga parallela. Nectarium , a , fovea in basi singuli petali excavata. Stamen, filamenta , b , sex , subulata. Stylum prementia. Antheræ, c , quadrangulæ , oblongæ , erectæ. Pistillum , Germen , oblongum , trigonum , obtusum. Stilus , d , simplex , staminibus longior. Stigma , e , triplex , patens , obtusum. Pericarpium F , capsula oblonga , obtusa , trilocularis , trivalvis. Semen , H , plurima , plana , extrorsum semiorbiculata , gemino ordine collocata.*

Obs. *Fritillaria T. nectario oblongo , pericarpio lævi , Corona Imper. T. nectario hemisphærico , pericarpio marginibus acuto.*

SPECIES LINNÆI.

Fritillaria Imperialis.

1. Fritillaria *Racemo comoso inferne nudo ; foliis integerrimis. Hort. Upf.* 82.

Petilium *foliis caulinis. Hort. diff.* 119. *Roy. Lugdb.* 30.

Lilium *sive Corona Imperialis : genus. Bauh. Pin.* 79.

Tusai. *Clus. Hist.* 1. *p.* 127. 128.

Habitat in Persia : Constantinopoli venit in Europam circà 1570. (*Fruticantes.*)

Regia.

2. Fritillaria *Racemo comoso inferne nudo , foliis crenatis.*

Corona Regalis *Lylii folio crenato. Dill. Elth.* 110. *t.* 93. *f.* 109.

Habitat ad Cap. b. spei.

Persica.

3. Fritillaria *Racemo nudiusculo , foliis obliquis Hort. Upf.* 82.

Fritillaria *racemo nudo terminali. Hort. Cliff.* 119.

Fritillaria *radice rotunda. Roy. Lugdb.* 30.

Lilium Persicum. *Bauh. Pin.* 79. *Rudb. Elys.* 2. *p.* 183. *f.* 1.

Lilium Susianum. *Clus. hist. p.* 130.

Habitat in Persia : è Susis venit in Europam 1573. (*Fruticantes*) *Folia infirma sunt bina , s. ternâ. s. quaternâ verticillatim opposita.*

Pyrenaica.

4. Fritillaria *Caule multifloro , foliis infimis oppositis. Hort. Cliff.* 81.

Fritillaria *Flore minore. Bauh. Pin.* 64.

Fritillaria *Pyrenæa. Clus. hist.* 2. *p.* 256. *posth.* 10.

Habitat in Pyrenæis. (*Fruticantes.*)

5. Fritillaria *Caule subunifloro , foliis omnibus alternis.*
   Hort. Upf. 81. *Fl. Suec.* 2. *n.* 283.
Fritillaria *è foliorum alis florens. Hort. Cliff.* 119.
Fritillaria *radice depressa. Roy. Lugdb.* 30.
Fritillaria *præcox purpurea variegata Bauh. Pin.* 64.
   Meleagris. *Reneal.* spec. 147. t. 146.
B. Fritillaria *albâ variegata. Bauh. Pin.* 64.
γ. Fritillaria *albâ præcox. Bauh. Pin.* 64.
δ. Fritillaria *seronita atropurpurea. Bauh. Pin.* 64.
   Habitat in Galliâ , Italiâ , Auſtriâ , Upfaliâ. (Fruticantes)

GAUTIER.

Couronne Impériale ; cette plante produit un bouquet de fleurs renverſées en forme de couronne , & ſurmontées d'une touffe de feuilles ; ce qui lui a fait donner le nom de Couronne Impériale.

Racines , de la 7ᵉ *famille* , bulbeuſes , I. K , (*Voyez la planche de la Tulipe.*) Sa ſubſtance eſt comme celle des oignons , poreuſe & pleine de ſuc puant ; ſa tunique extérieure eſt jaune foncé , ſa couleur intérieure eſt blanche. Elle jette quantité de petites branches & des filets jaunâtres par ſa baſe.

Tige , elle eſt de la 8ᵉ *claſſe* , canelée & ébranchée , de la hauteur d'environ deux ou trois pieds ; dans ſa partie inférieure elle eſt d'un pouce de diametre , & diminue de moitié vers la fleur ; elle eſt unie , & ſes canelures s'effacent inſenſiblement , à meſure qu'elles s'éloignent du pied ; elle eſt pleine & ſpongieuſe.

Feuilles , du *IV genre* , linguales , contours unis , attaches caudacées , texture canelée.

Fleurs , *Calice* aucun , *Corolle* , D, a ſix Pétales formant la cloche inclinée vers terre , oblongues & égales. Le Nectaire , *a* , creux , & formant une perle pleine d'une liqueur limpide & argentine , les *Etamines* , ſix , leur Filament , *b* , fait en alêne , l'Antere , *c* , quadrangulaire , oblongue & droite. Le *Piſtile* , ſon Germen oblong , triangulaire & obtus , le Stil , *d* , ſimple , moins long que les étamines. Linnæus le fait cependant plus long que les étamines , comme l'on a vu ci-devant ; mais j'ai obſervé le contraire à pluſieurs eſpéces de Couronne Impériale ; le Stigma , *e* , triple , renverſé & obtus.

Fruit E , a la forme d'un pignon de roue ; il eſt compoſé de ſix dents , ou aîles , dont les intervalles aboutiſſent aux cloiſons intérieures qui ſéparent les graines ; elles ſont rangées les unes ſur les autres dans les loges que forment ces cloiſons. Linnæus & d'autres Auteurs ne donnent que trois loges aux fruits qu'ils ont obſervés de la Couronne Impériale ; c'eſt apparemment dans l'une des eſpéces que je viens de citer ici , & que je n'ai point vu dans le tems de leur fructification. Ce qui marque qu'il y a des variétés dans la même eſpece , & cela dans la partie qu'on a cru la plus invariable. C'eſt une obſervation que j'ai faite auſſi ſur la corolle du jaſmin , dont le limbe eſt diviſé en cinq ſelon Linnæus & ſuivant l'ordre général de cette fleur ; mais ſur la même plante je l'ai très-ſouvent apperçu diviſé ſeulement en quatre. Toutes ces variétés ne doivent être regardées que comme des accidens qui ne détruiſent pas l'ordre général des parties des plantes.

Vertus & qualités.

Cette plante eſt émolliente , adouciſſante , réſolutive ; ſa racine eſt digeſtive. *Lemery.*

La Pervenche de Java
Gautier

PLANTES CURIEUSES ET ÉTRANGERES.
LA PERVENCHE DE JAVA.

Vinca Rosea, foliis oblongo-ovatis integerrimis. Linn. 4.

CETTE Pante se trouve aussi dans l'Isle de Madagascar : elle croît dans les lieux humides, dans les bois. Ses Feuilles sont toujours vertes. Il y en a des espéces différentes, la plûpart sont rampantes & sarmenteuses. Celle que nous représentons fleurit dans les Serres en Août, elle craint le froid. M. *Fussié Amblet* l'apporta de l'Isle de France en 1752.

Les *Fleurs* sont posées sur l'aisselle des feuilles. Le *Calice* est court & périanthe, découpé jusque vers son milieu en quatre dents aiguës & hérissées, & un peu recourbées en dehors : il est persistant. La *Corolle* est faite en entonnoir, son Tube est allongé & fait en lanterne pentagone sur sa partie supérieure, son orifice est aussi pentagone, ou à cinq côtés d'où partent cinq pétales planes en feuilles de rose, à l'extrémité desquelles est une pointe d'aiguille, elles ont leur queue affilée. Les *Etamines* sont au nombre de cinq. Elles ont les Anthères de la forme d'un grain d'avoine, membraneuses, sillonnées en long & portant des marges farineuses ; attachées par un Fil très-court ; à la cavité du haut du tube & au dessus il paroît plusieurs autres Etamines que j'ai trouvé au nombre de dix ou douze fort fines, de la même forme des précédentes, qui forment l'orificent du tube. Le *pistile* a son germen oblong divisé en deux, le *Stile* est droit, ferme & rond, il suit le tube jusqu'aux étamines au milieu desquelles il porte un *Stigma* en forme de pomme, frangée en dessous, & entourée de points luisants : le *Stile* tombe aisément en ouvrant la fleur, le Germen dans la fleur est accompagné de deux dents blanches, fermes & dures, & fort aiguës, qui le serrent dans ses divisions latérales.

Le *Fruit* a deux siliques, dans lesquelles se trouvent des semences oblongues, presque cylindriques, sillonnées ordinairement d'un côté.

La Tige est ronde, sarmenteuse & rameuse, âpre au toucher, ligneuse, & ayant une moële ferme dans les tiges tendres.

Les *Feuilles* sont communes, unies, ayant au dessous des nervures épaisses & blanches : les contours unis & l'attache petiolée. Les *Racines* sont barbues & ligneuses.

Nota. Dans les Plantes d'usage à la Pervenche, on donnera les Figures de cette dissection.

Suite de la cinquiéme Dissertation, sur le Café.

Le débit du Café & sa grande consommation, fit imaginer de le transporter en Amérique, les rejetons du Café du jardin du Roi, furent portés à la Martinique par M. Desclieux, Lieutenant de Roi, & donnerent du fruit au bout de trois ans : mais les Caféyers étoient déja communs en Cayenne. M. de la Mothe-Aigran, & M. Mourgues avoient tiré en 1711, des graines de Surinam, qui fournirent bien-tôt du plan à tous les habitans de l'Isle, & la matiere d'un grand commerce. Et au contraire, ce ne fut qu'en 1718 que M. Desclieux fit son essai à la Martinique.

Les essais de M. Lemery, que nous avons rapporté, faits avant ce temps-là, & ceux de plusieurs autres Botanistes, avoient retardé la transplantation du Café dans l'Amérique, parce que l'on ne considéroit pas la nature du climat, où ces essais se faisoient. Ces mêmes essais donnoient lieu à penser que le Café ne pouvoit croître qu'en Arabie ou à Batavia. Mais on a observé depuis, que dans les climats convenables les graines d'un an même lévent toujours dans un terre bien préparée, mais plus vieilles, elles périssent & ne donnent jamais leur germe.

On a fait plusieurs expériences en France pour faire réussir la végétation des Caféyers ; mais la moindre gelée les fait périr en tel endroit qu'ils puissent être exposés, on ne peut les conserver que dans les serres.

Les Cafés d'Amérique se débitent au Levant par les Marseillois, en plus grande quantité que ceux-ci n'en tirent du Moka : cependant les Turcs sçavent bien que le Moka est meilleur, mais comme il est d'un tiers plus cher, le peuple consomme par préférence celui de l'Amérique. C'est ainsi que l'on enleve le commerce des Nations Etrangeres, par la culture des terres que l'on possède.

Les Médecins on beaucoup disserté sur le Café, & en ont dit du mal ou du bien, selon leur penchant ou leur aversion pour cette liqueur. En général, ils sont cependant convenus qu'il aide à la digestion & corrige les aigreurs. D'où il faut conclure que si on étoit plus sobre on n'auroit pas besoin de Café, & le Café se vendroit alors chez les Apothicaires pour corriger les indigestions & les excès du boire & du manger. Il seroit fâcheux que le bled fut si difficile à croître dans les différens climats ; mais il n'y a aucun mal que ce soit le Café qui ne vienne que dans les serres en France & en Hollande.

SIXIEME DISSERTATION.
Sur le nom d'Anthere.

Le mot d'Anthere, que Linnæus nomme *Anthera*, peut venir de ce mot Ἀνθερεών. *Anthereon*, ou endroit barbu, nom grec du menton, il est dérivé du verbe *Anthein*, fleurir ; & je ne sçais pourquoi les Botanistes le donnent au chapiteau des Etamines plutôt qu'à ce qu'ils appellent *filamentum*, qui est le fil ou la partie des étamines que les anciens regardoient comme la barbe des fleurs. Car Etamine ou *stamen*, fil ou *filamentum*, veut dire la même chose à-peu près ; barbe ou fil des fleurs ; ce sont trois mots appliqués à une seule partie de la fleur, qui sont comme synonimes, & qui, cependant, désignent trois choses bien différentes. 1°. Par *stamen*, on entend le fil entier de la fleur avec son chapiteau. 2°. Par *filamentum*, on ne comprend que le fil seul & proprement dit de la fleur. 3°. par *Anthera*, on entend le chapiteau ou le sommet du fil. Mais comme il est dangereux de changer les mots une fois reçus, laissons-les comme ils se trouvent dans la Botanique, & au lieu d'embrouiller par de nouveaux termes, ne cherchons qu'à éclaircir, au contraire, l'étude de cette science.

L'anthere que je regarde comme le testicule des plantes, est intérieur, ainsi que dans les fleurs prétendues femelles, qui génerent sans étamines, ou extérieur, comme dans les fleurs prétendues hermaphrodites, comme celles de l'on voit le pistile & les étamines en en même-temps. Pour prouver cette hipothèse, ou cette vérité, n'importe, il me suffit de parcourir seulement quelque plantes qui favorisent mon sentiment. Le *Fucus marinus*, par exemple, qui croît dans la mer, & dont les feuilles servoient anciennement à la teinture du pourpre, est ramifié en arbrisseau élevé ; mais quelques-unes de ces plantes sont couchées sous la forme d'une lame ou d'une vessie. Les fucus qui rampent & qui n'ont pas d'étamines, ont des graines dans des capsules formées. Dans plusieurs autres espéces, les étamines ou les filets, sont attachés aux capsules, ou autour des capsules sans anthere. Leurs graines sont cependant fécondes, & ces plantes se multiplient comme les autres.

Les Fougeres, *Filices*, ont les étamines séparées des ovaires, selon M. Adanson, sur des pieds différents dans le *Palma-Filix*, ou contenues dans une même enveloppe avec les ovaires dans le *Lemma* & le *Pilularia*. Les ovaires sont selon cet Auteur, le Pistile ou la graine. Ainsi, les graines sont enfermées avec les antheres dans la même capsule. M. de *Jussieu* a découvert le premier les fleurs de ces deux dernieres plantes, & a observé que leurs étamines sont des antheres sans filets, turbinées, chagrinées à leur surface, & qui s'ouvrent au sommet par un sillon transversal, &c. Mais on est indécis si ce qu'on appelle graines dans la plûpart de ces plantes l'est réellement, ou si ce que l'on prend pour des Antheres, est réellement la graine. La Fougere du Canada qui porte à l'origine de chaque division de ses feuilles, des bayes sans pétales & sans étamines, qui produisent des nouvelles plantes, prouve aussi mon opinion sur les antheres intérieurs que je soupçonne, ou glandes séminales internes de la plante, ce qui aide à détruire l'idée du systême Sexuel ; puisque la génération se fait ici sans le secours des deux sexes. Je dis d'une autre part, que ceci prouve encore que si la fleur génere sans anthere ni étamines extérieures, il faut que ces glandes soient nécessairement cachées dans la plante autour de l'utérus : car il est impossible qu'un corps se forme & croisse sans une liqueur préparée, soit dans les plantes ou dans les animaux : & dans les uns & les autres individus de ces regnes, les glandes sont universellement admises pour les fonctions de chaque viscere, ce qui est incontestable. Il faut que les tubes de la plante & les glandes qu'ils renferment, & où ils aboutissent, soient différentes entre elles, pour former la fleur & pour donner la feuille ; même pour produire chaque partie de la fleur, & par conséquent le fruit qui en résulte qui contient les germes, lesquels renferment en petit, toute la plante entiere, nouvellement générée, qui ne fait ensuite que se développer dans la terre. Car, de dire que ces germes sont contenus les uns dans les autres à l'infini, comme dans le systême des Ovipares, ce seroit tomber dans une petitesse sans égale, qui a été démontrée ridicule en plusieurs endroits.

Pour détourner cette idée des infiniment petits, il ne faut que considérer la nature des élémens qui sont inaltérables, & qui, dans leurs plus petites parties, ne souffrent plus aucune division, sans quoi ils se confondroient les uns dans les autres. Ainsi, le germe nouvellement formé dans la plante, n'a pas en lui d'autres germes ; mais il a tous les principes essentiels d'une jeune plante. Il a d'abord ce qui forme sa racine & sa premiere tige & ses premieres feuilles, qui sont souvent différentes de celles qui se forment ensuite, par les glandes formées & préparées dans la tige & dans la racine.

Il faut nécessairement que le germe tienne à la graine, comme le poulet se tient dans l'œuf attaché sur le jaune. On apperçoit l'ombilic du germe qui se nourrit dans l'amande quand elle est semée, comme le cordon ombilical nourrit le poulet sur le jaune de l'œuf auquel il est attaché pendant l'incubation.

Il est cependant vrai que le Coq a introduit le poulet dans la poule *, & que la poule n'a fourni que le jaune de ses grappes, la glaire & la coquille ; ce qui arrive entre deux individus de deux sexes différens. La force & le mouvement ouvrant dans cet acte animal, le passage, & laissant opérer l'introduction, le coq pour former le poulet à des antheres ou des étamines, qui sont ses testicules & ses vésicules séminales & la poule n'en a point ; elle a bien une grappe de jaune d'œufs secs & sans germe, que le coït force à se détacher & à descendre dans l'utérus des œufs, où est la glaire & la chaleur. Mais la plante qui porte tout à la fois l'ovaire & le testicule, comme on le voit par les antheres qui entourent son germen, n'a besoin d'aucun mouvement ni d'aucune introduction. Ses antheres ou ses testicules préparent la semence qui se porte ou qui est rapportée par l'action de la plante en général, au réceptacle où sont attachées les graines ; ce qui se fait par des conduits visibles dans les grosses fleurs, où l'on voit les étamines tenir lieu de la corolle, du nectaire ou du pistile ; ces fils se perdre & se fondre tous ensemble avec ceux des parties qui vont s'unir avec le réceptacle qui soutient les graines.

D'où je conclus que si les antheres & les étamines manquent à une fleur féconde, ce n'est qu'en apparence & extérieurement, & qu'ils doivent être dans le corps de la plante auprès du pistile ou du réceptacle.

Si on croit ces raisons trop foibles pour établir les antheres intérieurs de la génération des plantes, & que la réflexion ne puisse suppléer au défaut de la portée des sens ; 1°. je demande comment peuvent germer les plantes qui n'ont que des fleurs femelles, & qui n'ont point d'étamines, comme dans celles que nous venons de citer ? 2°. Je demande comment dans les plantes où les étamines sont d'une part & les pistiles de l'autre, séparés entre deux plantes différentes qui n'ont point de communication, la génération peut-elle se faire ? 3°. Je demande en dernier lieu, comment dans les plantes ordinaires qui n'ont que des fleurs

* Systême que j'ai donné au public dans le Mercure de 1749. avec ses preuves.

hermaphrodites, l'anthere peut-elle former ses embrions, lancer ses embrions, & les embrions être introduits dans l'intérieur du pistile, & dans chaque graine ?

Sur la premiere demande il n'y a rien à répondre.

Sur la seconde, on me dira que les poussieres des étamines, lors de leur perfection, qui sont les embrions même ou la semence végétale, car on n'est pas encore d'accord là dessus, volent & arrosent les fleurs femelles, qui s'ouvrent alors dans leur pistile pour recevoir les embrions ou la semence. On n'a pas autre chose à dire, si on ne veut pas tomber dans la *sympathie* & *l'antypathie* des anciens.

Sur la troisième question, on me dira que le matin à la rosée, la fleur ouvre délicieusement son pistile, & que l'anthere se courbe & l'embrasse pour y déposer son embrion.

Je n'ajoute rien à la premiere question, elle détruit par sa simple exposition, tout ce qui peut concerner le systême Sexuel.

Je dis à la seconde, qu'il faut d'abord prouver comment les embrions peuvent se former au bout des étamines, ce qui ne sera pas difficile de faire ; mais il faut cependant, avancer plusieurs suppositions. En premier lieu, qu'il y a des glandes intérieures au pied des étamines pour la formation & l'accroissement de l'embrion ou de la semence végétale. Supposition pareille à la nôtre, qui voulons que les glandes du pied du réceptacle forment le germe dans la graine. De cela nous sommes parfaitement égaux, les *Sexualistes* & moi ; & nous n'avons pas plus d'avantage l'un que l'autre. Il s'agit actuellement de sçavoir comment la poussiere, si elle est le corps même des embrions, ou la semence végétale, peut se détacher & conserver son mouvement de circulation, si c'est un embrion, & qu'il ait commencé de végéter, ou conserver la vie végétale si c'est une semence.

Cette semence qui a une vie en elle-même, & qui est portée dans les airs pour vivifier les œufs de la plante, est assez particuliere : car si tôt qu'elle quitte la plante, elle doit cesser d'être active. Un germe attaché à un réceptacle tire bien mieux de la plante même sa vie, sans être obligé d'attendre d'ailleurs sa perfection.

L'Embrion, qui est le plus généralement adopté, dans les Botanistes qui suivent le systême Sexuel, que la Semence, a bien plus de difficulté à essuyer : il faut qu'il soit reçu dans la fleur, qu'il entre dans le germen du pistile, & de plus, dans chaque graine contenue dans le germen. Le méchanisme de cela est incompréhensible, & il faut plusieurs miracles pour l'opérer, faire naître l'embrion sur une étamine, pour être détaché de son lieu natal, & aller prendre une nouvelle vie sur un autre corps, dans la même plante ou dans une plante différente de celle qui lui a donné le jour,

Je ne veux pas aller plus loin, je laisse au Lecteur la liberté d'ajouter à mes raisons des réflexions qui peuvent m'être échapées, & qui sont encore plus triomphantes, contre l'idée du systême Sexuel. Il ne sera donc plus question que de parcourir quelques expériences contraires à ce systême.

J'ai cité dans le Mercure de Février 1767, une expérience que le hazard a occasionné sur le chanvre. On peut la répeter, & on doit être assuré que le chanvre n'a pas besoin de la plante prétendue mâle pour générer.

Camerarius dit, dans son *Epistola de sexu plantarum*, 8°. *Tubinga*, 1694, avoir éprouvé que les graines du Murier, de la Mércuriale & du Mays, ne mûrissoient pas lorsqu'on avoit enlevé soigneusement toutes les étamines, mais que cette expérience ne lui avoit pas réussi sur le chanvre.

Le Murier est dans la classe des *Monœcia* de Linnæus, qui est la même que celle du Ricin, à la différence que quelquefois il descend dans celle des *Diœcia* ; c'est-à-dire que le Murier a sur la même plante des fleurs femelles & des fleurs mâles, ce qui le met dans la classe du Ricin ; & quelquefois des fleurs mâles seulement, & des fleurs femelles, sur deux plantes différentes. Il est certain que si, dans un Murier de la classe du Ricin, on détruit les étamines des fleurs mâles, qui sont sans doute les glandes ou les testicules des fleurs femelles, séparées sur la même plante, & dont on doit soupçonner la communication intérieure, la graine restera stérile. Et je crois que le Murier qui n'a que des fleurs femelles où les fleurs mâles manquent, ne doit pas générer. Linnæus ne donne aucune déscription de la fleur du Murier dans la classe des *Diœcia*, parce que dans ce Murier, ce ne sont que des fleurs imparfaites & stériles.

La suite à la Planche suivante.

le Lis-Narcisse, le Perce-neige
Jussieu

PLANTES D'USAGE.

LE GRAND LIS-NARCISSE D'AUTOMNE, Fig. 1. *Lilio-Narcissus luteus, autumnalis, major.* Tourn. *Colchicum luteum,* 1. *majus C. B. Pin.* 69. *Amaryllis lutea* 2. *Lin.*

Le LIS-NARCISSE ou COLCHIQUE JAUNE fleurit en Automne, il pousse auparavant cinq ou six feuilles oblongues, larges d'un pouce, plus ou moins, d'un verd obscur & luisant, cette Plante croît aux pays chauds dans les prés élevés, ses feuilles varient en figure, elles sont quelquefois plus longues & moins larges, & souvent fort larges & courtes.

Nota. Le LIS-NARCISSE & le PERCE-NEIGE sont dans la même Planche.

TOURNEFORT.

LILIO-NARCISSUS est *plantæ genus, flore A. B. liliaceo, ex petalis sex C. composito, lilii æmulo. Hujus autem calix D. sexu embryo abit in fructum E. Narcissi fructus formâ. His notis addenda est radix bulbosa tunicata, qua differt à Lilio, à Narcisso verò flore polipetalo.*

Lilio-Narcissus species sunt.

LILIO-NARCISSUS Jacobæus, *latifolius, indicus, rubro flore. Mor. Hort. Oxon. Part.* 2. 366. *Narcissus indicus latifolius, rubro flore J. B.* 2. 609. *Narcissus latifolius, indicus rubro flore Clus. Hist.* 157.

LILIO-NARCISSUS Indicus, *saturato colore purpurascens. Mor. Hist. Oxon. Part.* 2. 367. *Narcissus indicus, liliaceus, saturo colore purpurascens. Ferr. Flor.* 119.

LILIO-NARCISSUS Indicus, *maximus, sphæricus, floribus plurimis, rubris, liliaceis Mor. Hist. Oxon. Part.* 2. 368. *Narcissus Indicus. flore liliaceo sphæricus Ferr. Flor.* 129.

LILIO-NARCISSUS Indicus, *flore albo, exteriùs rubente. Narcissus à D. Gareto, flore albo, exteriori parte rubicundus. Suvert.* 28.

LILIO-NARCISSUS Japonicus, *rutilo flore Mor. Hist. Oxon. Part.* 2. 367. *Narcissus Japonicus, rutilo flore, Corn.* 158.

LILIO-NARCISSUS Indicus, *pumilus, polyanthos. Mor. Hist. Oxon. Part.* 2. 368. *Narcissus Indicus pumilus, polianthos. Corn.* 154.

LILIO-NARCISSUS Africanus, *pumilus, polianthos. Lilium Africanum humile, longissimis foliis, polianthos, saturato colore purpurascens H. L. Bat. app. & Par. Bat.*

LILIO-NARCISSUS polianthos flore *incarnato fundo ex luteo albescente Sloane Cat. plant. Jam.* 115. *Lilium americanum, puniceo flore Belladona dictum. H. L. Bat. & part. Bat. Lys rouge du Tertre* 110.

LILIO-NARCISSUS Zeylanicus, *latifolius, flore niveo, externè lineâ purpureâ striato H. Amstel. in fol.* 73.

LILIO-NARCISSUS, *folio latissimo, floribus niveis inodoris. Narcissus Amboinensis, folio latissimo, rotundo, floribus niveis, inodoris. H. Amst. in fol.* 77.

LILIO-NARCISSUS Americanus, *flore intus aureo, extus coccineo, foliis lilii convalium Plum.*

LILIO-NARCISSUS seu Narcissus liliflorus Carolinianus, *flore albo, singulari cum rubedine diluto Pluk. phytog. tab.* 42. *fig.* 3.

LILIO-NARCISSUS Indicus, *pumilus, monanthos, albus Mor. Hist. Oxon. part.* 2. 366. *Narcissus Virgineus park. par.* 86.

LILIO-NARCISSUS Indicus, *narcissus liliflorus aureus striis argenteis pictus, floribus amplis cernuis, gemellis, caule magno cepæ fistuloso. H. R. H. Pluk. phitog. tab.* 246. *fig.* 2.

LILIO-NARCISSUS luteus vernus. *Colchicum luteum vernum C. B. Pin.* 69. *Colchicum vernum flavo flore J. B.* 2. 662. *Narcissus vernus, flore luteo. Suvert.*

LILIO-NARCISSUS luteus autumnalis, major. *Colchicum luteum,* 1. *majus C. B. Pin.* 69. *Colchicum flore luteo quorundum J. B.* 2. 661. *Narcissus autumnalis, major Clus. Hist.* 164.

LILIO-NARCISSUS luteus multiplex autumnalis. *Narcissus autumnalis, flore luteo multiplex Eyst.*

LILIO-NARCISSUS luteus, autumnalis, minor. *Narcissus serotinus. Clus. Hist.* 162. *Narcissus autumnalis, minor. J. B.* 2. 662.

LILIO-NARCISSUS autumnalis, melino flore. *Colchicum melino flore C. B. Pin.* 69. *Narcissus Persicus, croci flore colchici affinis. J. B.* 2. 661. *Narcissus Persicus Clus. Hist.* 163.

LILIO-NARCISSUS Bœticus, *luteus, minor odoratissimus.*

Lilio-Narcissus, quasi planta ad Lilium, & ad Narcissum accedens.

LINNÆUS.

321. AMARYLLIS. calix, D. *Spatha oblonga, obtusa, compressa, emarginata, latere plano rumpens, marcescens.* Corolla, C. *petala sex, lanceolata.* Stamen, a. *filamenta sex; subulata. Antheræ oblongæ, incumbentes assurgentes.* Pistilum b. *Germen subrotundum, sulcatum, infra Receptaculum. Stilus* c. *filiformis, longitudine ferme & situ staminum. Stigma* d. *trifidum, tenue.* Pericarpium E. *capsula subovata, trilocularis, trivalvis.* Semen *plura.*

Obs. *Inflexio petalorum, staminum & pistili in hoc genere admodum diversa est.*

Amaryllis species sunt.

1. AMARYLLIS SPATHA (*Capensis) *uniflora remotissima, corolla æquali, staminibus pistiloque rectis. Amœn. acad.* 6. *afr.* 11.
Sisyrinchium Indicum. *Cornut. Canad.* 168. *Moris. Hist.* 2. p. 421. *f.* 4. *t.* 23. *f.* 9. *Rudb. Elys.* 2. p. 236. *f.* 17.
Habitat ad Cap. B. Spei (Perennes.)

2. AMARYLLIS SPATHA (*Lutea) *uniflora, corolla æquali staminibus declinatis. Hort. Cliff.* 135. *Roy. Lugd.* 36.
Narcissus autumnalis *major. Clus. Hist.* 1. p. 164.
Colchicum *luteum* 1. *majus. Bauh. Pin.* 69.
Habitat in Hispania, Italia, Thracia. (Perennes.)

3. AMARYLLIS SPATHA (*Atamasco) *uniflora, corolla æquali, Stilo declinato. Hort. Cliff.* 135. *Gron. Virg.* 36. *Roy. Lugdb.* 36.
Lilio-Narcissus Virginiensis. *Catesb. Car.* 3. p. 12. *t.* 12.
Lilio-Narcissus vernus *augustifolius flore purpurascente. Barr. ic.* 994.
Lilio-Narcissus liliflorus *Carolinianus, flore albo singulari cum rubedine diluto Pluk. alm.* 220. *t.* 43. *f.* 3.
Lilio-Narcissus Indicus *pumilus monanthos albus Moris. Hist.* 2. p. 266. *f.* 4. *t.* 24. *f.* 4.
Habitat in Virginia. (Perennes.)

4. AMARYLLIS SPATHA (*Formosissima) *uniflora, corolla inæquali petalis tribus genitalibusque declinatis. Hort. Cliff.* 135. *Hort. Ups.* 75. *Act. Stokh.* 1742. p. 93. *t.* 6. *Roy. Lugdb.* 36.
Lilio-Narcissus Jacobæus, *flore sanguineo nutante. Dill. Elth.* 395. *t.* 162. *f.* 196.
Narcissus Jacobæus *major Rudb. elis.* 2. p. 89. *f.* 10.
Habitat in America Meridionali, innotuis Europæis 1593. *(Perennes.)*
Squamæ totidem quot filamenta, è receptaculo ortæ, filamentorum basi arcte adsident; an sic in reliquis?

5. AMARYLLIS SPATHA (*Regina) *multiflora, corollis campanulatis æqualibus undulatis, genitalibus declinatis. Mill. Dict. t.* 24.
Lilium Americanum, *puniceo flore,* Bella-donna *dictu. Herm. par.* 194.
Habitat in Caribæis.
Differt ab A. Bella-donna marginibus petalorum undulatis, nec ac ungues recurvatis.

6. AMARYLLIS SPATHA (*Belladona) *multiflora, corollis campanulatis æqualibus ungue reflexis, genitalibus declinatis. Hort. Cliff.* 135. *Roy. Lugdb.* 36. *mill. dict. t.* 23.
Lilio-Narcissus polyanthos, *flore incarnato: fundo ex luteo albescente. Sloan. Jam.* 115. *Hist.* 1. p. 244. *seb. thes.* 1. p. 25. *t.* 17. *f.* 1.
Lilium Rubrum. *Merian. Surin.* 22. *t.* 22.
Habitat in Caribæis, Barbados, Surinama. (Perennes.)

7. AMARYLLIS SPATHA, (* Sarnienfis) *multiflora, corollis revolutis genitalibus erectis.* Hort. Upf. 75.

Amaryllis fpatha, *multiflora corollis æqualibus patentiffimis revolutis, genitalibus longiffimis.* Hort. Cliff. 13. Roy. Lugdb. 36.

Narciffus Japonicus, *rutilo flore,* Corn. Canad. 157. t. 158. Rudh. elyf. 2. p. 23. f. 14. Ebret. felect. t. 9. f. 3. Kæmp. Amœn. 872. Sch. Muf. 1. t. 17. f. 3.

Lilium Sarnienfe. Dugl. monogr. t. 1. 2.

Habitat in Japonia, nunc in Sarnia infula Angliæ. (Perennes.)

8. AMARYLLIS SPATHA (* Zeylanica) *multiflora, corollis campanulatis aqualibus, genitalibus declinatis, fcapo tereti ancipiti* Roy. Lugdb. 36.

Lilio Narciffus Zeilanicus, *latifolius, flore niveo, externe linea purpurea ftriato.* Comm. Hort. 1. p. 73. t. 37. Rudh. Elyf. 2. p. 181. f. 9.

Tulipa Javana. Rumph. Amb. 5. p. 30. t. 105.

Lilio - Narciffus Africanus, *fcillæ foliis, flore niveo linea purpurea ftriato.* Ebret. pict. 5. f. 2. Tre. chret. t. 13.

Habitat in Zeylona (Perennes.)

9. AMARYLLIS SPATHA (* Longifolia) *multiflora, corollis campanulatis aqualibus, genitalibus declinatis fcapo compreffo longitudine umbellæ* Roy. Lugdb. 36. Ebret. pict. t. 13.

Lilium Africanum *humile, longiffimis foliis, polyanthos faturato colore purpurafcens* Herm. parad. 105. l. 195.

Habitat in Æthiopia. (Perennes.)

10. AMARYLLIS SPATHA, (* Orientalis) *multiflora, corollis inæqualibus, foliis linguiformibus* Buttn. cunon. 215.

Amaryllis fpatha *multiflora, foliis ovato-oblongis obtufis* Roy. Lugdb. 37.

Lilio-Narciffus Indicus *maximus fphericus, floribus plurimis rubris liliaceis.* Morif. Hift. 2. p. 568. f. 4. t. 10. f. 35.

Narciffus Indicus Orientalis. *fvert. flor.* 31. f. 1.

Brunfvigia Heift.

Habitat in India. (Perennes.)

11. AMARYLLIS SPATHA [* Ciliaris] *multiflora, foliis ciliatis.*

Habitat in Æthiopia.

Folia plana, linearis pollicis latitudine, bipalmaria longitudine, adeoque figura Amaryllidis, non verò Hæmanthi, fed margine undique ciliata, ciliis albis nec ferrugineis; adeoque longe recedit ab hæmantho ciliari, neutra tamen nobis floruit.

GAUTIER.

LE LIS NARCISSE, *F. 7. C. 1. E,* 12. a fa fleur feule fur fon pied, ou plufieurs fleurs fur le même pied, felon les efpeces détaillées dans le fyftême ci-devant de Linnæus.

LA FLEUR a fon *Calice* fpathe, il eft en poche, fon origine ferre étroitement le piftile & fa partie fupérieure, après l'épanouiffement de la fleur, eft flétrie & fendue. La *Corolle* eft divifée en fix pétales, qui paroiffent cependant être adhérents à leur naiffance, & former un tube. Les pétales font lancéolées comme l'on voit ici, & en feuille de lis; elles portent chacune leurs *Etamines,* qui fortent de leurs attaches au piftile; lefquelles font par conféquent au nombre de fix, trois longues & trois courtes. Elles ont leur fil allongé, les Anthères de ces Etamines font en forme de fabot pointu; le fil entre dans l'ouverture du fabot, comme les artères ou les veines émulgentes dans la cavité des reins, & fert à les foutenir & en extraire les liqueurs filtrées pour la génération. *Le piftil* a fon germen en olive plate, fon ftil eft en fil allongé & le ftigma eft en petit mufle triparti.

LE FRUIT eft en poire platte, divifé intérieurement en trois cellules. Le *Receptale* eft au centre des divifions & porte des graines en abondance, l'une fur l'autre, auxquelles il fournit la liqueur féminale.

Les FEUILLES font *gladieufes,* en lame creufe, contours unis, texture unie.

La TIGE eft *anguleufe,* ébranchée, pleine & tendre, liffe & unie.

La RACINE eft *bulbeufe,* elle reffemble affez à celle du colchique, couverte d'une membrane brune, elle eft blanche en dedans, & compofée de plufieurs enveloppes charnues, plus détachées que celles de l'oignon, d'une odeur forte & défagréable.

QUALITÉS.

Cette plante contient beaucoup d'huile, de phlegme & du fel effentiel.

VERTUS.

Sa Fleur & fa racine font émollientes, digeftives, réfolutives.

PLANTES D'USAGE.

LE PERCE-NEIGE. (Fig. 2.) *Narcisso Leucoïum vulgare Tourn.* 387. * *Leucoïum bulbosum, vulgare, C. B. Pin.* 55. * *Leucojum vernum spatha uniflora. Linn.* 1.

Cette Plante ne pousse que deux feuilles courtes qui embrassent étroitement la tige ; son calice est roide & hérissé ; il perce la neige à mesure que la fleur s'accroît, c'est ce qui a fait donner le nom à cette Plante de *Perce-neige* ; l'ouverture que fait le calice dans la neige, qui s'ouvre & s'écarte, forme le passage de la fleur qui est malgré cela recourbée, & ses pétales renversés, comme on voit ici à la Figure 2. ce qui facilite sa sortie au-dessus de la neige. Le pied de la Fleur s'éleve pour cet effet à la hauteur d'un pied & quelquefois plus, selon l'épaisseur de la neige. Elle croît dans les lieux humides & sur les revers des montagnes, souvent à l'ombre.

TOURNEFORT.

NARCISSO-LEUCOIUM *est plantæ genus, flore A. B. liliaceo, ex petalis sex, nunc æqualibus, nunc inæqualibus composito, & veluti campaniformi, pendulo. Hujus autem Calix C, abit deinde in fructum F, subrotundum, in tria loculamenta divisum E, seminibusque fætum D, etiam subrotundis. His notis addenda est radix bullosa. G.*

Narcisso-Leucoii species sunt.

NARCISSO-LEUCOIUM vulgare. *Leucoium bulbosum, vulgare C. B. Pin* 55. * *Leucoium bulbosum hexaphyllon, cum unico flore, rariùs bino* J. B. 2. 590. * *Leucoium bulbosum hexaphyllon Dod. pempt.* 230.

NARCISSO-LEUCOIUM flore patulo. * *Leucoium bulbosum flore patulo C. B. Pin.* 55. * *Leucoium bulbosum, hexaphyllum, majus Heist.*

NARCISSO-LEUCOIUM pratense, multiflorum. * *Leucoium bulbosum, majus, sive multiflorum, quod aliqui acrocorion Plinii statuunt C. B. Pin.* 55. * *Leucoium bulbosum polyanthemum, tardiùs florens, floribus minoribus* J. B. 2. 592. * *Leucoium bulbosum polyanthemum Dod. pempt.* 230.

NARCISSO-LEUCOIUM pratense, multiflorum. Flore pleno. * *Leucoium bulbosum, serotinum, majus, multiflorum, floribus plenis H. L. Bat.*

NARCISSO-LEUCOIUM trifolium, majus. * *Leucoium bulbosum trifolium majus C. B. Pin.* 56. * *Leucoïum bulbosum, præcox Bizantinum.* J. B. 2. 591. * *Leucoium bulbosum triphyllum majus, Bizantinum Eyst.*

NARCISSO-LEUCOIUM trifolium, minus. * *Leucoium bulbosum, trifolium, minus. C. B. Pin.* 56. * *Leucoium bulbosum minus, tryphyllon* J. B. 2. 591. * *Leucoium bulbosum, triphillon Dod. pempt.* 230.

NARCISSO-LEUCOIUM trifolium, cerulæum. * *Leucoium bulbosum, trifolium cæruleum C. B. Pin.* 56. * *Leucoium triphyllum, flore ceruleo Someri. Lob. Adv. part.* 2. 492. J. B 2. 592.

NARCISSO-LEUCOIUM autumnale, latifolium. * *Leucoium bulbosum, autumnale, latifolium C. B. Pin.* 56. * *Leucoium autumnale, tenuifolium. Suvert.* 20.

NARCISSO-LEUCOIUM autumnale, capillaceo folio. * *Leucoium bulbosum autumnale C.B. Pin.* 56. * *Leucoium bulbosum autumnale minus, tenuifolium* J. B. 2. 593. * *Leucoium bulbosum, autumnale, minimum. Dod. pempt.* 230.

NARCISSO-LEUCOIUM vernum, capilaceo folio. * *Leucoium bulbosum, tenuifolium, vernum C. B. Pin.* 56. * *Leucoium bulbosum, vernum, minimum. Clus. Cur. post. in-fol.* 15.

Narcisso Leucoium, quasi planta ad Narcissum & ad Leucoium accedens.

LINNÆUS.

317. GALANTUS. Perce-neige. *Narcisso leucoji Species Tournef.* 208. A. B. C. *Pont.* 1. 3. 5. 29.

Calyx C, *spatha oblonga, obtusa, compressa, latere plano rumpens, marcescens.* Corolla. A, a, *Petala tria, oblonga, obtusa, concava, laxa, patula, æqualia. Nectarium cylindraceum, tryphillum, petalis dimidio brevius, foliolis parallelis, emarginatis, obtusis.* Stamen. b, *Filamenta sex, capillaria brevissima. Antheræ oblonga, obtusa, quadrangulares, erecta, distantes.* Pistilum. d, *Germen globosum intra receptaculum. Stilus filiformis staminibus longior. Stigma simplex.* Pericarpium. F.

Capsula ovali globosa, obtuse trigona, trilocularis E, trivalvis. Semen. *Plura, globosa.* D.

Galanthi species sunt.

GALANTHUS (* Nivalis.) *Hort. Cliff.* 134. *Hort. Ups.* 73. Roy. *Lugdb.* 35.
Leucoium *bulbosum trifolium minus. Bauh. Pin.* 56. Erangelia. *Reneal. Spec.* 97. *t.* 96.
Habitat ad radices montium Verona, Tridenti, Carniola; Vienna. (Perennes.)

LINNÆUS.

318. LEUCOIUM. Calix *spatha oblonga, obtusa, compressa, latere plano rumpens, marcescens.* Corolla, *campaniformi patens, sexpartita. Petala ovata, plana, basi coalita, apicibus crassiusculis, strictioribus.* Stamina, *filamenta sex setacea, brevissima. Antheræ oblonga, obtusa, quadrangulares, erecta, distantes.* Pistilum *Germen, subrotundum sub receptaculo. Stylus superne sensim crassior obtusus. Stigma setaceum, erectum, acutum, staminibus longius.* Pericarpium, *capsula turbinata, trilocularis, trivalvis,* Semen *plura subrotunda.*

Leucoji species sunt.

LEUCOIUM SPATHA (* Vernum.) *uniflora, stylo clavato.* Leucojum. *Hort. Cliff.* 135. *Hort. Ups.* 74. *Roy. Lugdb.* 35.
Leucojum *bulbosum vulgare. Bauh. Pin.* 55. *Rudb. Elis.* 2. *p.* 95. *f.* 1.
Leucojum bulbosum *Clus. Hist.* 1. *p.* 169.
Habitat in Germania, Helvetia, Italia umbrosis pratis, ad rivulos.

2. LEUCOIUM SPATHA (* Æstivum.) *multiflora, stylo clavato.* Leucojum Bulbosum *majus s. multiflorum. Bauh. Pin.* 55.
Leucojum Bulbosum *serotinum majus.* 1. *Clus. Hist.* 1. *p.* 170.
Polianthemum. *Renealm. spec.* 99. *t.* 100.
Habitat in Pannonia, Hetruria, Monspelii. (Perennes.)
Folia hujus lata ut in L. verno, nec filiformia ut in L. autumnali.

3. LEUCOIUM SPATHA (* Autumnale.) *multiflora, stylo filiformi. Læfl.* 136.
Leucojum Bulbosum *autumnale Bauh. Pin.* 56.
Leucojum Bulbosum *autumnale tenuifolium. Clus. Hist.* 1. *p.* 170.
Tricophillum *Reneal. spec.* 101. *t.* 100.
Habitat in Lusitania. (Perennes.)

GAUTIER.

La FLEUR du Perce-neige est seule sur son pied, & dans quelques especes elle a plusieurs fleurs dans le même calice. Son *Calice* est spathe, roide, aigu & divisé en deux, aussi vert que les feuilles, il ressemble même à deux feuilles ordinaires réunies ; & il est hérissé au-dessus de la fleur. Sa *Corolle* est divisée en trois Pétales plus longues que le Nectaire, si on prend pour le nectaire, les pétales intérieures au nombre de trois aussi, qui naissent entre les divisions des pétales extérieures. Ces pétales que Linnæus confond & distingue entre le *Galanthus* & le *Leucoium*, ont mis quelque obscurité dans la vrai définition de cette plante ; mais je donne ici le Galanthus & le Leucoium du *Species* de Linnæus pour lever toute difficulté. Les *Etamines* ne tiennent point aux pétales, ou nectaire ; mais au gèrmen, par des Fils courts : les Anthères sont aigus & en grain d'avoine réunis autour du stil, mais ils s'en écartent à mesure que la fleur murit. Ils ne sont qu'un même corps avec le *Pistile* qui a son germen globuleux, son stil en Cloud renversé dont la pointe forme le stigma. Le *fruit* en poire divisé en trois, le *Receptacle* porte plusieurs graines rondes, rangées l'une sur l'autre, dans leur ventricule, ou Uterus particulier.

La Feuille est en feuille de poreau courte, un peu épaisse.

La Tige est revêtue avec l'origine des feuilles d'une tunique blanche. Elle est ensuite *ronde* & abranchée.

La Racine est *bulbeuse*, elle renferme en elle un second oignon ; sa tunique extérieure, & celle de l'oignon qu'elle renferme, est rousse, & sa pulpe est blanche.

QUALITÉS.

Cette plante contient beaucoup d'huile & de phlegme, peu de sel.

VERTUS.

Elle est digestive, résolutive, consolidante : on ne se sert que de sa racine.

PLANTES CURIEUSES ET ÉTRANGERES.
LE CAFÉ.

Jasminum Arabicum. Juss. act. 1713 , pag. 388. Coffea Arabica , Linn. I.

FAMILLE DES APARINES. *Adans.*

ON appelle cette Plante & son fruit, dans diverses Contrées du Levant & de l'Afrique, *Coffé*, *Coffi*, *Cahué*, *Cahouch*, *Cahuch*, *Caouach*. Les Turcs le nomment *Cahué*, & les Arabes, *Caouch*. Ces noms viennent d'un verbe qui signifie, *avoir peu d'appétit*; parce qu'en effet les grands preneurs de Café en Levant ne mangent pas beaucoup. Les Turcs le prennent sans sucre; & c'est une grande politesse chez eux dans les Cafés quand un particulier sort du sucre de sa poche & en met dans sa tasse, & dans celle des personnes qu'il distingue & qui sont à côté de lui. Ces sales de Café où l'on s'assemble dans le Levant font l'unique amusement des Mahometans : ils appellent la liqueur préparée du Café, ou ce que nous disons le Café, *Caouhé*, & les personnes aisées en prennent six ou huit tasses par jour ordinairement. On peut nommer le Café le vin Turc : car cette infusion, selon eux, est une liqueur qui rejouit, qui reveille sans faire perdre la raison ; leur Loi défend aucontraire celle que nous tirons de la pression des raisins & de l'usage que nous en faisons sous le nom de vin, après sa fermentation. Les Marchands de Café mixtionnent en Turquie le Café comme nous faisons chez nous le vin : ils font brûler avec le Café du seigle & quelquefois des févérotes ; mais si on les prend sur le fait ils sont saisis, & leurs Cafés répandus dans le ruisseau, payent des fortes amendes, & on leur fait fermer leur boutique, & quelquefois la bastonnade au bout de ces exécutions de Police Turque.

LA FLEUR du Café vient dans les aisselles des feuilles en touffe, ou deux ou trois ensemble ; elle a un *Calice* de quatre à cinq dents, la Corolle a son tube allongé, elle se divise en quatre ou cinq feuillets dans son limbe : on y trouve cinq *Étamines*, quelquefois quatre seulement ; le *Pistile* a son germen globuleux, le *stile* est simple, & le *stigma* divisé en deux ; la *Semence* est divisée en deux ; nous n'en donnons pas le dessein, parce que tout le monde connoît le grain du Café.

LA RACINE est branchue.

LES TIGES sont rondes & rameuses.

LES FEUILLES sont communes, en feuilles de Laurier, & posées deux à deux en croix sur la tige.

QUATRIEME DISSERTATION.
Sur le Café.

Depuis que le Café est connu en Europe, il y a eu plusieurs dissertations sur cette plante & l'usage de son fruit. M. Lemery est celui qui en a le mieux écrit, & je vais emprunter de lui la plus grande partie de ce que j'en dirai.

L'Europe a l'obligation de la culture de cet arbre aux Hollandois, qui de Moka l'ont porté à Batavia, & de Batavia au Jardin d'Amsterdam, & la France en est redevable au zéle de M. Resson, Lieutenant-Général de l'Artillerie, & amateur de la botanique, qui se priva en faveur du Jardin Royal, d'un jeune pied de cet arbre qu'il avoit fait venir d'Hollande. M. Lemery cite en autre, M. Pancras, Bourguemestre-Regent de la Ville d'Amsterdam, qui fit transporter à Marly, un arbre qui fut présenté a Louis XIV, & de-là envoyé au Jardin du Roi, qui du temps de M. Lemery a porté des fleurs & des fruits. Il y en a actuellement un d'après lequel j'ai fait les desseins de la plante ci-jointe, où j'ai mis une partie du tronc & la branche renversée selon son port, pour faire voir ses tiges alternatives.

On donne le nom à cet arbre, par rapport à sa fleur, de *jasminum* & de *lauri folio*, à cause de ses feuilles semblables à celles du laurier.

Il est de la hauteur de cinq pieds environ, & de la grosseur d'un pouce un quart à peu-près dans son pied, tel qu'on le voit ici ; il est couvert d'une écorce blanche, ses branches sont opposées deux à deux, & de maniere qu'elles se croisent ainsi entre elles alternativement ; elles sont souples & arrondies, nodeuses par intervalles, couvertes aussi-bien que le tronc d'une écorce blanchâtre, fort fine, qui se gerse en se desséchant : leur bois est un peu dur & douceâtre au goût. Les branches inférieures sont ordinairement simples, & s'étendent plus horizontalement que les supérieures qui terminent le tronc, lesquelles sont divisées en d'autres plus menues, qui portent des fleurs aux aisselles des feuilles, & gardent le même ordre que celles du tronc. Elles sont également chargées de feuilles toujours vertes, telles qu'elles sont ici dessinées ; ces feuilles sont plus luisantes & plus souples que celles du laurier, & plus aiguës, & d'un beau verd, un peu plus pâles en dessous, & plus jaunâtre dans les feuilles naissantes. Le goût des feuilles n'est point aromatique, & tient de celui d'herbe. Les plus grandes feuilles du Café ont deux pouces de largeur dans leur milieu, sur cinq pouces de long, & leurs queues sont fort courtes. *Les fleurs* naissent de l'aisselle des feuilles en touffe, jusqu'au nombre de cinq, soutenues chacune par un pedicule court, elles sont blanches, comme on les voit à la planche ci-jointe, à peu-près de la figure d'un Jasmin d'Espagne, excepté que *la corolle* a son tube plus court, & les pétales ou découpures plus étroits. *Les étamines* sont au nombre de cinq, les fils courts, les antheres aussi long que les petales & blancs, ayant leur extrémité jaune. *Le pistile* a son germen globuleux, son stil long, roide, cylindrique & fourchu. *Le calice* est verd, divisé en quatre dents, dont deux sont courtes & deux longues, posées alternativement. Ses fleurs passent extrêmement vite, du soir au matin elles tombent. *Le fruit* que nous n'avons point vû quand nous avons dessiné la plante & ses fleurs, est décrit par M. Lemery, de la figure d'une cerise, se terminant en forme d'ombilic, il est d'abord d'un verd clair, puis rougeâtre, & d'un beau rouge quand il commence à murir, & ensuite dans sa parfaite maturité, d'un rouge obscur. Sa chair est glaireuse, d'un goût désagréable, qui se change en celui de nos pruneaux, noire & dure lorsqu'elle est desséchée, la grosseur de ce fruit se réduit alors à celui d'une baye de laurier. Cette chair sert d'enveloppe commune à deux coques minces, ovales, étroitement unies, applaties par l'endroit où elles se joignent. De couleur d'un blanc jaunâtre, & qui contiennent chacune une semence calleuse, voutée d'un côté & applatie de l'autre, & creusée sur le côté plat, d'un sillon assez profond. Le goût des graines ou semence du Café venues sur l'arbre du Jardin du Roi, ne différoit en rien de celui des graines venues d'Arabie : l'une des semences venant à avorter, l'autre prend la place, s'arrondit presque, & devient beaucoup plus grosse.

On appelle *Café en coque*, le fruit tout entier, & *Café mondé*, les semences dépouillées de leur coque.

M. Commelin, Professeur en Botanique à Amsterdam, nommoit le Café *Jasminum*, par rapport à la fleur & au fruit de cet arbre. Les anciens Auteurs avoient donné des fausses descriptions du Café, sous le nom de *Bunk* & de *Bunca*, qu'ils croyoit être du genre des féves.

L'arbre du Café croît dans son pays natal , sur les montagnes, il s'éleve considérablement, & même à Batavia, il parvient jusqu'à la hauteur de quarante pieds , quoique le diametre de sa base , ou de son pied , n'excéde pas quatre à cinq pouces. On le cultive avec soin dans ces pays, & on y voit toute l'année des fleurs & des fruits dans toutes les saisons. Ce qui fournit chaque année trois récoltes abondantes. Les vieux pieds portent moins que les jeunes, & ils commencent à fructifier de bonne heure, de sorte qu'une graine de Café semée dans sa saison, germe en peu de temps, & la troisiéme ou quatriéme année ensuite commence à porter son fruit.

Si la semence du Cafier, dit M. Lemery, n'est pas mise en terre toute recente, comme plusieurs autres semences des plantes, on ne doit pas espérer de la voir germer. Les semence qu'en a recueillies M. Commelin, sur les pieds cultivés dans le Jardin d'Amsterdam , & jettées presqu'aussi-tôt en terre, ont produit d'autres arbres; celles tirées des fruits que cet habile Professeur envoya, ont eu peu de succès, quoique plantées au Jardin du Roi tout aussi-tôt qu'elles ont été reçues : au lieu que celles de l'arbre cultivé du temps de M. Lemery, au Jardin Royal, ayant été semées tout aussi-tôt après avoir été cueillies, ont presque toutes levé six semaines après.

M. de Jussieu, dans la description qu'il a donnée du Café, telle qu'elle est adoptée par l'Auteur *du Commerce d'Amst. par Marseille*, après l'avoir soigneusement vérifiée , dit, que dans le temps de la récolte, on expose les grains au soleil pour leur faire perdre un goût d'herbe qui les rendroit désagréables... Le Café, pour être semé, doit avoir ses pélicules ou ses coques, & n'avoir point été exposé au soleil : on le met tremper dans l'eau pendant vingt-quatre heures, pour aider le développement du germe, & on le seme à deux doigts de profondeur, dans une terre bien ameublie; un pouce de distance d'une graine à l'autre suffit pour le faire lever & pousser jusqu'à huit ou dix pouces de hauteur. On le transplante à cet âge, dans un terrein qui aura été bien arrosé, & dans un temps humide, à deux toises de distance. Dans nos Isles, la semence n'a pas besoin d'être mise dans l'eau, ni d'avoir son parchemin, elle leve sans effort, au bout de huit jours pour le plus tard.

Ce fait justifie les habitans du pays où se cultive le Café, de la malice qu'on leur a imputée de tremper dans l'eau bouillante , ou de faire sécher au four celui qu'ils débitent aux Etrangers , dans la crainte que venant à élever comme eux cette plante, ils ne perdissent leur commerce.

Cette plante ne peut se conserver en Europe que dans les serres où l'on peut entretenir une chaleur douce, à la maniere d'Hollande , & en les arrosant à propos.

Les Turcs naturellement paresseux, négligent le soin de multiplier cette plante dans les pays de leur domination, autre que celui d'Yemen où elle vient d'elle-même. Ce qui fait que l'usage de sa graine nous étoit presque inconnu avant le sixiéme siécle.

On attribue la découverte de son usage en Arabie vers le dixiéme siécle, à un supérieur d'un Monastère, qui, voulant éveiller ses Moines & les garantir du sommeil qui les saisissoit la nuit, dans le Chœur au moment des Offices, leur en faisoit boire l'infusion, sur la relation qui lui avoit été faite des effets que ce fruit causoit aux chévres qui en avoient mangé; d'autres attribuent cette découverte à un Mufti, qui, pour faire de plus longues prieres & pousser les veilles plus loin que les Dervis les plus dévots, a le premier, fait usage de l'infusion du Café.

Nous avons déja parlé de ceci & de l'usage qu'en font les Turcs.

On se contentera de faire observer que des trois manieres d'en prendre l'infusion ; sçavoir, ou du Café mondé & dans son état naturel , ou du Café rôti, ou seulement de l'infusion des enveloppes, ou *mondeures*, du Café qu'on appelle assez improprement *la fleur du Café* : celle dont nous nous servons, qui est la meilleure & la seconde façon de s'en servir, est préférable à la premiere dont se servent encore quelques Arabes ; mais la derniere façon d'user du fruit du Café , c'est-à-dire, de ne mettre en infusion que les pélicules de son fruit, est appellée Café à la Sultane : les mondeures du Café ne se font point brûler, on les employe telles qu'elles sont, ce qui fait un Café de la couleur du thé, & fort agréable ; mais où il faut absolument du sucre, sans quoi il est impossible de le boire avec agrément.

Entre le Café gros & blanchâtre qui nous vient de Moka en droiture par la mer Rouge, & le petit verdâtre qui est transporté au Caire par les caravanes de la Mecque, le même qui nous vient par la voie de Marseille, celui-ci est le plus recherché & le meilleur, & le moins sujet à se gâter.

L'usage du Café a été introduit d'abord, après sa découverte, en Perse & en Ethiopie, & vers le sixiéme siécle à Marseille, par le commerce de cette Ville avec les Turcs ; les Anglois & les Hollandois ont eu aussi l'usage de cette infusion dans ce temps-là; mais il a été long-temps particulier à certaines personnes qui avoient resté en Turquie & pris cette habitude : il n'est devenu commun que par l'établissement des Marchands de Café, & ce qui s'est fait par les Turcs mêmes, & selon leurs façons de le distribuer dans des boutiques ouvertes.

Les premiers Marchands de Café ont été des esclaves Turcs, sur les galeres de Marseille, qui avoit des fourneaux portatifs, avec des cafetieres pleines, & des tasses dans un panier, pour en verser dans les rues aux Etrangers & à ceux qui aimoient cette boisson. Ces Marchands se sont ensuite établis dans des boutiques sur le Port de Marseille, avec la permission de leurs maîtres , & de-là est venu l'usage commun du Café, par les Mariniers & les Négocians lévantins de cette Ville , qui alloient fumer leur pipe & prendre leur café dans ces boutiques, où l'on se mit dans l'usage de jouer aux cartes, & à divers autres jeux, comme cela se pratique encore à Marseille.

Les garçons de ces esclaves & leurs aides, sont ensuite devenus Marchands à leur tour, & les Cafés établis à Marseille ont occasioné ceux qui se sont formés dans la Capitale & dans les Provinces. Le premier Marchand qui parut à Paris, étoit Arménien, il étoit logé à l'entrée de la rue Saint Antoine, il avoit servi à Marseille dans l'une des boutiques de Café, dont nous venons de parler; ce qui a fait ensuite le Corps des Maîtres & Marchands Limonadiers de Paris, dont on ne peut plus se passer aujourd'hui. On prétend que cet Arménien avoit un associé, qu'il s'appelloit *Pascal*, & son associé *Mœliban*. L'avantage des Cafés dans Paris a été de détourner les assemblées qui se formoient dans les Cabarets, & à Marseille au contraire , cet usage a formé beaucoup de libertins & a aidé à la corruption des mœurs.

Sur le commerce du Café.

Le Café de Moka est le meilleur que l'on connoisse. La Compagnie des Indes en a eu le privilége exclusif par l'Edit du mois d'Août 1664. Cette Compagnie nous en fournit de l'Isle de Bourbon ; mais celui qui vient par la voie de Marseille, comme nous avons déja observé, vaut mieux ; en voici la raison (ainsi qu'a observé l'Auteur du *Commerce de l'Amérique par Marseille*.) Le Café conserve après la récolte, une qualité d'herbe, causée par l'âcreté de l'huile surabondante qui lui reste. Ces vaisseaux de la Compagnie étant long-temps en mer, le Café y reçoit une fermentation trop forte, qui altère son goût naturel ; mais celui qui est porté au Caire sur des chameaux, traverse les déserts de l'Arabie exposé aux rayons du soleil, ce qui détruit en partie la fermentation, séche & absorbe le superflu de son huile.

L'entrée du Café de Marseille en France, a été prohibée pour favoriser le débit de celui de la Compagnie. Le commerce du Café, cependant, a été libre pendant quelque temps, par la tolérance de la Compagnie des Indes qui en avoit le privilége, & qui ne trouvoit pas sans doute beaucoup de profit dans son débit. L'usage étant devenu plus commun , les droits de la Ferme des Aydes furent diminués, en conséquence le privilége exclusif du Café rétabli & accordé à François Damance, par l'Edit de Janvier 1692. Le prix en fut fixé à quatre francs la livre poids de marc. Il ne coûtoit auparavant que vingt-sept sols , c'est ce qui obligea plusieurs personnes à s'en priver , de sorte que le Fermier jugea à propos d'en faire réduire le prix à deux livres dix sols. Il y a eu depuis plusieurs autres Déclarations & Arrêts, concernant la vente du Café, & les endroits & formalités auxquelles il a été assujeti à l'entrée du Royaume.

La suite à la Planche ci-après.

Le Raponce
L. Gautier
Le Raponce

La Rhubarbe

PLANTES D'USAGE.

LA Rubarbe (*Planche* 1re) *Lapathum silvestre , magnum , vulgare. J. B. 2. 984. * Ribes arabum , foliis petasitidis. Bauh. Pin. 455 * Rheum ribes lin. 5.* Cette Rubarbe vient naturellement en Perse , au Mont-Carmel & au Mont Liban.

Le Rapontic (*Planche* 2e) *Lapatum majus sive Rhabarbarum monachorum. J. B. 2. 985. * Rhaponticum folio lapathi majoris Glabro. Bauh. Pin. 116.* Reum Raponticum Linn. 1.* Cette Plante ici vient de l'Asie Mineure. On la confond souvent avec la Rubarbe des Moines.

La Rubarbe & le Rapontic sont actuellement communs. On les cultives dans plusieurs Jardins, & nous pouvons les mettre avec les plantes d'usage. On se sert de leurs racines au défaut de celles qui nous sont portées du lieu de leur naissance, lesquelles ont toujours bien plus de vertus. Elles nous viennent séches de Perse & de la Chine où elles se cultivent. Lorsqu'on retire cette racine de la terre, on lui ôte sa premiere écorce, & une petite membrane mince & jaunâtre qui est dessous ; puis on la perce d'outre en outre, & on l'enfile dans une corde de jonc pour la suspendre & la faire sécher à l'air. Il arrive quelquefois que quand elles sont trop épaisses, elles séchent en déhors & pourrissent en dedans. C'est pourquoi dans les piéces de Rubarbes un peu grosses, on est souvent trompé, & l'on trouve l'intérieur gâté quand on vient à les rompre, quoiqu'elles aient eu la plus belle apparenence ; on en peut guère sauver alors qu'un travers de doigt d'épaisseur sur la partie extérieure de la racine. Les racines séches & préparées de Rubarbe doivent être noueuses, moyennement dures & pesantes. Elles doivent avoir la surface unie & jaune ; en dedans, & lorsqu'on les casse, elles doivent être plus brunes & de couleur de noix-muscade ; & étant infusées, elles doivent rendre une teinture jaune & safranée. Les Chinois ont trois espèces de Rubarbe : une dont la racine est longue & de couleur rougeâtre ; l'autre, dont les morceaux sont succulens & d'un jaune verdâtre ; & la troisième, qui est très-résineuse & rougeâtre. Les unes & les autres croissent dans cette partie de la Tartarie, qui est peu éloignée des murailles, ou limites de la Chine. On apporte en France trois sortes de Rubarbe : l'une du Levant, par la voie de Marseille qui est celle de Perse, & la meilleure ; l'autre de Moscovie, qui ressemble assez à celle-ci ; & la troisième de la Chine, par les Vaisseaux de la Compagnie des Indes.

Dans le tems de disette de Rubarbe, on s'est servi du Rapontic. M. Lémery croit que cette Rubarbe ici, que nous pourrions cultiver, est de même une vraie Rubarbe, que nous ne sçavons pas cueillir dans sa saison, ni apprêter, comme les Tartares & les Chinois. Les Marchands farlattent la Rubarbe en faisant fondre dans de la cire jaune de la poudre de Rubarbe, dont ils font un mastic pour boucher les carieures & vermoulures des vieilles racines de Rubarbe ; ainsi qu'ils sçavent multiplier le Musc. Le Rapontic croît dans les lieux humides, dans les marais, aussi sur les montagnes, dans les lieux frais où séjournent les troupeaux.

Le nom de *Rhabarbarum* dérive de celui d'une Riviere de Moscovie, anciennement appellée *Rha* , & nommée présentement Wolga, & de *Barbarum* , Barbares ; parce que cette Plante croît sur les bords de cette Rivière où habitoit les premiers Moscovites, ainsi nommés par d'autres Nations alors plus policées : mais il est plus probable que la racine appellée *Rha* par les Moscovites, abandante alors, comme elle est aujourd'hui encore sur les bords du Wolga, avoit donné le nom de *Rha* à la Rivière dont il s'agit.

TOURNEFORT.

Rhabarbarum *est plantæ genus , flore A. (*Planche 2.) *monopetalo campaniformi & multifido : ex cujus fundo pistillum surgit, quod deinde crassecit, semine fœtum E triangulari , capsulæ triangulari pariter per maturitatem ita afixo, ut ab ipsâ divelli nequeat.*

Rhabarbari speciem unicam novi.

Rhabarbarum *fortè Dioscoridis & antiquorum.* Rhaponticum P. Alp. exot. 187.*

Rhabarbarum dicitur quasi radix apub barbaros nascens : occurrit enim apud fluvium Rha, quem Wolga appellant in Moscoviâ.

LINNÆUS.

401. Rheum. Calyx *nullus : nisi spathas vagas partiales velis.* Corolla A *monopetala , basi angusta , impervia, limbo sexfida ; laciniis obtusis , alternis minoribus.* Stamina , F *filamanta novem , capilaria , corollæ, inserta , ejusdemque longitudine. Antheræ didymæ , oblongæ, obtusæ.* Pistilum. E, *Germen breve, triquetrum, Styli vix ulli , Stigmata tria reflexa , plumosa.* Pericarpium *nullum.* Semen *unicum , magnum , triquetrum , acutum marginibus membranis cinctis.*

Obs. *Genus hocce licet ad Rumicem proxime accèdat ab eo tamen dictinctissimum esse , ex dictis patet.*

Rhei species sunt.

1. Rheum (* Raponticum) *foliis glabris, petiolis subsulcatis.*

Rheum *foliis glabris. Hort. usp. 98 Mat. med. 198.*
Rheum. *Hort. cliff. 155.*
Rhaponticum *Alp. rapont. 1. t. 1.*
Rhaponticum *folio lapathi majoris glabro. Bauh. Pin. 116.*

Habitat in Thracia , Scythia, Monte aureo. (perennes.) Petioli subtus sulcati quod non in sequenti specie.

2. Rheum (* undulatum) *foliis subvillosis undulatis petiolis æqualibus. Amœu acad. 3. p. 212. t. 4.*

Rheum *foliis subvillosis Hort. usp. 98. Mat med. 197.*

Rhabarbarum *folio oblongo crispo undulato, flabellis sparsis. Geoffr. Mat. 2. pag. 125.*

Rhabarbarum *sinense, folio crispo flagellis rarioribus & minoribus. Amm. herb 206.*

Rhabarbarum *folio longiori hirsuto crispo, florum thyrso longiori & tenuiori Amm. Ruth. 9.*

Acetosa Montana, *folio cubitali oblongiore crispo floribus in subviridi luteolis. Messerchmidii Amm. Ruth. 226.*

Habitat in China, Sibiria. (perennes).

3. RHEUM (* palmatum) *foliis palmatis acuminatis.*

Habitat in China ad murum. a. Dav. Gortero. (Perennes).

Gemma vernans non rubescens, sed flavescens. Folia scabriuscula. Foliorum lacinia oblonga acutiuscula.

4. RHEUM (* compactum) *foliis sublobatis obtusissimis glaberrimis argute denticulatis glabris.*

Rheum *foliis cordatis glabris marginibus sinuatis, spicis divisis nutantibus. Mill. dict. t. 218.*

Habitat in Tataria in China, (perennes).

Folia magis quam reliqua, coriacea s. Compacta: Lobis rotundatis, obsoletioribus, crenatis margine cartilagineo acutis denticulis, utrinque glaberrimis, venis Robustioribus. Panicula rami nutantes.

5. RHEUM (* Ribes) *foliis granulatis petiolis, aqualibus Gron. Orient. 130.*

Lapathum *orientale, aspero & verrucoso folio, Ribes arabibus dictum Dill. elht. 191. t. 158. F. 192.*

Lapathum *orientale tomentosum Rotundifolium, Ribes arabum dictum Breyn. E. N. C. cent. 7. p. 7.*

Lapathum, *orientale asperum, folio subrotundo fructu magno purpureo. Pocock. Orient. 189. t. 84.*

Ribes arabum *Rauw it. 266. 282.*

Ribes arabum, *foliis petasitidis. Bauh. Pin. 455.*

Habitat in Persia, Libano, Carmelo (perennes).

Flores ejus speciei non vidi. Facies suadet hujus generis esse.

GAUTIER.

LE RAPONTIC a ses fleurs en grapes & fort abondantes, comme la Rubarbe. Ces fleurs se ressemblent assez : celles du Rapontic sont plus grosses, & c'est celles que j'ai disséquées dont je donne ici le dessein.

LA FLEUR A B a son *Calice* D fort mince & membraneux, divisé en quatre dents aiguës. Sa *Corolle* A est monopétale, le Lymbe est divisé en six, & les feuillets sont alternativement plus longs & plus courts. Les *Étamines* F sont au nombre de huit ou de neuf, les Filets très-courts & les Anthères longues & spatulaires. *Le Pistile* E est enfoncé & sans stil, le Stygma

est composé de trois plumes recourbées. Dans la Fig. du Rapontic, il est vû en grand à la Loupe, de même que la fleur & le calice.

LE FRUIT E est une graine triangulaire qui se forme du pistile, & qui a des membranes sur ses angles, qui la cerclent verticalement.

FEUILLES. Les feuilles de la Rubarbe sont en feuilles de choux frisé, à grosse côte, & creuses, en chapeau Catalan, sur-tout dans leur premier temps ; elles deviennent ensuite moins frisées & plus plates ; leur attache est cannelée & les contours frisés. LES FEUILLES, au contraire, du Rapontic sont cardiales, à grande queue cannelées & rouges ; elles sont à contours unis, un peu ondelés & à grosse côte rougeâtre.

LES TIGES des deux Rubarbes sont cannelées, ébranchées, portant des feuilles plus petites que celles qui sortent de la racine.

LA RACINE B de la Rubarbe & celle du Rapontic sont semblables ; c'est de celle du Rapontic qu'on emprunte le nom de *Rapontique* ; ces sortes de racines forment une ou deux raves nodeuses, jaunes en dehors dans leur naissance, & brunes ensuite, & en dedans jaune & pâle, & ensuite rouge-brun. La substance de la racine est charnue, & un peu spongieuse, d'un goût un peu amer, de l'odeur que nous connoissons à la Rubarbe, & visqueuse.

Qualités.

La Rubarbe contient deux sortes de substance ; une saline & huileuse, qui est purgative ; l'autre terrestre, qui est astringente.

Vertus.

Elle est propre pour le cours-de-ventre, pour nettoyer & fortifier l'estomach, pour exciter l'appétit, & contre les vers ; elle purge doucement l'humeur billieuse, en resserrant : la partie qui semble pourrie & gâtée, dans le cœur de la Rubarbe, & qui est ordinairement spongieuse, de couleur rousse-brune, n'est pas tout-à-fait à rejetter ; je l'ai reconnue, dit M. Lémery, par expérience, plus astringente que la bonne Rubarbe, & plus propre pour le flux-de-sang & la diarrhée.

La Racine du Rapontic en poudre, & frottée sur la peau, facilite la guèrison de la galle aux Hommes, & celle du farcin aux chevaux J. *Bauh.*

La Rubarbe non-seulement purge la bile, mais encore la pituite. Elle nettoie le foie, & fortifie l'estomac. Elle purifie & clarifie le sang. *Dioscoride.*

la jusquiame noire
la jusquiame noire
Gautier

PLANTES D'USAGE.

LA JUSQUIAME NOIRE ou HANNEBANE, premiere Planche. * *Hyoscyamus vulgaris & niger. Bauh. Pin. 169.* * *Hyoscyamus niger. Foliis amplexicaulibus sinuatis, floribus sessilibus. Linn. 1. Habitat in Europæ ruderatis pinguibus. (Biennis.)*

La JUSQUIAME BLANCHE, 2ᵉ Planche. * *Hyoscyamus albus foliis petiolatis sinuatis, obtusis, floribus subsessilibus. Lin. 3. Variat corollæ fauce atro purpurea, & viridi. Habitat in Europâ australi. (Annua.)*

Cette Plante vient en Europe au pied des vieilles murailles, dans les chemins & aux endroits gras. Il y a une Jusquiame noire qui pousse des tiges à la hauteur d'un pied & demi, grosses & rameuses, couvertes de beaucoup de laine; mais ses feuilles & ses fleurs sont comme celles que nous représentons. Quelques Botanistes prétendent que c'est la même Jusquiame : que celle-ci est celle de la premiere année; elle a ses fleurs sessiles & basses, & au sommet de la Plante, & la seconde année à laquelle elle périt, elle pousse ses tiges plus longues, & forme des bâtons fleuris. Comme nous représenterons avec l'autre espece de Jusquiame dans la 2ᵉ Planche de la présente Table, la Jusquiame blanche est annuelle; elle croît en Languedoc, vers Orange, en Provence & le long du Rosne. Il y en a des touffes considérables sur les bords de ce fleuve. La Jusquiame, en latin *Hyoscyamus* ainsi appellée de deux mots grecs ὕιος, *porcus*, & κυαμος, *faba*, comme qui diroit Fêve de cochon. On a donné ce nom à la Jusquiame, parce que son fruit a quelque ressemblance à une Fêve, & que selon Ælian, quand les sangliers en ont mangé, ils sont attaqués de mouvemens convulsifs si violens qu'ils en mourroient en peu de tems, s'ils n'alloient se baigner & boire dans quelque ruisseau. Tournefort dit à peu près la même chose dans son étymologie. Cette Plante se seme en Automne, & fleurit en Eté vers le mois de Juin. *La dissection de la Fleur est à la deuxiéme Planche.*

TOURNEFORT.

HYOSCYAMUS *est plantæ genus, flore A. monopetalo, infundibuliformi & multifido : ex cujus calice, C. surgit pistillum D. infimæ floris parti B. adinstar clavi infixum, quod deinde abit in fructum F. in ipso calice reconditum E, ollæ similem, operculo H. K. instrutum & in duo loculamenta G. G. divisum septo intermedio I. cui adhærescunt plurima semina L. (Voyez pour les lettres la planche de la Jusquiame blanche.)*

Hyosciami species sunt.

HYOSCYAMUS *vulgaris vel niger* C. B. Pin. 169. * *Hyoscyamus vulgaris* J. B. 3. 627. * *Hyoscyamus niger. Dod. pempt. 450.* Jusquiame ou Hannebane.

HYOSCYAMUS *albus major, vel tertius Dioscoridis & quartus Plinii* C. B. Pin. 169. * *Hyoscyamus albus.* J. B. 3. 627. * *Dod. pempt. 451.* Jusquiame blanche.

HYOSCYAMUS *albus, minor,* C. B. Pin. 169. * J. B. 3. 628. * *Hyoscyamus albus, vulgaris. Cluf. Hist. lxxxiv.*

HYOSCYAMUS *creticus, luteus minor* C. B. Pin. 169. * *Hyoscyamus albus creticus. Cluf. Hist. lxxxiv.* * *Hyoscyamus aureus. P. Alp. Exot. 99.*

HYOSCYAMUS *creticus, luteus, major.* C. B. Pin. 169. *prodr. 92.* * *Hyoscyamus creticus, luteus, minor* J. B. 3. 628.

HYOSCYAMUS *rubello flore* C. B. Pin. 169. * *Hyoscyamus peculiaris, flore purpurascente* J. B. 3. 628. & *Hyoscyamus Syriacus* J. B. 3. 628. * *Cam. Icon. xxj.*

HYOSCYAMUS *albus Ægyptius* P. alp. exot. 192. * *Hyoscyamus albus Vesling. in P. Alp. 59.*

HYOSCYAMUS *pusillus, aureus, Americanus antirrhini foliis glabris* Pluk. phytog. Tab. 37. fig. 5.

HYOSCYAMUS *peregrinus, luteus, minor, annuus* H. R. Monsp.

Hyoscyamus *dicitur à vocibus Græcis* ὕς, *sus, &* κυαμος, Faba, *quasi dicere Fabam suillam.*

LINNÆUS.

178. HYOSCYAMUS *petandria monogynia.* Calix E. O. *perianthium monophillum, cylindraceum, inferne ventricosum, ore quinque-fido, acuto persistens.* Corolla, A. *Petalum infundibuliforme. Tubus cylindraceus, brevis. Limbus erecto patens, semiquinque fidus : laciniis obtusis, unicâ reliquis latiore.* Stam. *Filamenta quinque, subulata, inclinata. Anthera subrotunda.* Pistilum D. *Germen* a, *subrotundum. Stilus,* b, *filiformis, longitudine staminum. Stigma,* c, *capitatum.* Pericarpium, F, *capsula ovato-obtusa, linea utrinque insculpta, bilocularis,* duabus capsulis arcte approximatis, tecta operculo horisontaliter dehiscente. Receptacula dimidiato ovata, dissepimento affixa. Semen numerosa inæqualia.

Hyosciami species sunt.

1. HYOSCYAMUS (* *Niger*) *foliis amplexicaulibus sinuatis, floribus sessilibus. Hort. Cliff.* 56. *Fl. Suec.* 184, 199. *Mat. med.* 86. *Roy. Lugdb.* 422. *Dalib. Parif.* 70. *Hall. Helv.* 512.

Hyoscyamus *vulgaris & niger. Bauh. Pin. 169. Habitat in Europæ ruderatis pinguibus. (Biennis.)*

2. HYOSCYAMUS (* *recticulatus*) *foliis caulinis petiolatis cordatis, sinuatis, acutis; floralibus integerrimis, corrollis ventricosis.*

Hyoscyamus *foliis caulinis lanceolatis subdentatis, radicalibus sinuato-dentatis. Gron. Orient.* 51.

Hyoscyamus *cauliculis spinosissimis, Ægyptiacus. Bauh. Pin. 169.*

Hyoscyamus *Ægyptius. Raj. Hist. 713.*

Hyoscyamus *rubello flore. Bauh. Pin. 169.*

Hyoscyamus *peregrinus. Cluf. Pin. 502.*

Hyoscyamus *peculiaris. Cam. Hort. 77. t. 22.*

Habitat in Creta, Siria, Ægypto. (annua.)

Similis H. *Nigro, sed Folia caulina ovata, repanda, supra magis glabra ; Floralia ovata sessilia, integra. Flores pedunculo brevissimo. Corolla campanulata rubra, venis obscuris pulchre reticulata.*

3. HYOSCYAMUS (* *albus*) *foliis petiolatis sinuatis, obtusis, floribus subsessilibus. Hort. Cliff.* 56. *Roy. Lugdb.* 422. *Sauv. Monsp.* 275.

Hyoscyamus *albus major. Bauh. Pin. 169.*

Hyoscyamus *albus minor. Bauh. Pin. 169.*

Hyoscyamus *albus vulgaris. Cluf. Hist. 2. p. 118.*

Habitat in Europa australi. (Annua.)

Variat corolla fauce atro purpurea & viridi.

4. HYOSCYAMUS (* *aureus*) *foliis petiolatis eroso dentatis acutis, floribus pedunculatis, fructibus pendulis Hort. Cliff.* 56. *Roy. Lugdb.* 422.

Hyoscyamus *creticus, luteus major. Bauh. Pin. 169. prod. 92.*

Hyoscyamus *albus creticus. Cluf. Hist. 2. p. 84.*

Hyoscyamus *creticus luteus minor. Bauh. Pin. 169.*

Hyoscyamus *aureus. Alp. exot. 99. t. 98.*

Habitat in Creta, Oriente. (Biennis.)

Caulis biennis, pilosus pedalis. Petioli valde pilosi. Folia labata, denticulata : pedunculi laterales petiolorum erecti sub flore, omnino deflexi sub fructu. Corolla flavissima, aurea, fauce atropurpurea striata, Limbo semiquinquefido : lobo exteriore majore : sinu inferiore ultra limbum fisso, ut in teucriis ad quod Stamina & Pistillum longissimum declinata.

5. HYOSCYAMUS (* pusillus) foliis lanceolatis dentatis, floribus inferioribus binis, calicibus spinosis. Hort. Upf. 44.

Hyoscyamus foliis lanceolatis. Hort. Cliff. 56. Roy. Lugdb. 422.

Hyoscyamus pusillus aureus Americanus, antirrhini foliis glabris. Pluk. Alm. 188. t. 37. f. 5.

Habitat in Persia. (annua.)

HYOSCYAMUS (phisalodes) foliis ovatis integerrimis calicibus inflatis subglobosis. Hort. Usp. 44.*.

Habitat in Sibiria. (Perennis.)

GAUTIER.

LA JUSQUIAME NOIRE a ses fleurs sessilles : celle que nous donnons ici est dans l'état de ses premieres fleurs, & nous donnerons dans la Jusquiame blanche, la tige avec les fleurs & le fruit disséquée de cette premiere Jusquiame.

La *Fleur* a son *Calice* perianthe, monophile, cylindrique, évasé sur sa baze, couronné de cinq dentelures aiguës, gluant & lanugineux, persistant. La *Corolle* est faite en entonnoir, elle a son Tube cylindrique & court, le Limbe divisé en cinq festons arrondis & évasés, & un peu recourbés en dehors. Les *Etamines* au nombre de cinq, sont en fil allongé, les *Anthères*, faites en grain de bled, violetes avec une ligne blanche, sont attachées près de leur bazes au stil. Elles sont produites par la corolle. Le *Pistil* a son *Germen* rond, le *Stil* allongé, violet & blanc quelquefois à sa naissance, plus long que les étamines; le *Stigma* est en muffle de veau & couleur de chair.

Le *Fruit* est entierement détaché du calice qui l'enferme & l'entoure, il est fait en pomme couronnée, ayant la figure d'une marmite grecque, avec son couvercle godronné, lequel enferme un Réceptacle, ou *placenta* pyramidal, attaché au germen par trois productions membraneuses qui divisent la cavité de ce viscere, auquel placenta tiennent une infinité de petites semences d'un noir foncé. La fleur de la Jusquiame blanche & son fruit, ne different de celle-ci que par la couleur.

La *Tige* est ronde, lanugineuse, tendre & pleine.

Les *Feuilles* sont découpées, les contours velus, lanugineuses, un peu gluantes, & leur attaches queues follieuses.

La *Racine* est spinacée, branchue, de couleur jaune-brun, blanche en dedans, ayant un centre ligneux, d'une odeur moins désagréable que la feuille, d'un goût fade, un peu médicinal. La racine de la Jusquiame blanche est plus pâle & tire sur le jaune ou blanc sale.

La Jusquiame blanche differe de celle que nous venons de décrire, en ce qu'elle est moins rameuse & couverte de plus de laine blanche, en ce que ses feuilles sont plus petites & plus molles; & ses fleurs sont plus claires, & leur semence blanchâtre.

La Planche de celle-ci se trouve dans la seconde quarantaine, n'ayant pas pu la peindre avec les premieres.

QUALITÉS.

Cette plante est narcotique, stupéfiante, assoupissante, & souvent mortelle aux animaux qui en mangent, l'une & l'autre espéce contiennent beaucoup d'huile & de sel essentiel.

VERTUS.

On s'en sert extérieurement dans les emplâtres, dans des onguens, dans des huiles, dans des fomentations ; elle appaise le trop grand mouvement des humeurs; on doit préferer la Jusquiame blanche à la noire vulgaire, pour l'usage intérieur, à cause qu'elle ne produit aucun délire. *Lemery.*

L'herbe pilée & pêtrie avec de la farine, est bonne contre les inflammations des yeux & d'autres parties du corps. La racine mise en décoction dans le vinaigre, soulage les douleurs de Dent. *Dioscoride.*

L'herbe hachée menu avec du miel, & appliquée sur la morsure de chien, est très-salutaire. *Pline.* Broiée entre deux pierres, & appliquée froide sur les mammelles, fait percer les abcès de ces parties.

La Fleur à Crapaud

PLANTES CURIEUSES ET ÉTRANGERES.
LA FLEUR A CRAPAUDS D'AFRIQUE.

CETTE Plante eft confervée dans les Serres du Jardin du Roi, elle eft fort curieufe ; ce qu'elle a de plus particulier, c'eft l'épaiffeur de fes pétales & leur roideur ; elles font tachetées de diverfes couleurs. On trouve auffi cette plante dans quelques Serres particulieres ; je n'ai pu donner ici fon hiftoire naturelle, ni fa diffection, ce que je réferve dans une autre Planche.

Suite de la feconde Differtation de la Table précédente.

Le vagin du côté droit embraffoit l'orifice interne de fon utérus, comme celui du côté gauche ; chacun de ces orifices internes étoit contigu avec le col & le fond de leurs utérus, & fe trouvoient féparés de même que les vagins, par une cloifon affez épaiffe, qui fe continuoit jufqu'au fond des utérus & les féparoit totalement ; enforte que leur cavités fe trouvoient par ce moyen divifées en portion droite & en portion gauche, lefquelles n'avoient aucune communication enfemble, & formoient deux matrices très-diftinctes. La cloifon n'étoit pas formée d'un feul corps, mais de deux cloifons adoffées comme celles du madiaftin dans la poitrine, & celles des poches du Dartos dans le fcrotum.

Chaque utérus n'avoit qu'une feule trompe, un feul ovaire & un feul ligament large & rond, & un feul cordon de vaiffeaux fpermatiques.

M. Eifenman & Jacobi n'apperçurent qu'un clitoris aux parties externes de ce fujet, il étoit fitué directement avec fon prépuce fous la commiffure fupérieure des grandes lévres, comme cela fe voit ordinairement.

L'uretre étoit fituée fous le corps du clitoris au-deffus de l'union des deux vagins, il avoit fon orifice entre les deux nymphes fous le gland du clitoris à quelque diftance au-deffus de la cloifon qui féparoit les entrées des vagins.

M. Eifenman annonce dans un imprimé qu'il a fait faire, & une gravure deffinée fous fes yeux, & fur le fujet même, qu'il conferve les mêmes parties dans l'efprit de vin ; & d'après lui j'ai gravé la figure que je répéte dans mes Tables anatomiques, ainfi que celle des hermaphrodites.

Par la premiere obfervation on voit que les tefticules étant fortis du bas ventre, & fufpendus dans leur fcrotum, la monftruofité n'étoit dans la verge & dans le vagin que comme dans les obfervations fuivantes ; c'eft-à-dire, une verge & point de clitoris, & des brides qui concouroient de l'extrémité du gland & formoient l'entrée du vagin. Après la mort de cet hermaphrodite, fi elle a été diffequée, on aura trouvé un utérus fans ovaire, mais aboutiffant aux tefticules ; ce qui peut fe voir dans la troifieme obfervation.

Par la feconde obfervation, on n'apperçoit point de tefticule ni de fcrotum, mais la verge tient lieu de clitoris, & les brides de l'extrémité du gland forment l'entrée du vagin, ou des nymphes allongées, comme j'ai obfervé moi-même fur le même fujet, conjointement avec M. Mertrud ; puifque c'eft moi qui deffinai & donnai au public la même hermaphrodite.

Dans la troifieme obfervation, l'ovaire eft en fituation, d'une part, & le tefticule prêt à fortir du vagin, dans le côté oppofé ; ce tefticule avoit fes canaux déférens & fon épidydime, & l'ovaire fes ligamens & fes trompes ; la verge en fituation & point de clitoris, & le refte des parties comme aux autres hermaphrodites.

La quatrieme obfervation eft entierement décifive : car les véficules féminales, qui dans les femmes fe réuniffent en une feule cavité pour former l'utérus, dans le fujet de M. Eifenman, reftent féparées, & forment deux utérus & deux orifices internes, & la cloifon qui fépare les vagins n'avance pas plus que le méat urinaire, & ne tient point au gland, n'y ayant en cela qu'un feul vagin antérieur ; ce qui décide entierement la queftion dont il s'agit.

D'où l'on peut conclure que fi dans les animaux ou dans l'homme, il n'y a qu'un feul fexe ; mais divifé entre deux individus, par des formes différentes, pour fervir à la génération : dans les végétaux, ce fexe univerfel n'a pas befoin d'être diverfement conformé, puifque les plantes n'ont pas befoin de s'accoupler.

TROISIEME DISSERTATION
Sur la végétation des Plantes par l'électricité de la Terre.

L'Atmofphère fe forme par la force active de la rotation de la Terre, & la Lune ne manque d'athmofphère qu'à caufe que fa rotation eft lente & ne donne par conféquent aucune électricité, puifqu'elle ne fait le tour de fon globe fur elle-même que dans environ un mois ; de plus, parce qu'elle a une moindre étendue de furface que la Terre, & bien moins de vîteffe & de frottement entre fa furface & l'air fubtil & comprimant qui l'entoure.

L'élévation des nuages & des vapeurs vient de la même caufe. La formation du Tonnerre, les feux faint Elme, les volcans, les tremblemens de terre, les aurores boréales, l'apparition des Comètes, la végétation des Plantes, la lueur des phofphores, la flamme des chandelles, celle qui dévore & s'attache aux matieres combuftibles, &c. tous ces météores & ces phénomènes ignés & actifs fe démontrent par la la feule électricité journaliere & continuelle de la Terre, & demandent des differtations particulieres & plus étendues que je n'avois fait dans mon mémoire académique à Dijon. Cependant je ne traiterai ces matieres que l'une après l'autre à l'égard des plantes, pour ne pas confondre tant d'objets qui, naturellement, découlent de cette fource, dans laquelle il ne fera plus queftion que de puifer, fi une fois elle eft bien établie.

Je crois jetter les fondemens de cette hypothèfe en confidérant fa forme, la fubftance de la Terre, compofée de tant des parties falines, vitrifiques, bitumineufes, fulphureufes, &c. & fon mouvement ; & la comparant alors à la boule de foufre en rotation. La vîteffe du mouvement de notre Globe, & fon frottement fur l'air qui la comprime, font bien au-deffus de ceux de la boule que nous lui comparons ; & la force active du foleil qui l'impulfe & l'échauffe par fes rayons (1) vaut bien la chaleur de la main : ainfi rien ne s'oppofe aux caufes de l'électricité du Globe terreftre. Le méchanifme de l'électricité n'étant pas autre chofe qu'un mouvement rapide d'un globe ou d'un tube de matiere électrifante pofé dans l'air & échauffé par le frottement.

Les Plantes qui font inanimées, & qui n'ont befoin d'aucune activité qui leur foit propre pour croître & générer, font continuellement vivifiées par l'action de l'électricité de la terre. Cela eft fi vrai, qu'elles périffent tout auffi tôt qu'on les fépare de cette ame végétale. En effet, la Terre eft l'ame des végétaux, ainfi que des minéraux, & de tout ce qui croît & génère dans fon fein & à travers fa furface. C'eft par les pores de leur racines que cette électricité impulfe les parties de feu, & ces parties ignées confervent toujours leur activité au moyen de cette continuelle électrifation pour dilater & augmenter les fibres qui conftituent les tiges, les feuilles & les fleurs ; & d'une autre part, cette action de la matiere électrique ou du feu, impulfe & entraîne les fels délayés, les fucs, la féve, en un mot les huiles & les parties fulphureufes & bitumineufes que la terre contient en abondance, & les porte dans les glandes de la plante qui féparent à propos, comme à travers des cribles, ces diverfes particules pour former les diverfes parties qui la compofent & fur-tout pour colorer leur fleur & leurs feuilles, & donner à leur fruit & à leur racine le goût, la faveur & les qualités qui leur font requifes : c'eft pourquoi, dans la même terre, & à côté l'une de l'autre, dans la claffe des herbes, la laitue porte fa douceur, & la chicorée fon amertume ; l'Oranger, dans celle des arbres, porte l'acide agréable de fes fruits, & le Figuier, le miel fucculent qui renferme fes

(1) Syftême que je donnai au public, & que j'eus l'honneur de dédier au Roi en 1750, fous le titre de *Croagenefie*, ou Syftême de l'Univers.

graines : ce qui arrive souvent parmi ces végétaux en entre-laçant leurs branches & leurs racines.

On a mal pensé lorsqu'on a cru que les plantes avoient une ame végétale qui faisoit les fonctions nécessaires de leur développement, & de plus, de croire par contradiction, & en même-temps que les animaux étoient des machines, qui ne se mouvoient que par l'action que les objets imprimoient sur leurs sens ; mais l'une & l'autre de ces suppositions, contraires aux observations les plus simples & les plus approfondies, n'ont aucune vraisemblance. Les animaux se meuvent & ont des forces bien supérieures à l'action des objets. Un cheval, par exemple, qui traîne un poids, s'il ne recevoit l'action des ses muscles que par la réflexion de celle des objets, & que cette action ne fût qu'ainsi réfléchie, comme on le prétend, les conducteurs useroient leur fouet sans fruit, & le cheval ne bougeroit de la place : l'impression du fouet même ne pourroit servir de supplément : la seule intelligence ou l'appréhension de la douleur qu'occasionnent les coups redoublés le font avancer, parce qu'il a un ame active qui commande à ses mouvemens & dirige vers les muscles convenables les forces dont elle est maîtresse. Une plante, au contraire, bien différente d'un être vivant, d'où tireroit-elle ses forces ? de son ame végétale ! Seroit-ce par des mouvemens propres & spontanés qu'elle impulseroit ses fluides actifs ? qu'il faudroit qu'elle eût, si elle vivoit par elle-même si elle agissoit comme les animaux, qui croissent parce qu'ils ont des nerfs & des vaisseaux sanguins, mis continuellement en action par la vie, c'est-à-dire, par l'activité qui leur est propre, sans dépendre aucunement de la Terre, phénomene que nous voyons à tout instant, ce que nous ne faisons que supposer mal-à-propos dans les plantes, qu'il faut attacher à la Terre pour les faire végéter.

La Terre anime donc les plantes, & c'est dans son sein que leur semence commence à végéter ; il est vrai que l'action du Globe s'élévant jusqu'à la hauteur de l'athmosphère, les oignons végétent sans être enfouis : mais il faut observer qu'ils touchent à la terre par leurs supports, & qu'ils végétent dans la saison tempérée jusqu'à leurs fleurs, mais cette foible végétation ne va pas jusqu'à la maturité du fruit ni jusqu'à leur graine complette par conséquent, & n'est qu'une végétation imparfaite nourrie de la pâte, ou pour mieux dire, de la substance de l'oignon, dans laquelle est implanté le germe, comme s'il étoit dans une portion de terre.

On ne s'est pas contenté de donner une ame végétale aux plantes, on a voulu les faire participer du regne animal sous le nom de *Zoophites*. " Ces substances organisées , dit - on , ,, ont exercé de tout temps la sagacité des plus habiles Na-,, turalistes : placées sur les limites des deux regnes, elles sem-,, blent les réunir, &c. ,, Mais les faits démentent toutes ces prétendues observations : car le corail, sur lequel on fonde de grandes conjectures, n'est qu'une plante marine attachée par ses racines sur les roches, & les insectes qui l'habitent, & qui en font leur pâturage, la pénétrent dans l'intérieur de ses branches, comme les vers qui sont sur terre dans les fruits, & même dans les bois des végétaux. Souvent les vers ou les polypes, attachés à d'autres productions, ont été regardés comme la partie animale de la plante.

La Terre, par son électricité, anime les plantes, mais elle ne produit pas leurs semences, elle ne fait végéter que celles que Dieu a déposées dans son sein ; elle ne sauroit, par exemple, former une amande sans amandier ; c'est pourtant de l'amande seule qu'a été produit le premier amandier, & ainsi de toutes les plantes & de tous les arbres qui multiplient par graines sur sa surface. Les champignons qui naissent avec des formes régulieres, mais sans organe, & dont quelques Auteurs disent avoir observé les graines sans fleurs & sans utérus, & les étamines semblables à la poussiere, ne sont que des végétations tirées des racines des végétaux ordinaires, comme les bissus, dont les filets imperceptibles tiennent à celle des arbres ou à celle des plantes ; & ces végétations se forment par la force active de la terre qui se dirige selon les corps qui servent à leur production.

Ces végétations ne portent aucune graine : on a confondu peut-être avec les graines ordinaires, certaines parties globuleuses que l'on voit au microscope ou à la loupe, dispersées dans la substance du champignon, & des gouttes insensibles de rosée sur les petits filamens des bissus, qui peuvent aussi être des gommes légeres & en petites larmes arrondies.

Les germes de la génération dans tous les individus du regne végétal, ont des parties séparées dans la plante où ils se forment, & s'attachent par le moyen de diverses organes, & ne sont jamais confondus avec sa substance entiere, comme on le prétend dans les champignons, ni semés sur la surface des corps, comme on veut le faire accroire dans les bissus.

On fait aussi naître les champignons sur des couches de fumier de cheval, où les parties végétales ne sont pas entierement digérées, & qui, par ce moyen, servent d'organes à leurs productions ; leur prétendue graine n'a jamais existé : en les faisant tremper dans l'eau pour les ramollir & en extraire les graines, comme plusieurs personnes ont essayé, en arrosant ensuite les couches de cette eau : on n'a pas plus augmenté leur végétation qu'en les arrosant avec de l'eau toute pure.

Les mousses qui naissent sur terre sont différentes entre elles ; les unes ne sont que de l'espece des champignons, & sont plattes & de plusieurs couleurs : elles sont sans organes & sortent des vieux bois, sur des murs, sur des roches & des pierres humides, mais à l'ombre : elles croissent sur la terre & sur les corps qui en dépendent par l'action électrique de notre globe, comme les cheveux viennent aux hommes, les poils aux animaux, & les plumes aux oiseaux. Mais celles qui ont des tiges, des racines & des feuilles, ont leurs graines imperceptibles à l'œil nud, & qu'on observe au microscope, qui voltigent après leur maturité & se repandent en divers lieux. Elles générent comme les plantes ordinaires, & entrent dans leurs classes. M. *Adanson* en admet dans sa cinquante-huitiéme famille des plantes, treize sortes, dont il nous donne un très-grand détail. Ces plantes ne sont chez nous, presque d'aucun usage ; mais en Laponie, où la terre ne produit ni fruit ni arbres, elles servent de pâturages aux Rennes, qui forment les seuls troupeaux & les seules bêtes de somme de ce pays ; & ces peuples malheureux, qui ne jouissent que de la plus petite portion des biens de ce monde, n'ont pas d'autre feu que celui qu'ils tirent de ces plantes, qu'ils font sécher soigneusement, & dont ils font leur provision avant d'être enfermés par les neiges dans les prisons auxquelles la nature les condamne, pendant six mois de l'année.

Les truffes d'Afrique, *terfez Africanorum*, sont aussi des plantes comme les mousses dont nous venons de parler, qui servent à leur tour d'aliment dans les lieux brûlés par l'ardeur du soleil, où rien ne végéte hors de la terre. Elles croissent dans les déserts de Numidie, au milieu des sables ; elles ont une écorce qui porte leur graine, aussi difficile à appercevoir que celle des mousses ; elles multiplient dans ces lieux en abondance, sont d'un goût excellent, fortifient l'estomac, & réparent les forces abattues, ce qui arrive souvent par les excessives chaleurs de ce pays. Nos truffes forment de même leurs graines dans les tubercules de leur peaux. On en fait usage dans leur entiere maturité si on veut les multiplier. Voyez le *Journal Œconomique d'Août* 1765, & le *Dictionnaire de Lemery*.

Les végétations pierreuses & les ruches marines qui viennent sur des rochers au bord des écueils, au milieu des mers & à leurs rivages, ne sont pas des plantes ; ces dernieres que l'on voit dans les cabinets des amateurs, ne sont que des nids d'insectes marins, comme nos ruches d'abeilles massones, formés en éventails, en gâteau ou en cônes ; les autres sont des particules de diverses matieres impulsées & accumulées par l'électricité & la force active de la terre, comme celles qui vont former les cornes des cerfs, par le secours de l'impulsion de leur sang & de leurs esprits. Ces impulsions font végéter, & arborisent des parties tendres & fluides, qui deviennent ensuite solides sur le crâne des taureaux, des beliers, &c. De même l'impulsion, dont nous venons de parler, fait croître sur des rochers de ces sortes de végétations. La terre ne manque d'aucun sel ; les eaux lui fournissent les parties fluides qui les lient, sur-tout celles de la mer qui la pénétrent dans les endroits que nous venons d'indiquer. Ces végétations sont autant de preuves de l'activité de la terre, que je démontre aujourd'hui. On peut comparer son action à celle du feu des Chymistes, qui par son activité & le secours du mercure, fait végéter les métaux qui s'arborisent alors de la même façon que les parties pierreuses, & forment des branches, des espéces de feuilles, & des fruits fort imparfaits.

La suite dans la Table suivante.

La pivoine femelle
plan 2
Gautier

La Pivoine Mâle
La Pivoine Mâle
Gautier

PLANTES D'USAGE.

LA Pivoine male A. (*Planche premiere*) a cinq pistiles & six pétales *. *Pæonia folio nigri-cante splendido, quæ maf. Bauh. Pin.* 323. Cette Pivoine croît dans les Montagnes de Suisse, & fleurit en Mai & Juin. La Pivoine male B, a quatre pistiles & cinq pétales doubles. * *Pæonia foliis lobatis ex ovato-lanceolatis. Hall. Helv.* 311. Cette Pivoine-ci & la suivante croissent sur le Mont Ida, en l'Isle de Candie, & fleurissent en Mai.

La Pivoine femelle (*Planche* 2) *. *Pæonia fœmina. Flore pleno, rubro majore. C. B. Pin.* 324.

Les Pivoines sont des fleurs qui ne sont point favorables aux systêmes Sexuels ; elles varient, & on ne sçauroit les fixer sur le nombre de leurs pistiles, ni sur celui de leurs étamines. Si les étamines manquent tout-à-fait extérieurement, comme dans la Pivoine femelle, elles ne laissent pas de générer & de porter des graines fécondes. Les mâles différent des femelles non-seulement par la fleur, mais encore par les racines & la forme des feuilles, ce qui pourroit faire accroire que ce sont deux plantes différentes, si ce n'étoit leurs vertus, leurs qualités, leur odeur & leur goût semblables, ainsi que la forme de leurs fruits. On distingue cependant en Médecine ces deux plantes, & on ne fait usage que de la Pivoine mâle.

La Pivoine a été connue des premiers Botanistes sous des noms différens. Les Anciens poussoient les vertus de cette plante jusqu'à la superstition ; ils croyoient que non-seulement elle guérissoit le corps de plusieurs infirmités, mais encore les affections défectueuses de l'ame. Les premiers Romains l'appelloient l'herbe chaste. Les Pivoines ont pris leur nom d'un ancien Médecin nommé *Pæon*, qui, à ce que dit l'Histoire Fabuleuse, employa cette plante pour guérir Pluton d'une blessure que lui avoit fait Hercule. Tournefort donne la même étymologie du nom des Pivoines. Les Anciens l'ont aussi nommée *Glycyside, Orobelium, Hæmagogum, Aglaophotida, Selinogonum,* &c.

TOURNEFORT.

Pæonia est plantæ genus, flore A rosaceo, plurimis scilicet petalis B. in orbem positis constante : ex cujus Calyce C. poliphillo surgit pistillum D. quod deinde abit in fructum E, in quo plurima cornicula velut in capitulum colliguntur deorsum inflexa, lanugine plerumque pubescentia, per longitudinem dehiscentia, & seminibus fœta F. ferè globosis. G.

Pæoniæ species sunt.

1. *Pæonia* folio nigricante, *splendido, quæ maf. C. B. Pin.* 323. * *Pæonia maf. procerior. J. B.* 3. 492. * *Pæonia maf. Dod. Pempt* 194. Pivoine mâle.

Pæonia maf. *flore incarnato. Eyft.*

Pæonia maf. *flore albo. Eyft.*

Pæonia maf. *foliorum segmentis amplioribus. C. B. Pin.* 223. * *Pæonia maf. major. Eyft.*

Pæonia maf. *major, flore incarnato. Eyft.*

Pæonia maf. *altera, tardior. J. B.* 3. 492.

Pæonia communis *vel fœmina. C. B.* 323. * *Pæonia fœmina, vulgatior. J. B.* 3. 492. * *Pæonia fœmina altera. Dod. Pempt.* 195.

Pæonia fœmina altera. *C. B. Pin.* 323. * *Pæonia promiscua, strictiore folio. J. B.* 3. 493. * *Pæonia fœmina prior. Dod. Pempt.* 194.

Pæonia promiscua vormatii, folio latiore. *J. B.* 3. 493.

Pæonia hyemalis, *pumila, Rosa rubræ monoflore. H. Cathol.*

Pæonia tenuius *laciniata, subtus pubescens, flore purpureo. C. B. Pin.* 323. * *Pæonia pumila fœmina. Lob. Icon.* 683.

Pæonia folio subtus incano, *flore albo vel pallido. C. B. Pin.* 323. * *Pæonia simplex, niveo flore. Cluf. Hift.* 281.

Pæonia aquilinæ foliis. *C. B. Pin.* 323. * *Pæonia iiij. aquilinæ foliis. Cluf. Hift.* 280.

Pæonia pomi arantii *Colore. C. B. Pin.* 323. * *Pæonia iij. Cluf. Hift.* 280.

Pæonia flore variegato. *C. B. Pin.* 324. * *Pæonia v. Cluf. Hift.* 280.

Pæonia peregrina, *flore saturè rubente. C. B. Pin.* 324. * *Pæonia Byzantina,* 1. *Cluf. Hift.* 279.

* *Pæonia* peregrina, flore dilutè rubente. C. B. Pin. 324. * *Pæonia Byzantina,* altera. *Cluf. Hift.* 279.

Pæonia fœmina, *flore pleno, rubro, majore. C. B. Pin.* 324. * *Pæonia flore pleno, rubro. J. B.* 3 493. * *Pæoniæ fœminæ multiplex flos. Dod. Pempt.* 195.

Pæonia flore pleno, *rubro, minor. C. B. Pin.* 324. * *Pæonia flore pleno, rubro, minor. J. B.* 3. 494. * *Pæonia pleno rubro flore, minor. Cluf. Hift.* 280.

Pæonia fœmina, *flore albo, pleno. C. B. Pin.* 324. * *Pæonia albo flore pleno, sive polyanthos alba, fœmina. J. B.* 3. 494.

Pæonia flore exalbido, *pleno, major. C. B. Pin.* 324. * *Pæonia exalbido pleno flore, major. Cluf. Hift.* 280.

Pæonia flore exalbido, *pleno, minor. C. B. Pin.* 324. * *Pæonia pleno flore albescente, minor. Cluf. Hift.* 280.

Pæonia à *Pæone medico, qui eâ curasse perhibetur Plutonem ab Hercule vulneratum, ut refert Homerus. Odyff.* 5.

LINNÆUS.

531. Pæonia. Càlyx. C. *Peranthium pentaphillum, parvum, persistens : foliolis subrotundis, concavis, reflexis, inæqualibus magnitudine & situ.* Corolla. B. *petala quinque, subrotunda, concava, basi angustiora, patentia, maxima.* Stamina, *filamenta numerosa (trecenta circiter) capillaria, brevia, Antheræ oblongæ, quadrangulæ, erectæ, quadriloculares, magnæ.* Pistillum *Germina duo, ovata, erecta villosa. Styli nulli. Stigmata compressa oblonga, obtusa, colorata.* Pericarpium *capsulæ totidem, ovato-oblongæ, reflexo-patentes, villosæ, uniloculares, univalves, longitudinaliter introrsum dehiscentes.* Sem. *plura, ovalia, nitida, colorata, suturæ dehiscenti affixa.*

Obf. *numerus germinis naturalissimus videtur binarius, maxime tamen variat in speciebus : quinarium numerum vix ascendit.*

Pæoniæ species sunt.

Pæonia (* officinalis.) *foliolis oblongis. Hort. Cliff.* 212. *Upf.* 149. *Mat. Med.* 267. *Sauv. Monfp.* 307.

Pæonia (feminea) *foliis difformiter lobatis. Hall. Helv.* 311.

Pæonia communis f. femina. Bauh. Pin. 323.

Pæonia femina. Fuchf. Hift. 201. *Lob. Ic.* 601.

Pæonia (mascula) *foliis lobatis ex ovato-lanceolatis. Hall. Helv.* 311.

Pæonia *folio nigricante ſplendido quæ maſ. Bauh. Pin.* 323.

Pæonia maſ. Lob. Ic. 684.

Habitat in nemoribus montium Idæ, Helvetiæ (perennes) Flores explicati regulares, ſed æſtivatione omnino irregulares ſunt.

2. PÆONIA (* tenui-folia) *foliolis linearibus multipartitis.*

Pæonia *laciniis foliorum linearibus. Zinn. Gætt.* 127.

Habitat in Ucrania Gorten. (Perennes).

Radix repens. Folia delphiniis grandiflori ſ. Antheræ, ſupra decompoſita multi partita in lacinias numeroſas, lineares, læves. Flos terminalis P. officinalis, ſed minor, pedunculatus, ſolitarius. Caulis neque ramoſus, verbo quaſi Filia Pæoniæ ex adonide apennina.

GAUTIER.

La Pivoine male (planche 1re) elle a ſes Fleurs extrêmement variées ; mais la racine ne varie point, la plus ſimple eſt la plus chargée de piſtiles & a moins d'étamines ; la ſemi-double a moins de piſtiles & plus d'étamines.

Les Fleurs en général ont un *Calice* périanthe diviſé inégalement. *La Corolle* eſt en feuille de roſe à ſix pétales, ou à cinq pétales doubles. Excepté que l'on ne veuille prendre pour le Nectaire les pétales intérieures de la fleur B. *Les Étamines* ſont nombreuſes & forment par leurs Antheres dans la fleur B. une eſpèce de turban jaune ; celles de la fleur A. ſont plus éparſes, & partent de la baſe du réceptacle commun qui produit les plancetas qui pénétrent les fruits, & où ſont attachées les graines. Les Filamens ſont en fil plus allongés dans la fleur A que dans la fleur B : ils ſoutiennent des Antheres oblongues, quadrangulaires, hériſſées dans la fleur B, & horizontales dans la fleur A. *Les Piſtiles* ſont faits en amande lanugineuſe ſans ſtil, le ſtigma eſt en crête de coq & de même couleur.

Le fruit conſerve la même forme du piſtile, augmente ſon duvet & devient crochu & ſemblable à une amande avec ſon péricarpe, un peu courbée & allongée. Dans ſa cavité on voit *la ſemence*, elle eſt en grain de grenade dans ſa fraîcheur, d'un beau rouge & luiſante.

La feuille eſt commune, contour uni, & diffère de groſſeur & de grandeur dans les deux Pivoines mâles, mais elle eſt de la même forme, & attachée également par trois ou par quatre enſemble ſur le même pied.

La tige eſt cannelée & rameuſe, unie & en dedans ſpongieuſe.

La racine eſt raphane naturellement, mais quelquefois diaraphane : jaune-brun en dehors, blanche en dedans, charnue, d'un goût âpre & fort, un peu amer, d'une odeur forte & âcre.

La Pivoine femelle (planche 2e) que je crois être une plante différente de la Pivoine mâle, fait ordinairement ſes fleurs doubles ſans étamines, & génére à part ſans le ſecours de l'autre Pivoine. Ce ſeul exemple détruit totalement le ſyſtême Sexuel.

La Fleur H a *ſon Calice* I comme la précédente ; ſa corolle eſt à ſix pétales à feuille de roſe, & pleine d'une infinité de *feuilles* qui partent du réceptacle K, & ſervent d'étamines, ſans pouſſiere & ſans anthere. Mais ce ſont les feuilles glanduleuſes de la génération. *Les piſtiles* L au nombre de deux ſont pyramidaux, n'ont point de ſtil, mais un ſtigma en crête ; ils ſont lanugineux.

Le fruit eſt en amande pyramidale, lanugineuſe, & compoſée d'une ſeule cavité. Le placenta eſt dans la côte intérieure, & contient les mêmes ſemences que la Pivoine mâle de la même couleur.

La feuille eſt découpée irréguliérement & lancelée, l'attache pétiollée, contour uni, texture unie & nerveuſe.

La tige eſt cannelée & rameuſe, unie, le dedans ſpongieux, conſervant un peu du goût de la racine.

La racine eſt poliraphane, jaune foncé ou rougeâtre en dehors, & blanche en dedans, de la même odeur & goût que la Pivoine mâle.

Qualités.

La Pivoine mâle eſt la ſeule en uſage dans la Médecine, comme nous avons dit : elle contient beaucoup de ſel eſſentiel, d'huile & de phlegme.

Vertus.

Sa fleur, ſa ſemence & ſa racine ſont fort en uſage pour les maladies du Cerveau, comme pour l'Epilepſie, l'Apoplexie & pour la Paralyſie : elle excite les mois aux femmes, elle augmente le mouvement du ſang, & elle le purifie.

La Primevère

PLANTES D'USAGE.

LA PRIMEVERE DES BOIS. [Fig. 1. B.] *Primula veris odorata, flore luteo, simplici. J. B.* 3. 495. ** Verbasculum pratense odoratum. C. B. Pin.* 241. ** Primula, veris, officinalis. Lin.* 1.

LA PRIMEVERE DE JARDIN, à paresol. [Fig. 2.] *Primula veris hortensis, flore rubro umbelato. Tourn.*

LA PRIMEVERE PROLIFERE, à fleur simple. [Fig. 3. A.] *Primula veris prolifera, flore purpureo. Tourn.*

LA PRIMEVERE à fleur basse & double. [Fig. 4.] *Primula vitaliana, floribus sessilibus. Lin.* 6.

La Primevere des bois est celle qui sert à la Médecine ; elle naît au commencement du Printems, ce qui lui a fait donner le nom de Primevere. Les anciens Médecins l'appelloient *Herba paralysis.* Elle croît dans les champs, dans les bois, proche des ruisseaux. Elle vient en Savoie, en France, dans les Pirennées ; & la derniere espece ci-dessus se trouve en Italie dans les prés. Cette Fleur est commune, mais fort variée & fort agréable.

TOURNEFORT.

PRIMULA VERIS *est Plantæ genus, Flore A, B, monopetalo, hypocrateri formi & multifido; ex cujus calyce D E, (qui tubulatus est) surgit pistilum F infimæ floris parti ad instar clavi infixum, quod deinde abit in fructum seu testam G, oblongam, in ipso calice D, vel E, fermè reconditam, apice H dehiscentem, & seminibus fœtam I L subrotundis, placentæ K affixis.*

Primulæ veris species sunt.

PRIMULA VERIS odorata, *flore luteo, simplici. I. B.* 3. 495. ** Verbasculum pratense, odoratum C. B. Pin.* 241. ** Primula veris flavo flore, elatior. Clus. hist.* 301.

PRIMULA VERIS *pallido flore, elatior. Clus. hist.* 301. ** Verbasculum pratense vel sylvaticum, inodorum C. B. Pin.* 241. ** Primula veris caulifera, pallido flore inodoro, aut vix odoro. J. B.* 3. 496.

PRIMULA VERIS inodora, *flore calycis experte. * Paralysis flore flavo, simplici, inodoro, absque calicibus Park. par.* 145.

PRIMULA VERIS *flore geminato, inodoro.* Paralysis flore geminato, inodora Park. par.* 245

PRIMULA VERIS inodora, *calycibus dissectis.* Paralysis inodora, calycibus dissectis Park. par.* 245.

PRIMULA VERIS *floris loco in summo foliosa.* Paralysis flore fatuo Park. par.* 245.

PRIMULA VERIS montana, *incana, lutea, C. B .pin.* 241. **Paralytica rotundifolia, montana. Col. part* 1. 256.

PRIMULA VERIS rubro *flore. Clus. Hist.* 300. ** Verbasculum umbellatum, alpinum, minus C. B. pin.* 242. ** Primula veris minor, purpurascens I. B.* 3. 498.

PRIMULA VERIS albo *flore Clus. Hist.* 300. ** Verbasculum alpinum, umbellatum, majus C. B. pin.* 242.

PRIMULA VERIS hortensis, *umbellata, caule & flore foliosa, major, coccinea, H. L. Bat.*

PRIMULA VERIS hortensis, *umbellata, caule & flore foliosa, minor, lutea. H. L. Bat.*

PRIMULA VERIS hortensis, *flore luteo umbellato.*

PRIMULA VERIS hortensis *flore albo umbellato.*

PRIMULA VERIS hortensis, *flore rubro umbellato.*

PRIMULA VERIS hortensis, *flore ferrugineo umbellato * Verbasculum alpinum, umbellatum, majus, flore ferrugineo odorato. H. R. par.*

PRIMULA VERIS multiflora, *sylvestris. Tabern. icon.* 319. ** Verbasculum sylvestre, magno plenoque flore. C. B. pin.* 242. ** Primula veris floribus plenis ex singularibus pediculis. J. B.* 3. 497.

PRIMULA VERIS multiflora, *Tabern. icon.* 318. *Primula veris anglicana, flore pleno Eyst. * Verbasculum hortense, multiplex C. B. pin.* 242. ** Primula veris caulifera, flore luteo, pleno, odorato J. B.* 3. 496.

PRIMULA VERIS caulifera, *prolifera, odorata. J. B.* 3. 496. ** Verbasculum proliferum C. B. pin.* 242. ** Primula veris prolifera. Tabern. icon.* 322.

PRIMULA VERIS prolifera, *flore majore.* Verbasculum proliferum, flore majore H. R. par.*

PRIMULA VERIS prolifera, *flore albo.* Verbasculum proliferum, flore albo H. R. par.*

PRIMULA VERIS prolifera, *flore purpureo. * Verbasculum proliferum, flore purpureo H. R. par.*

PRIMULA VERIS prolifera, *flore ferrugineo H. R. mons.*

PRIMULA VERIS *floribus ex singularibus pediculis, pallidis, majoribus, simplicibus J. B.* 3. 497. ** Primula veris pallido flore, humilis. Clus. Hist.* 301. ** Verbasculum sylvestre, majus, singulari flore C. B. pin.* 241.

PRIMULA VERIS flore albo *Park. par.* 242. *Primula veris alia, flore albo. J. B.* 3. 467.

PRIMULA VERIS flore viridi, *simplici Park. par.* 242.

PRIMULA VERIS, flore viridi *duplici Park. par* 242.

PRIMULA VERIS *flore viridante & albo, simplici Park. par.* 244.

PRIMULA VERIS hesketi, *flore multiplici, separatim diviso Park. par.* 244.

PRIMULA VERIS floribus oscurè *virentibus, fimbriatis. J. B.* 3. 498. ** Primula sylvarum, floribus obscurè virentibus, fimbriatis. Lob. icon.* 569. ** Verbasculum sylvestre minus, singulari flore C. B. pin.* 242,

Constantinopolitana.

PRIMULA VERIS flore dilutè purpureo. ** Carchichec Turcorum, sive Primula veris constantinopolitana. Corn.* 85. ** Verbasculum constantinopolitanum H. R. par.*

PRIMULA VERIS flore majore, *purpureo. *Verbasculum constantinopolitanum, flore purpureo. H. R. par.*

PRIMULA VERIS, flore minore, purpureo. ** Verbasculum Turcicum sive carchichec Turcarum, flore purpureo, minore. H. Edinb.*

PRIMULA VERIS, floreminiato. ** Verbasculum constantinopolitanum, flore miniato. H. R. par.*

PRIMULA VERIS flore ferrugineo, *punctis albis notato. * Verbasculum constantinopolitanum, flore ferrugineo, punctis albis notato. H. R. par.*

PRIMULA VERIS flore albo. ** Verbasculum constantinopolitanum, flore albo. H. R par.*

PRIMULA VERIS, flore dilutè carneo. ** Verbasculum constantinopolitanum, flore dilutè carneo. H. R. par.*

PRIMULA VERIS, flore luteo.* *Verbafculum conftantinopolitanum, flore luteo,* H. R. part.
PRIMULA VERIS, flore flavefcente.* *Verbafculun conftantinopolitanum, flore fulphureo.* H. R. par.
PRIMULA VERIS, flore obfoletè *pallido.* *Verbafculum conftantinopolitanum, flore obfoletè pallido.* H.
R. par.
PRIMULA VERIS flore'obfoleti *coloris.*Verbafculum turcicum five carchichec Turcarum, flore obfoleto.* H. Edinb.

*Primula veris dicitur à primo vere , quòd fcilicet
plurimæ ejus generis fpecies tunc florere foleant. Di-
gnofcuntur autem flore & femine carentes, foliis rugofis & veluti afperis, tenuibus ad Lactucam non-nihil ac-
cendentibus.*

L I N N Æ U S.

144. PRIMULA * *primula veris.* Tourn. 47. Malp. 139.
147. Pont. 1. 2. *Auricula Urfi ,* Oreille d'Ours.
Tourn. 46.

Calyx D.E. involuchrum polyphyllum, multiflorum ; minimum. Perianthium monophyllum, tubulatum, pentago-
num , quinquedentatum , acutum , erectum , perfiftens.
Corolla A. B. petalum unicum. Tubus cylindraceus , longitudine calycis , terminatus collo parvo , hemifphærico ;
Limbus patens , femiquinque – fidus laciniis obverfè
cordatis , emarginatis , obtufis. Stamina. c. filamenta
quinque , breviffima , intra collum corollæ , Antheræ
acuminatæ , erectæ , conniventes , inclufæ.
Piftilum. germen globofum. Stylus fili-formis , longitudine calycis. Stygma globofum. Pericarpium. capfula teres , longitudine fermè perianthii , tecta unilocularis , dehifcens , apice decemdentato. Semen I. L.
numerofa fubrotunda. Receptaculum K. ovato-oblongum,
liberum.

Primulæ veris fpecies funt.

1. PRIMULA (*veris) *foliis dentais rugofis.* Hort. Cliff.
51. Fl. fuec. 161. 171. Roy. rugdb. 415. Dalib. parif.
62. *limbo corollarum concavo.* Mat. med. 64.
Primula veris (officinalis) *odorata, flore luteo fimplici.*
Bauh. hift. 3. p. 495.
Verbafculum *pratenfe odoratum.* Bauh. pin. 241.
Primula (*elatior...*) *limbo corollarum plano.*
Verbafculum *pratenfe vel fylvaticum inodorum.*
Bauh. pin. 241.
Primula veris, *pallido flore , elatior.* Cluf. hift. 1.
p. 301.
Primula (*acaulis*) *acaulis....fcapo nullo.*
Primula veris, *pallido flore , humilis.* Cluf. hift. 1.
p. 302.
Verbafculum *fylveftre majus , fingulari flore.* Bauh.
pin. 241.
Habitat in Europæ pratis. (perennes.)
*Varietates licet conftantes El. Ac. non fpecie diftinguo ,
uti nec Maurum ab Europæo.*
2. PRIMULA (*farinofa) *foliis crenatis glabris filorum
limbo plano.* Hort. Cliff. 50. Fl. ac. fvec. 161. 172.
Primula *foliis crenatis glabris , Vir. Cliff.* 12. Roy.
ludgh. 415,
Primula *foliis erectis faftigiatis.* Fl. lapp. 79.
Primula veris, *rubro flore.* Cluf. dann. 340.
Verbafculum *umbellatum alpinum minus.* Bauh.
pin. 242.
*Habitat in Alpinis frigidifque Europæ pratis uli-
ginofis.* (perennes)
3. PRIMULA (* auricula) *foliis ferratis glabris. Vir.
Cliff.* 12. Hort. Upf. 36 Roy. lugdh. 415.
Primula *foliis ferratis carnofis glabris.* Hort. |Cliff.
50.
Sanicula *alpina lutea.* Bauh. pin. 242.
Sanicula *alpina purpurea.* Bauh. pin. 242.

Sanicula *alpina , foliis rotundis.* Bauh. pin. 242.
Sanicula *alpina , flore variegato.* Bauh. pin. 242.
Sanicula *alpina anguftifolia.* Bauh. pin. 243.
Sanicula *alpina , foliis quafi farinà adfperfis.* Bauh.
pin. 243.
Habitat in Alpibus helveticis , ftyriacis. (perennes.)
4. PRIMULA (*integrifolia) *foliis integerrimis , glabris
oblongis , calycibus tubulofis , obtufis.*
Primula *foliis glabris carnofis , integerrimis.* Hall.
Helv. 485.
Sanicula *alpina rubefcens , folio non ferrato.* Bauh.
pin. 243.
Auricula urfi. IV. Cluf. hift. 1. p. 303. t. 304.
Habitat in Alpibus helveticis , Styriacis , pyrenniais.
(perennes.)
5. PRIMULA (*minima) *foliis cuneiformibus dentatis mi-
mis , corolla longè minoribus.*
Sanicula *alpina minima carnea.* Bauh. pin. 243.
Auricula urfi VIII. minima. Cluf. hift. 1. p. 305.
*Habitat in Sneberg, Tauro , Judenberg. inque altiffimo
monte propè falinas, Auftriæ fuperioris, quá tenditur in
Styriam.* (perennes.)
6. PRIMULA (*vitaliana) *foliis linearibus integerrimis,
floribus feffilibus.*
Primula *flore fubfeffili , foliis linearibus.* Amœn. acad.
1. p. 160.
Auricula urfi *alpina , gramineo folio , jafmini lutei
flore.* Tournef. inft. 122.
Vitaliana Sefl. epift. 69. t. 10. f. 1.*
Sanicula *alpina , anguftiffimo folio , flore carneo.*
Pluk. alm. 332. t. 108. f. 6
Sedum *alpinum exiguis foliis.* Bauh. pin. 284.
Sedum *alpinum F. gregorii regienfis* 1. Column. ec-
phr. 2. p. 63. t. 65 f. 1. Raj. hift. 1044.
Habitat in Alpibus Pyrennæis & Italicis. (perennes.)
*Calices longitudine tubi corollæ , ultrà medium quin-
quefidi ; corollæ limbus quinquefidus , lobis ovato oblon-
gis.*
*Si femina tantùm duo capfulam replentia , videtur
vitaliana genus proprium conftituere , quod inquiren-
dum.*
7. PRIMULA (*cortufoïdes) *foliis petiolatis , cordatis ,
fublobatis , crenatis.*
Habitat in Siberiá. D. Gmelin.
Herba foliis fequentis , floribus antecedentis.

G A U T I E R.

La PRIMEVERE porte fa fleur feule fur fon pied, ou
plufieurs fleurs fur le même pied, comme celles que
nous repréfentons ici. L'*Oreille d'Ours* eft de la même efpece : Linnæus les met dans la même claffe &
dans le même genre. Tournefort les diftingue en deux
fections différentes. La Prime ere , felon cet Auteur
ici, differe par les pétales de l'Oreille d'ours, la premiere
étant *hypocrateriformis,* ou en coupe , & la feconde en
entonnoir , ou *infundibuliformis* : ce qui fait une petite variété. Mais à l'égard des étamines & du refte de
la fleur, ces deux efpeces de Primevere peuvent être
rangées dans la même claffe & dans le même genre.

LES FLEURS des Primeveres naiffent feules de leurs
racines, ou plufieurs au bout d'une tige qui forment
une efpece de bouquet, comme l'on voit ici, Figure
1 , 2 & 3. celles qui partent de leurs racines font de
l'efpece de celles que nous repréfentons (Fig. 4) ; celles-
ci paroiffent doubles En effet elles ont une double
corolle. La plus élevée fort du tube de celle qui lui
fert de bafe. Elles font enfemble une efpece de double parafol.

Le refte pour la Planche fuivante.

La Mauve
Carrière

PLANTES D'USAGE.

AA. L A MAUVE ROSE. *Malva rosea, folio subrotundo, flore pleno incarnato.* C. B. p. 315.
Malva folio ficus altera. id. *Malva rosea sive hortentis* J. B. t. 2. p. 951.
A. B. La Mauve des Bois. *Malva silvestris folio sinuato, flore purpuro-rubro.* H. Cathol.

TOURNEFORT.

Malva est plantæ genus, flore A. monopetalo, campaniformi, patente & multifido: ex cujus fundo emergit tubus pyramidatus E. staminibus plerumque onustus. Ex calice verò C. surgit pistilum N. infimæ floris parti, tuboque ad instar clavi infixum, quod deindè abit in fructum F. planum orbiculatum, quandoque acuminatum, calyce ut plurimùm involutum, è plurimis capsulis constantem, axi I. K. ita circumhærentibus, ut singulæ ejus striæ capsulam suam quasi articulatione quadam excipiant, semine fœtam L. non raro reniformi. His addenda sunt folia O. minus quidem secta quàm Alcea, minusque villosa & incana quàm Altheæ folia.

LINNÆUS.

AA. Alcea. mauve. 679. *Malva* Tourn. 24. *Monadelphia polyandria. Calix C. perianthium duplex: Exterius, H. monophylum, semisexfidum, patentius, persistens. Interius C. monophylum, semiquinque-fidum, majus, persistens. Corolla AA. petala quinque, basi coalita, verticaliter cordata, maxima, emarginata, patentia. Stamina M. Filamenta numerosa inferne coalita in cylindrum pentagonam, superne laxa, corollæ inserta. Antheræ fere reniformes. Pistilum D. Germen N. orbiculatum. Stylus O. cylindraceus, brevis. Stigmata P. numerosa (20) setacea, longitudine styli. Pericarpium F. Capsulæ articulatæ in orbiculum, subrotundum, depressum discedentes, introrsum dehiscentes. Receptaculum I. K. columnare capsulas affigens. Semen L. solitaria, compresso-reniformia.*

Observ. *Species hujus generis* Malvæ rosæ *titulo vulgo indigitantur.*

AB. Malva. 676. Malp. 180. Abutilon Dill. elth. 1. 4. *Monad. polyan. Calix, M. perianthum, duplex: Exterius triphyllum, lanceolatum, laxum, persistens. Interius monophylum, semiquinque-fidum, majus, latius, persistens. Corolla A, B, Petala quinque, basi coalita, verticaliter cordata, emorsa, plana. Stamina Filamenta numerosa inferne coalita in cylindrum, superne laxa, corollæ inserta. Antheræ reniformes. Pistilum, Germen orbiculatum. Stylus cylindraceus, brevis. Stigmata plurima, setosa, longitudine styli. Pericarpium. Capsulæ plures, articulatione conjunctæ orbiculum depressum referentes, discedentes, introrsum dehiscentes. Receptaculum columnare, capsulas effingens. Semina solitaria, reniformia.*

Observ. Malva *T. folia fere integra, non villosa* Alcea *T. folia multifida, non vilosa.*

Species Linnæi.
ALCEA.
* Rosea.
1. Alcea Foliis Sinuato-Angulosis. *Hort. Cliff.* 348.
Malva Rosea *folio subrotundo. Bauh. Pin.* 315.
Malva Hortensis. *Dod. Pempt.* 652.
Habitat in Oriente. (Biennis.)
* Filifolia.
2. Alcea Foliis Palmatis. Hort. Cliff. 348.
Malva Rosea, folio ficus. *Bauh. Pin.* 315.
Malva Rosea simplex peregrina. *Tabern. Hist.* 315.
Habitat in Oriente. (Biennis.)

M A L V A.
* Foliis indivisis.
* Spicata.
1. M A L V A *foliis cordatis crenatis tomentosis, spicis oblongis, hirtis.* Amœn. Acad. 5. p. 401.
Altæa spicata, *betonicæ folio villosissimo.* Sloan. Jam. 27. Hist. 1. p. 218. t. 138. f. 1.
Malva assurgens subvillosa, *viminibus tenuioribus lentis, floribus sessilibus, spicis oblongis.* Brown. Jam. 282.
Habitat. in Jamaica.

* Tomentosa.
2. Malva *foliis cordatis crenatis tomentosis, floribus lateralibus congestis, caule fruticoso.* Fl. Zeyl. 255.
Malva foliis cordatis crenatis villosis. Hort. Cliff. 347.
Altæa Orientalis bidens, *subrotundis foliis, oribusis parvis luteis.* Pluk. Amalth. 11. t. 356. f. 1.
Habitat in India. (Fruticans.)
Caulis *frutescens, tomentosus. Folia sine lobis cordata, tomentosa. Calyx inferior triphyllus. Seminum rostra, deciduo flore, brevissima, angulos fructus retusi constituentia.*
* Coromandeliana.
3. Malva *foliis ovato oblongis acutis, floribus glomeratis, arillis denis tricuspidatis.* Hort. Cliff. 346.
Althæa Coromandeliana, *angustis prælongis foliis, semine bicorni,* Pluk. Mant. 10.
Habitat in America. (Annua.)
Flores axillares glomerati. Fructus truncatus apice hirtus.
* Gangetica.
4. Malva *foliis cordatis obtusis scabris, floribus sessilibus glomeratis arillis denis muticis crenulatis.*
Malva *Indica, abutili subrotundo folio, flore luteo spicato.* Pluc. phyt. 74. f. 6.
Habitat in India. (Annua.)
Soror M. Coromandeliana *sed rigidor. Folia cordata obtusissima, serrata, strigosa. Stipulæ lineares. Flores ad ramorum apices glomerati, sessiles, lutei. Semina disco retuso, mutica, margine superiore tuberculis minutis crenulata.*
* Americana.
5. Malva *foliis cordatis crenatis, floribus lateralibus solitariis, terminalibus spicatis.* Roy. Ludg. 339.
Althæa Americana pumila flore luteo spicato. Breyn. Cent. 124. t. 57.
Habitat in America. (Annua.)

** Foliis angulatis.
* Peruviana.
6. Malva *caule erecto herbaceo, foliis lobatis spicis secundis axillaribus, seminibus denticulatis.*
Habitat in Peru B. Jussieu. (Annua.)
Caulis *erectus, tripedalis, pilis rarioribus sapius geminis. Folia septem-lobata, plicata, glabra, venosa, acute serata; petiolis longitudine folii. Stipulæ ovato-lanceolata. Pedunculus axillaris, nudus, longus. Spica secunda, sursum versa, recurvata ante florescentiam. Corollæ parva purpureæ.* Semina 10, *supra exasperata dentibus alternis plurimis.*
* Limensis.
7. Malva *caule erecto herbaceo, foliis lobatis, spicis secundis axillaribus, seminibus lævibus.* Amœn. Acad. 4. p. 235.
Habitat in Peru, Lima, (Annua.)
Soror. M. Peruviana, *sed flores cerulei, nec purpurei.*
* Bryonifolia.
8. Malva *foliis palmatis scabris, caule tomentoso fruticoso, pedunculis multifloris.* Roy. Ludgb. 356.
Altæa frutescens, *bryoniæ folio. Bauh. Pin.* 316. pr. 138.
Altæa *profunde serrato s. dentato folio. Bauh. Hist.* 2. p. 955.
Habitat in Hispania. (Fruticans.)
Planta belle echinata per discum foliorum.
* Capensis.
9. Malva *foliis subcordatis laciniatis glabris, caule arborescente.* Hort. Cliff. 347. Hort. Upf. 201.
Malva *capensis frutescens, grossulariæ folio minori Glabro.* Dill. elth. 208. t. 169. f. 206.
Malva *capensis frutescens, grossulariæ folio majore hirsuto* Dill. elth. 209. t. 169. f. 107.
Malva scabrosa *caule fruticoso pilis simplicibus, foliis lobatis, floribus erectiusculis, petalis incumbentibus.* Amœn. Acad. 4. p. 325.
Malva Africana frutescens, *flore rubro.* Comm. Hort. 2.
Malva Africana frutescens *flore parvo carneo unguiculis atrorubentibus.* Pluk. Amalth. 140. t. 431. f. 5.

Habitat in Æthiopia. (Fruticans.)
Differt scabrosa pilis foliorum & caulis simplicibus nec compo-
sitis, floribus erectiusculis nec cernuis, sed naturalis soror, ut
parum referat utrum distinguatur nec ne.
    * *Caroliniana.*

10. MALVA *caule repente, foliis multifidis.* Hort. Cliff. 347.
Abutilon repens, alcea foliis, flore helvulo. Dill. elth. 5. t. 4.
p. 4.
Abutilon carolinianum repens, alcea foliis, gilvo flore.
Mart. cent. 34. t. 34.
Habitat in Carolina. (Annua.)
    * *Rotundi folia.*

11. MALVA *caule prostato, foliis cordato orbiculatis obsolete*
quinque lobis, pedunculis fructiferis declinatis. Hort. Cliff. 347.
Malva sylvestris, folio subrotundo. Bauh. Pin. 314.
Malva sylvestris pumila. Fuchs. Hist. 508.
Habitat in Europæ ruderatis viis, plateis. (Annua.)
    * *Parviflora.*

12. MALVA *caule patulo, foliis angulatis, floribus axilla-*
ribus sessilibus glomeratis, calycibus glabris patentibus. Amœn.
Acad. 3. p. 416.
Malva annua rotundi-folia, floribus omnium minimis albis
pentapetalis verticillatim genicula ambientibus. Moris. Hist. 2.
p. 521.
Malva tingitana, flore cæruleo, parva. Pluk. Phyt. 44. f. 2.
Habitat in Barbaria. (Annua.)
Differt. à M. rotundifolia: caule erectiusculo triplo majore,
Foliis acutioribus apice petioli adscendente. Calycibus glabris,
inferiore lineari nec lanceolato. Floribus sessilibus. Calycibus
maturo fructu purpurascentibus. Arillis supra rugosis & ad
latera dentatis.
    Silvestris.

13. MALVA *caule erecto herbaceo foliis septemlobatis acu-*
tis, pedunculis petiolisque pilosis.
Malva caule erecto, foliis multipartitis. Hort. Cliff. 347.
Malva sylvestris, folio sinuato. Bauh. Pin. 314.
Malva sylvestris recta. Cord. Hist. 114.
Habitat in Æuropæ campestribus.
Caulis & petioli hujus villosi; at sequentis petiolorum latus
superius villosum.
    * *Mauritiana.*

14. MALVA *caule erecto herbaceo, foliis quinque lobatis ob-*
tusis, pedunculis petiolisque glabriusculis.
Malva hederaceo folio Bauh. Pin. 315.
Malva majus tertia. Dalech. Hist. 586.
Malva folio ficus altera. Bauh. Pin. 315.
Habitat in Italia, Lusitania, Hispania. (Annua.)
Similis præcedenti. Huic folia costis. 5. Illi 7. Huic calyx ex-
terior lanceolatus, illi ovatus. Huic corolla sanguinea magis,
illi cærulescens.
    * *Hispanica.*

15. MALVA *caule erecto, foliis semiorbiculatis crenatis,*
calyce exteriore diphyllo Lœfl. It. 157.
Malva rotundifolia glabra ex hispania, flore amplo bello.
Pluk. Alm. 238. t. 44. f. 3.
Caules diffusi, adscendentes, hirti. Folia cordato subrotunda
vix lobata, crenata. Stipulæ lanceolatæ Dunculi solitarii, uni
folio longiores. Calyx exterior diphyllus, deficiente tertio in-
teriore foliolo. Interior 5. fidus lobis cordatis. S. Sinubus promi-
nentibus. Corolla incarnata.
    * *Verticillata.*

16. MALVA *caule erecto, foliis angulatis, floribus axilla-*
ribus glomeratis sessilibus, calycibus scabris ver, Cliff. 356.
Malva sinensis erecta, flosculis albis minimis. Bœrh. Lugdb. 1.
p. 253.
Malva annua rotundifolia, floribus omnium minimis albis
pentaphyllis verticillatim genicula ambientibus. Moris. Hist. 2.
p. 521.
Habitat in China. (Annua.)
    * *Crispa.*

17. MALVA *caule erecto, foliis angulatis crispis, floribus*
axillaribus glomeratis.
Malva foliis angulatis crispis, floribus axillaribus glomeratis.
Hort. Cliff. 347.
Malva foliis crispis. Bauh. Pin 315.
Malva crispa Dod. Pempt. 653.
Habitat in Syria. (Annua.)
    * *Alcea.*

18. MALVA *caule erecto, foliis multipartitis scabriusculis.*
Hort. Cliff. 347.
Alcea vulgaris major. Bauh. Pin. 316.
Alcea vulgaris. Cluf. Hist. 2. p. 25.
Habitat in Germania, Anglia, Gallia. (Perennis.)
    * *Moschata.*

19. MALVA *foliis radicalibus reniformibus incisis, caulinis*
quinque-partitis pinnato multifidis. Hort. Upf. 202.
Malva montana s. Alcea rotundifolia, laciniata. Col. ecphr.
1. p. 148. t. 147.
Alcea folio rotundo laciniato. Bauh. Pin. 316.
Alcea vulgaris minor. Bauh. Pin. 316.
Habitat in Italia, Gallia. (Perennis.)
Capsulæ hispidæ sunt.
    * *Ægyptia.*

20. MALVA *foliis palmatis dentatis, corollis calyce minori-*
bus.
Alcea Ægyptia, geranii folio. Lipp. Ægypt. Miss.
Habitat in Ægypto.
Habitus antecedentis, sed tenerior. Caules filiformes, debi-
liores, scabri. Folia radicalia quinqueloba, subdentata, obtusa;
superiora tripartita, linearia, dentata. Flores axillares, soli-
tarii, pedunculis longitudine petiolorum. Calyx exterior setis 3.
interior latus, seminibusque-fidus, acutus. Corollæ cærules-
centes.
    * *Tournefortiana.*

21. MALVA *foliis radicalibus quinque partitis, trilobis li-*
nearibus, pedunculis folio caulino longioribus, caule procum-
bente. Amœn. Acad. 4. p. 283.
Malva maritima-gallo provincialis. Geranii folio. Tourn.
inst. 98.
Alcea minor maritima tenuifolia procumbens. Herm. parad.
9. t. 9.
Alcea tenui folia humilis maritima Gallo-provincialis, foliis
inferioribus ad geranium accedentibus. Pluk. Abm. 13. t. 44.
f. 4.
Habitat in Gallo provincia, Hispania maritimis. (Annua.)
    * *Abutiloides.*

22. MALVA *foliis lobatis villosis, caule erecto. Calycibus*
brevissimis, capsulis globosis striatis: loculis polyspermibus.
Abutolon althæoides, flore carneo, fructu globoso, Dill.
Elth. 1. t. 1. f. 1.
Habitat in Providentia, Bahama. (Perennis.)
Planta facie Althea, alta, distincta à reliquis pericarpiis
subglobosis, striatis, loculis minime extus distinctus, polysper-
mibus.

GAUTIER.

Les MAUVES ont leur *Calice* double, périanthe ; l'extérieur divisé en trois, ses feuilles courtes & lancéolées, l'intérieur monophyle évaté & divisé par son extrémité en cinq
dents. La *Corolle* divisée en cinq pétales, planes, réunies par
leur base vers le pistile, où elles forment ensemble le Tube
ou cylindre, qui est une espece de nectaire sur lequel sont
attachées extérieurement les *Etamines*, au nombre de quinze à
vingt-cinq. Les Fils de ces étamines violets, ou d'autres couleurs, colés sur le tube, & les Antheres détachées, de même
couleur que les fils, reniformes, parsemés de glandes blanches & sans nombre. Le *Pistile* qui soutient les corolles a
son Germen rond & applati, duquel part le Stil divisé en cinq
fils branchus d'égale grandeur & étendus, qui sortent du tube, & s'élevent un peu audessus. Le *Fruit* est orbiculaire &
applati, son réceptacle soutient en rond, comme feroit un
pignon ou noiau de roue, vingt-quatre ou vingt-cinq graines plattes sémi-lunaires de couleur brune & verte, enfermées chacune dans leur capsule, qui aboutit au réceptacle,
& forme autant de côtes circulaires.

La *Racine* est spinacée & branchue, blanc sale en dehors
blanc en dedans.

La *Tige* est ronde, légerement grainue & unie, en dedans
elle est presque creuse, contenant une moële cotoneuse.

Vertus.

Appliquées extérieurement, elles sont émollientes; prises
intérieurement, elles calment la trop grande ardeur du
sang, les inflammations internes, les irritations, les ardeurs
d'urine, & émoussent l'âcreté des humeurs. Celles qui ont de
l'acidité rafraichissent.

PLANTES CURIEUSES ET ÉTRANGERES.
LA SENSITIVE.

Mimosa, sensitiva, aculeata, foliis conjugatis pinnatis : Linn. 13.

LA Sensitive ne se conserve que très-difficilement dans nos Serres, elle ne vient que dans les pays chauds, aux lieux humides & pierreux, dans l'Amérique & dans les Indes. On trouve cependant en Arabie & en Egypte aussi une espéce de Sensitive. Linneus en rapporte dans son *Species Plantarum* de quarante-trois espéces différentes qui n'ont peut-être pas toutes les mêmes qualités. Cette plante est la plus pénétrée de l'électricité de la terre ; c'est ce qui fait qu'elle se défélectrise facilement dans les endroits ou on la touche, & c'est ce qui a faisoit croire qu'elle étoit vivante. Il est si vrai que la Terre seule forme toute son activité, par l'électricité que nous avons démontrée, que tout aussi-tôt qu'on la sépare de la terre, elle ne peut plus être électrisée & se soutenir quand même on la mettroit dans l'eau dans le même moment. Cette Plante étoit peu connue des anciens Botanistes. Tournefort ne parle que de cinq espéces différentes de Sensitive.

La PLANTE que nous donnons ici est tirée du Jardin du Roi, dans le temps de sa fleur, que je disséquai en même-temps que j'en faisois le tableau.

La FLEUR est en fraise, composée d'une touffe de floscules d'un rouge agréable dans sa maturité.

Les FLOSCULES sont toutes petites, & vues à la loupe, *a*, paroissent monopétales, posées sur un *calice* périanthe, monophile, divisé en cinq denteleures aiguës, plus longues que les petales.

La COROLLE a son tube allongé & son limbe divisé en cinq petits festons.

Les ETAMINES sont nombreuses, elles ont leur fils capillaires & allongés, & l'anthère de ces fils recourbée.

Le PISTILE a son germen oblong, son stil filiforme plus court que les étamines, & le stigma contigu & tronqué.

La TIGE est épineuse & velue ; les *Feuilles* sont palmeuses, telles qu'elles sont ici représentées, les contours des follicules sont velus, l'attache du palme est petiolée & longue, & celle des follicules est acaudassée, la texture est unie.

Les FEUILLES A. sont les feuilles en état naturel, & les feuilles B. sont celles que l'on vient de toucher : c'est ainsi qu'elles se baissent & se rétrecissent quand on y porte le doigt ou qu'on les touches avec tout autre chose.

Le FRUIT, C, est en cosse, garni de deux rangées de graines.

Suite de la troisiéme Dissertation sur la végétation des Plantes, &c.

Ils n'ont comme les végétations, dont nous venons de parler, aucune organisation, & que l'on regarde vainement comme des ébauches & des pierres d'attente. Il faut au contraire considérer dans les végétations pierreuses d'une part, l'activité de la terre, & de l'autre, les bornes de ses forces.

Toutes ces productions en général, ne prouvent rien contre la génération constante des plantes organisées. Elles ne détruisent pas l'idée générale qu'ont eu les hommes jusqu'aujourd'hui, que les semences & les graines ne peuvent sortir de la terre sans le secours des plantes qui les produisent, & par conséquent qu'elles doivent avoir été créés & déposées dans son sein. Le Créateur, sans se servir d'une cause seconde, comme quelques-uns le prétendent sous le nom d'atômes ou de molécules, pour produire les êtres & établir l'ordre de l'univers, n'a jamais eu besoin de faire préalablement des particules de matiere actives & passives, c'est-à-dire, de deux façons, ou de deux substances différentes en même-temps, pour ensuite douer l'une des deux d'une qualité & puissance, qui ne peut émaner que directement de sa seule volonté : ce seroit alors faire des outils pour former son ouvrage. On veut comparer en ceci sa toute-puissance à la foiblesse des hommes ; & si on abandonne à la matiere entiere le pouvoir de s'arranger elle-même par l'ordre de Dieu, on tombe dans la même erreur. Car il est égal à un Etre qui peut tout, de ranger tout lui-même directement, ou d'ordonner que tout s'arrange de soi-même ; & il est certain que Dieu n'a pas refusé de se montrer dans ses œuvres ; nous voyons en effet, par-tout l'esprit de justesse & de prévoyance, qu'il faudroit

que la matiere eût si cela n'étoit point. Le sexe des plantes, ou les parties qui servent à leur génération & qui sont posées dans un seul individu, en sont des preuves, parce qu'elles ne peuvent pas chercher leur accouplement. Quelques especes de plantes paroissent exceptées de cette loi, comme le chanvre & le dattier ; mais ces prétendues plantes de deux sexes, ne sont dans celles que l'on suppose mâles, que des plantes dont les fleurs sont avortées. D'une autre part, les hommes, les animaux, les oiseaux & les poissons qui peuvent chercher à produire, sont tous séparés en deux sexes, soit pour le besoin particulier de leurs fœtus nouveaux nés, ou pour servir à l'union & à la conservation de ce regne. Rien ne civilise & n'adoucit plus les mœurs que l'amour des Sexes. Les insectes venimeux & nusibles génerent seuls ; toujours remplis de fiel & d'amertume, ils se font souvent mourir eux-même, comme le scorpion lorsqu'il n'a plus d'espoir de se sauver. Les autres utiles aux hommes, comme l'abeille, le ver à soie, s'accouplent ; & ceux bons à manger, comme l'escargot, s'accouplent doublement ; ils sont hermaphrodites & les seuls vrais hermaphrodites : car les hermaphrodites que l'on a supposés parmi les hommes & les animaux quadrupedes, ne sont que des monstres dont les parties sont restées à moitié de leur développement.

Si ce que l'on vient de dire des insectes n'est pas général, & s'il y en ait qui s'accouplent ou qui génerent seuls, avec des qualités différentes de celles que nous venons de leur attribuer, il y a des raisons que nous n'avons pas encore pénétrées, qui en sont la cause. Il est certain que tout est prévu, que le hazard & le concours des atômes sont des chimeres, & que les bons mots & les belles phrases de ceux qui n'ont pas d'autre raisonnement à mettre au jour pour détruire cette vérité, ne persuaderont personne, pour peu qu'on veuille réfléchir.

QUATRIEME DISSERTATION.
Sur la Sensitive.

Nous avons parlé dans nos précedentes dissertations de l'électricité des plantes & de leur végération, par la rotation journaliere de la terre. La Sensitive est de tous les végétaux celui qui peut le plus prouver cette vérité, on peut sur tous les objets trouver matiere à réfléchir ; mais ceux qui ont quelque chose de particulier & de distinct dans leurs espéces, sont ceux sur lesquels on s'attache le plus : en effet, ce sont ceux-là ordinairement qui sont les plus propres à nous instruire.

Toutes les plantes en général ne perdent rien de leur vie, ni de leur force active, par le simple toucher des corps étrangers ; mais la Sensitive perd tout aussi-tôt qu'on la touche, dans la partie attaquée, par la rencontre du doigt humain, par l'approche de tel animal que ce puisse être, & par le toucher de tout corps, sa vie ; la feuille touchée se replie & se fane, & ne revient que quelque temps après dans son premier état. Une mouche, un papillon cause le même effet lorsqu'ils se posent sur cette plante. Un phœnomene si singulier a fait accroire à des Physiciens, que la plante étoit animée d'une ame qui lui étoit propre & distincte, à laquelle aboutissoit la sensation comme dans les animaux, & que ce végétal, moyennant cette vie active & fensitive, retiroit les parties que l'on vouloit toucher comme si elle appréhendoit sa perte, ainsi que font les animaux craintifs sur lesquels on porte les mains. On tiroit de là les plus belles conséquences du monde, & de-là partoit une infinité de chimères.

La plante ne se remue & ne se retire du doigt ou du corps qui la touche, que par l'accident le plus simple & le plus naturel, si l'on admet la force active de la terre & son électrisation végétale.

Il faut pour démontrer ce fait, prendre les phœnomenes électriques de plus loin, & nous servir de l'électricité connue & pratique, & la comparer à l'électricité de la Terre; distinguer les diverses électricités, & mettre en opposition leurs efforts différents, pour déterminer ensuite de quelle façon une plante fortement électrisée comme la Sensitive, peut donner des effets si visibles & si distinct d'un mouvement propre & déterminé.

Toutes les expériences faites dans la Physique expérimentale, sont des matériaux avec lesquels la théorie doit être établie; la Physique proprement dite, à quoi aboutissent toutes les expériences, se sert aujourd'hui avec fruit des expériences qui ont été préparées par une infinité d'Amateurs attachés seulement aux effets.

Les expériences dont je me sers actuellement pour définir le mouvement de la Sensitive, sont les plus simples & les plus communes; celles de la désélectrisation des corps, par l'attouchement des corps extérieurs & non électrisés.

J'ai exposé mon opinion sur l'électricité continuelle & journaliere, de la terre, comme la cause active de la végétation des plantes, sans cesse électrisées par cette action. De sorte que je puis, sans retourner sur mes pas, supposer la Sensitive plus électrisée que les autres plantes, au moyen des effets qu'elle produit par le subit flétrecissement de ses feuilles, au simple toucher des corps. Ce qui arrive non dans la plante totale; mais seulement dans la partie touchée.

Un corps électrisé cesse de l'être lorsqu'il perd son électricité, *Voyez pag. X. hist. abr. de l'élec. dans les Ex. de Franklin. traduction, à Paris, chez Durand.*

1°. Une boule que l'on a électrisée & retirée de la machine électrique, « si on la tient à la main par l'axe, non-seulement » elle attire une plume; mais elle la repousse ensuite, & ne » l'attire plus de nouveau que la plume n'ait touché quelqu'autre corps. La plume ainsi chassée par le globe, attire » tout ce qu'elle rencontre, on va s'y appliquer, si elle ne » peut pas l'attirer vers elle; mais la flamme d'une chandelle la » chasse & la repousse vers le globe.

» 2°. Si l'on suspend un fil au-dessus du globe d'électricité, » en sorte qu'il ne le touche point, & qu'on approche le doigt » du bout inférieur de ce fil, on verra le fil s'éloigner du doigt.

Pour comparer ces phœnomenes à ceux du mouvement de la Sensitive, il faut considérer cette plante comme la plume dans la première expérience, électrisée par le globe. Elle n'est point repoussée de la terre, parce qu'elle y tient fortement par les racines, & semblable à la plume, elle s'en éloigne dans la tension de ses feuilles & s'en éloigneroit tout-à-fait, sans ses liens invincibles. Mais par l'attouchement d'un corps, la partie touchée se replie vers la terre, comme on voit ici dans la partie B. de la plante: elle est ensuite repoussée, & cette plante est remise dans son état naturel, par l'électricité.

Par la deuxième expérience, un fil suspendu au-dessus d'un globe électrique, comme je suppose la terre, est un fil électrisé. Il le seroit de même, & encore plus, s'il pouvoit pénétrer le globe; mais le globe l'entraîneroit, & on ne pourroit pas faire l'expérience. Il s'éloigne du doigt quand on veut le toucher, tout comme s'éloignent les feuilles de la Sensitive.

Ces deux expériences suffisent pour faire concevoir les effets électriques de la Sensitive attachée au globle terrestre, qui électrise cette plante plus que les autres, ou qui est plus sujette à perdre son électricité; puisque les autres plantes qui croissent par la même électricité que celle qui pénètre la Sensitive, sont plus roides & moins sujettes à perdre la force qui les anime. Aussi la Sensitive est-elle d'une constitution extrèmement délicate & d'une texture bien fine, elle meurt & se fane entièrement lorsqu'on la sépare de la terre; ce qui n'arrive pas dans les autres plantes que l'on conserve long-temps dans l'eau après les avoir arrachées.

Je crois la définition des effets de la Sensitive, par le moyen de l'électricité que j'admets, plus méchanique que celle d'une prétendue vie sensitive qui n'est appuyée sur rien que sur des idées. Et au contraire, la vraisemblance par la comparaison des causes d'un tel phœnomene avec les expériences de notre électricité, peut appuyer la cause générale que j'admets de l'électricité continuelle & journaliere de la terre.

Je vais m'écarter un peu de mon sujet, en ce qui concernent particulierement & directement la Botanique dans les effets de l'électricité, pour appuyer mon sentiment sur la prompte désélectrisation des corps électrisés à la rencontre des corps non électrisés.

Les expériences électriques nous démontrent qu'un corps électrisé par la boule en rotation, & isolé comme un homme monté sur un gâteau de résine, ou un corps animal ou métallique, se remplit d'électricité, & ensuite la force électrique que lui impulsent continuellement les particules du feu, oblige ces particules de se former un passage pour se perdre dans l'air, à travers les pores du corps électrisé, & cette dissipation est insensible, si le corps dont il est question, n'est hérissé d'aucune pointe aiguë, ni d'aucun conduit qui puisse réunir une certaine quantité de parties de feu pour produire la lumiere.

Dans les animaux, par exemple, l'expérience de la *Béatification*, d'après M. Bose, répétée par M. Delor, n'a réussi que sur un homme bien velu, M. Delor l'ayant mis tout nud sur un gâteau de résine, ses poils servoient de canal à la matiere électrique, c'est-à-dire au feu, & dans l'obscurité, il paroissoit environné de lumiere, ce qui n'arrivoit pas à toute autre personne chauve ou raze.

Un conducteur de fer suspendu avec des cordons de soie, s'il est affilé & aigu par le côté opposé au globe électrique, il s'y forme à l'extrémité une aigrette de lumiere fort belle & très-distincte, au lieu que s'il est quarré ou totalement applati par le bout, on ne voit point de lumiere dans l'obscurité, quoique la répulsion soit toujours établie autour du corps électrisé par la sortie continuelle des parties de feu. Voilà le premier axiome que l'on doit tirer des effets électriques. C'est-à-dire, *que les corps isolés & électrisés, donnent & perdent en même-temps une impulsion de feu égale, qui forme à l'entour de leur surface, une atmosphere électrique: mais qui ne se manifeste en corps lumineux, que quand cette impulsion peut être réunie en un faisceau, par les parties de ce corps dirigées en pyramide ou en pointe.*

En second lieu, si un corps électrique tel que l'un de ceux dont nous venons de parler, est raz ou mousse & applati dans toutes ses surfaces, planes ou convexes, comme seroit un Boulet de fer électrisé & isolé sur le gouleau d'une bouteille de verre, & que l'on approche une pointe de fer ou le doigt, de ce corps électrisé, toutes les parties de feu électrique se réunissent vers le point de l'attouchement ou de l'approche de la pointe métallique que l'on tient à la main, ou du doigt, & sortent impétueusement de cet endroit, pour former une lumiere ou une étincelle avec bruit, par la précipitation des parties de feu qui se fait dans ce moment, & alors le corps se désélectrise beaucoup & perd la force active de son atmosphere. Ne servant plus que de conducteur d'électricité, il est si vrai que l'approche d'un corps capable de recevoir l'électricité, occasionne & ouvre subitement le passage des parties de feu dont un corps électrisé surabonde, lorsqu'il est isolé, que non-seulement ces parties forment tout aussi-tôt une lumiere ou une étincelle, comme nous venons d'observer; mais si le corps que l'on approche de celui qui est déja électrisé, est aussi électrisé, & que deux corps électrisés se rencontrent, il se forme un choc si violent, qu'il est capable de très-grands effets, comme dans l'expérience de Leyde ou de la commotion. C'est là le second axiome sur quoi est fondée toute l'électricité, c'est-à-dire, que *les Corps isolés & électrisés perdent en partie leur force d'électricité par l'attouchement & l'approche des corps capables de recevoir l'électricité & non électrisés.*

Ceci n'est point si éloigné des causes du mouvement de la Sensitive, & on peut par ce fragment de mon électricité générale, concevoir aisément que la Sensitive peut être désélectrisée par l'attouchement dans la partie où l'on porte le doigt ou tout autre corps.

La Campanule

PLANTES D'USAGE.

LA CAMPANULE PYRAMIDALE. (1ere *Plan.*)* *Campanula pyramidata, altissima* Tourn. * *Rapunculus hortensis, latiore folio seu pyramidalis. C. Bauh. Pin. 93.* * *Campanula pyramidalis. Linn. 7.*

La Campanule est une Plante commune ; mais il y en a d'une si grande quantité d'especes différentes, comme l'on va voir ci-après, que nous sommes obligés d'en former deux Tables, & de donner au moins deux Planches, où nous représenterons les plus belles especes. Celle que nous joignons ici est la Campanule pyramidale ; elle se cultive dans les Jardins, & sert à l'ornement des Parterres. Sa racine est comme celle de la Réponce, & on pourroit en faire le même usage. M. LEMERY, parlant de cette plante, rapporte une expérience bien opposée au sentiment des Oviparistes, c'est-à-dire, de ceux qui prétendent que le germe est la plante toute entiere, qui contient des fruits qui ont d'autres germes, &c. Cette expérience peut encore détruire les systêmes Sexuels. *On donnera la dissection à la 2e planche.*

EXPÉRIENCE
Sur la génération des Plantes.

LEMERY, *Dictionnaire Universel,* &c. *pag.* 169. » Si » après avoir retiré de la terre la racine de la Campanule, » on la coupe par tranches, ou par ruelles, à l'épaisseur » de trois ou quatre lignes, & qu'on remette ces ruelles » séparément en terre, elles produiront chacune une » plante de la même espèce : c'est une expérience que » M. MARCHAND, après l'avoir faite, a rapportée à l'A-» cadémie Royale des Sciences. «

Si la plante entiere étoit contenue dans le germe, & qu'elle ne fût que développée ; en la semant dans la terre avec la graine, ou l'amande qui la porte, elle ne sçauroit être toute entiere dans chaque partie de la plante, & encore moins dans la racine. Ce n'est pas là ce que prétendent non plus les Oviparistes ; ils disent que le poulet est tout entier dans l'œuf, & qu'il ne fait que se développer par l'activité de la semence du mâle qui le vivifie ; mais que le poulet n'est pas tout entier dans toutes les parties de la poule.

D'un autre part, si le systême Sexuel a lieu, c'est-à-dire, que la plante ne se reproduise que lorsque le germe est déposé par les étamines dans le pistile ; il est très-certain qu'en renouvellant la plante, & la multipliant par les morceaux de sa racine, on n'a pas eu besoin des étamines, & qu'on ne peut pas supposer ici que leur poussiere ait voltigé jusque dans la racine. Je crois cet exemple suffisant pour tout renverser. L'ail & la pomme de terre se multiplient également par leurs graines, comme par les gousses & les morceaux qui forment leurs racines, ainsi que les anémones, les renoncules, & une infinité d'autres racines où l'étamine n'a aucune part ; mais sur tout ici dans la racine de la Campanule. Que peut-on répondre ?

TOURNEFORT.

CAMPANULA est *plantæ genus, Flore monopetalo, campaniformi & multifido : cujus Calyx abit in fructum membranaceum in tria vel plura loculamenta divisum, in quorum commissurâ axis positus est, tribus plancentis instructus, quibus adhærescunt plurima semina in nonnullis speciebus minutissima, in aliis plana, ovata, annulo veluti cincta. Hæc autem spargi solent per foramen singulis loculamentis proprium.*

Capanulæ species sunt.

CAMPANULA maxima, *foliis latissimis, flore cæruleo. Maxima foliis latissimis, flore albo.* * *Maxima foliis latissimis flore cinereo. C. B. 94.* * *Maxima foliis latissimis, flore suavè-rubente.* * *Maxima foliis latissimis, altera. H. R. Par.*

CAMPANULA vulgatior, *foliis urticæ vel major & asperior.* * *Vulgatior, foliis urticæ vel major & asperior flore dilutè purpureo.* * *Vulgatior, foliis urticæ vel major & asperior, flore candido. C. B. Pin. 94.* * *Vulgatior, foliis urticæ, flore duplici cæruleo, interdum triplici aut quadruplici.* * *Vulgatior, foliis urticæ, flore duplici albo. H. R. Par.*

CAMPANULA urticæ foliis oblongis, minus asperis. *C. B. Pin. 94.* * *Urticæ foliis oblongis, minus asperis, flore albo. H. L. Bat.*

CAMPANULA pyramidata, *altissima.* Tourn. * *Pyramidalis minor. P. alp. Exot.* 340. * *Pyramidata echioides, C. B.*

CAMPANULA alpina, *glabra, flore dilutissimè cæruleo. J. B. 2. 804.* * *Alpina folio longiori, lucido.* * *Alpina sphærocephalos, folio rotundiori, hirsuto.* * *Alpina Teucrii folio angulato.* * *Alpina pubescens, spicâ florum pyramidatâ.* * *Alpina altissima hirsuta, parvo flore.* * *Alpina minor, florum spicâ pyramidatâ.* * *Alpina pumila, repens, maximo flore. Tourn.* * *Alpina sphærocephalos.* * *Alpina tragopogi folio.* * *Alpina latifolia, flore pullo. C. Bauh. Pin. 93. 94.* * *Alpina linifolia cærulea.* * *Alpina rotundifolia, minor. C. B. Prodr. 34.*

CAMPANULA hortensis, *rapunculi radice.* * *Hortensis folio & flore oblongo, cæruleo.* * *Hortensis folio & flore oblongo, subalbido.* * *Hortensis folio & flore oblongo, lacteo.* * *Hortensis folio & flore oblongo, purpureo. C. B. Pin. 94.* * *Hortensis folio & flore oblongo, ex albo & violaceo maculatim commixto.* * *Hortensis folio & flore oblongo ex albo & violaceo radiatim commixto.* * *Hortensis folio oblongo & flore pleno, cæruleo. Tourn.*

CAMPANULA pratensis, *flore conglomerato.* * *Pratensis, floribus singularibus per caulem sparsis. C. B. Pin. 94.* * *Pratensis flore conglomerato albo.* * *Pratensis flore per caulem sparso. H. R. Par.*

CAMPANULA arvensis erecta. *H. L. Bat.* * *Arvensis procumbens.* * *Arvensis erecta flore albo.* * *Arvensis minor, siliqua ampliori. Tourn.*

CAMPANULA persicæ folia. *Clus. Hist. CLXXVI.* * *Persicæ folia, flore albo. Eist.* * *Persicæ folia flore cæruleo pleno.* * *Persicæ folia, flore albo pleno. Tourn.*

CAMPANULA minor, *rotundifolia vulgaris.* * *Minor rotundifolia vulgaris, floribus candidis.* * *Minor rotundifolia, flore in summis cauliculis. C. B. Pin. 93.* * *Minor annua foliis incisis. Mor. Hist. Oxon. Part. 2. 448.* * *Minor annua foliis incisis, flore albo. Cat. H. Amstel.* * *Minor Americana, foliis rigidis, flore cæruleo patulo. H. L. Bat.* * *Minor Americana foliis rigidis, flore albo patulo. H. L. Bat.*

CAMPANULA rotundifolia minima. *C. B. Pin. 93.* * *Rotundifolia cætana, longiùs radicata. Becc. rarior. plant. 54.* * *Rotundifolia parva, flore cæruleo, pentagono, grandi, Raj. Hist. 741.* * *Angustifolia pumila, monanthos lusitanica.* * *Foliis Echii, floribus villosis. C. B. Pin. 94.* * *Foliis Anchusæ, floribus oblongis. C. B. Pin. 94.* * *Foliis oblongis, umbelata, hispidis.* * *Echii folio, saxatilis, flore magno. Tourn.* * *Foliis subrotundis. C. B. prodr. 35.* * *Lampsanæ folio, magno flore.* * *Linifolia, rara, flore cæruleo. S. B. 2. 797.*

CAMPANULA nemorosa angustifolia, *magno flore major.* * *Nemorosa angustifolia, magno flore minor.* * *Nemorosa angustifolia, parvo flore. Tourn.*

CAMPANULA radice esculentâ flore candicante. * *Radice esculentâ, flore cæruleo. H. L. Bat.*

CAMPANULA Canariensis, *atriplicisfolio, tuberosa radice. Tourn.* * *Media foliis inferius candidâ lanugine vestitis. C. B. Pin. 94. Flore minore, albicante, ramosior. Mor. Hist. Oxon. Part. 2. 456.* * *Hispanica foliis incisis, flore oblongo. Tourn.* * *Hirsuta Bellidis folio. Pluk. Phytog. Tab.*

153. *fig. 5.* * *Cretica, saxatilis, Bellidis folio, magno flore.* * *Cymbalariæ foliis vel folio Hederaceo.* * *Serpilli-folia. C. B. Pin.* 93. *Drabæ minoris folii. C. B. Pin.* 93 & 94. * *Hirsuta ocimi-folio, caulem ambiente, flore pleno. Bocc. rarior. plant.* 83.

CAMPANULA pentagonia *flore amplissimo, Thracica.* * *Pentagonia perfoliata. Mor. Hist. Oxon. Part.* 2. 457.

Campanula nomen invenit à Campanâ in Elementis Botanices. Campanulam à medio loculamentorum numero distinguendam existimavi ; verùm non ità pridem nonnullarum specierum Campanulæ fructus, modò in terna, modo verò in quina loculamenta dividi observavi.

L I N N Æ U S.

CAMPANULA. 161. Calyx *Perianthium quinque. Partitum, acutum, erecto-patens, germini impositum.* Corolla. *Petalum campanulatum, basi impervia patula, erectum, semiquinque fidum : marcessens, laciniis latis, acutis, patulis, Nectarium in fundo corollæ, constructum valvulis quinque, acutis, conniventibus.* Stamen. *Filamenta quinque capillaria, brevissima, inserta valvularum Nectarii apicibus, Antheræ filamentis longiores, compressæ.* Pistilum. *Germen angulatum, infra receptaculum.* Stylus *filiformis, staminibus longior.* Stigma *tripartitum, oblongum, crassiusculum, laciniis revolutis.* Pericarpium, *capsula subrotunda, angulata, triquinqueve-locularis, totidem foraminibus lateralibus emittens semina.* Semen, *numerosa parva*, receptaculum, *columnare adnatum.*

OBS. *Pericarpii figura indeterminata est.*

TRACHELII Raj. *Pericarpium villosum scabrum, triloculare.*

RAPUNCULI Raj. *Pericarp. glabrum ovatum, triloculare.*
MEDII KN. *Peric. valvis,* 5 *tectum quinqueloculare.*
SPECULI VENERIS Raj. *Peric. columnare prismaticum triloculare.*

Campanulæ species sunt.

* Foliis lævioribus angustioribus.

1. CAMPANULA (*uniflore.) *caule unifloro, calyce corollam æquante. Fl. lapp.* 85. *t.* 9. *f.* 5, 6. *Fl. Suec.* 177, 185.
Habitat in alpibus lapponicis. (Perennes.)

2. CAMPANULA (* Pulla.) *caulibus unifloris, foliis caulinis, ovatis, crenatis, calycibus cernuis.*
Campanula *alpina latifolia, flore pullo. Bauh. Pin.* 93. *prodr.* 33. *Burs. IV.* 21.
Campanula *foliis subrotundis. Bauh. prodr.* 34. *t.* 35.
Habitat in Austria.
Radix filiformis, repens. Caules spithamæi, erecti, flexuosi, filiformes, raro ramo uno alterove, eoque florifero. Folia radicalia & caulina ovata, obtusa, subcrenata crenis distantibus, nuda, petiolata. Pedunculus terminalis. Flos cernuus, magnitudine C. rotundifoliæ, Calyce lævi. Floribus pluribus in summitate caulis variat.

3. CAMPANULA (*Rotundifolia.) *foliis radicalibus uniformibus, caulinis linearibus. Fl. Lapp.* 83. *Fl. Suec.* 176. 184. *Hort. Cliff.* 65. *Roy. Lugdh.* 247. *Dalib. Parif.* 66.
Campanula *minor rotundifolia vulgaris. Bauh. Pin.* 93.
Campanula *minor rotundifolia alpina. Bauh. Pin.* 93. *prodr.* 34, *t.* 34.
Campanula *alpina linifolia cærulea. Bauh. Pin.* 93. *F. Lapp.* 84, *it. Gotl.* 229, *magn. monsp.* 47. *t.* 46.
Habitat in Europæ pascuis (perennes).

4. CAMPANULA (* Patula.) *foliis strictis : radicalibus lanceolato-ovalibus, panicula patula. Fl. Suec.* 2, *n.* 186.
Campanula *minor rotundifolia, flore in summis caulibus. Bauh. Pin.* 93.
Campanula *esculenta facie, ramis & floribus patulis. Dill. Elth.* 68, *t.* 58. *f.* 68.
Campanula *decurrens, foliis caulinis lanceolatis serratis decurrentibus. Fl. Suec.* 1, *n.* 178.

Habitat in Angliæ, Sueciæ arvis. (*biennes*)
Calyx ad basin laciniarum utrinque denticulo livido.

5. CAMPANULA (* Rapunculus) *foliis undulatis, radicalibus lanceolato-ovalibus, panicula coarctata. Hort. Usp.* 40.
Campanula *foliis radicalibus lanceolato ovalibus, caule ramosissimo patulo. Hort. Cliff.* 65. *Dalib. Parif.* 68.
Rapunculus *esculentus. Bauh. Pin.* 92.
Rapunculus. *Dod. Pempt.* 163.
Habitat in Helvetia, Anglia, Gallia, (Biennes).
Folia lanceolata. Racemus terminalis, rami similes, breviores erecti. Pedunculi terni sæpius, inter medio longior. Caulis angulatus, scaber.

6. CAMPANULA (* Decurrens.) *foliis radicalibus obovatis, caulinis lanceolato-linearibus subserratis sessilibus remotis. Fl. Suec.* 179, 187. *Dalib. Parif.* 67.
Campanula *foliis lineari lanceolatis crenatis, caule longissimo simplicissimo floribus raris. Vir. Cliff.* 17. *Hort. Cliff.* 65. *Roy. Lugdh.* 246.
Rapunculus *persicifolius, magno flore. Bauh. Pin.* 93.
Rapunculus *nemorosus angustifolius, magno flore, major. Bauh. Pin.* 93.
Habitat in Europæ septentrionalis asperis (perennes).

7. CAMPANULA (* Pyramidalis.) *foliis ovatis glabris subserratis caule erecto paniculato : ramulis brevibus.*
Campanula *foliis ovatis glabris obsolete serratis, ramis brevissimis cauli approximatis. Vir. Cliff.* 17. *Roy. Lugdh.* 246.
Campanula *foliis ovatis margine cartilagineo crenatis, caule ramosissimo angustato. Hort. Cliff.* 64.
Rapunculus *hortensis, latiore folio, S. pyramidalis. Bauh. Pin.* 93.
Habitat . . . (biennes)

8. CAMPANULA (* Americana.) *foliis cordatis lanceolatisque, petiolis ciliatis, floribus secundis, corollis quinquepartitis planis.*
Campanula *caule ramoso, foliis linguiformibus crenulatis, margine cartilagineo. Roy Lugdh.* 246.
Campanula *minor Americana, foliis rigidis, flore cæruleo patulo. Herm. Lugdh.* 107.
Trachelium *Americanum minus, flore cæruleo patulo. Dodart. mem.* 4. *p.* 111. *t.* 111.
Habitat in Pensylvania (biennes).

9. CAMPANULA (* Lilifolia.) *foliis lanceolatis : caulinis acute serratis, floribus paniculatis nutantibus. Hort. Upf.* 41.
Campanula *urticæ foliis glabra, floribus minoribus pendulis. Amm. Ruth.* 11. *n.* 17.
Habitat in Tartaria, Siberia (biennes).

10. CAMPANULA (* Rhomboidalis) *foliis rhomboidibus serratis, spica secunda.*
Campanula *foliis rhomboidibus serratis, spica unilaterali subnuda. Holl. Helv.* 491.
Campanula *drabæ minoris foliis. Bauh. Pin.* 94. *prodr.* 36.
Rapunculus *Teucrii folio. Barr. rar.* 78. *t.* 567.
Rapunculus *alpinus, (Teucrii folio) rhomboidalis. Bocc. muf.* 75. *t.* 61.
Habitat in alpibus Helvetiæ, Italiæ.

** Foliis scabris latioribus.

11. CAMPANULA (* Latifolia.) *foliis ovato-lanceolatis, caule simplicissimo tereti, floribus solitariis pedunculatis fructibus cernuis. Vir. Cliff.* 17. *Hort. Cliff.* 65. *Fl. Suec.* 180, 188. *Roy. Lugdh.* 245.
Campanula *maxima, foliis latissimis. Bauh. Pin.* 94.
Habitat in Angliæ, Sueciæ montosis sepibus. (perennes).
Caulis simplicissimus teres. Folia lanceolato-ovato, serrata. Flores ex alis superioribus, solitarii, pedunculati. Calyces glabri. Fructus cernui.

Le reste pour la Planche suivante.

La Valeriane Grecque
Gautier

PLANTES D'USAGE.

A. LA Valeriane Grecque, (premiere Planche.) *Polemonium vulgaræ, ceruleum Tourn.*
B. La Valeriane Grecque, à fleur blanche. *Pomelium vulgare, albun, Tourn.*
C. La grande Valeriane, (seconde Planche.) *Valeriana major, odoratâ radice J. B. 3.* part. 2. 209. D. La Valeriane des prés, ou la petite Valeriane; *Valeriana palustris minor,* C. B. Pin. 164.

Nota, La seconde Planche de la présente Table sera dans la deuxiéme quarantaine, ainsi que la suite de la Table, & la Fleur disséquée.

Les Valerianes sont ainsi nommées de *Valere,* c'est-à-dire avoir de grandes vertus. Or y donne aussi le nom de *Phu,* mot tiré du Grec, qui signifie odeur forte, à cause de celle de sa racine. La grande Valeriane croit dans les fonds & terres grasses, autour du Lyonnois, & fleuri en Mai jusques en Août. La Valeriane sauvage a ses feuilles comme la Valeriane Grecque, & les fleurs de même que la précédente : elle croit dans les lieux marécageux & humides. La petite Valeriane vient aux montagnes dans les endroits humides, elles fleurissent toutes dans la même saison.

TOURNEFORT.

VALERIANA *est plantæ genus flore* A, B, *monopetalo, infundibuliformi, multifido, & calyci* C, D, *insidente, qui deinde abit in semen ut plurimùm oblongum, ferè planum, E F, pappis instructum,* G. H.

Valerianæ species sunt:

Valeriana maxima, *Pyrenaica, cacaliæ folio* D D *Fagon.* Nard de montagne de leon, *Lugd. Gall.* 805.

Valeriana alpina, *foliis integris, radice repente, inodora Raü Hist.* 389.

Valeriana palustris, *media, parùm laciniata,* C. B. Pin. 164. *Valeriana palustris, inodora, parùm laciniata,* C. B. prodr 86.

Valeriana alpina, *prima* C. B. Pin. 164. prodr. 86. *Valeriana alpina,* J. B. 3. part. 2. 208.

Valeriana alpina, *altera* C. B. Pin. 164. *Valeriana silvestris, alpina, latifolia Clus. Hist.* lvj.

Valeriana alpina, *scrofulariæ folio* C. B. Pin. 164. prodr. 87. *Valeriana alpina folio scrofulariæ* J. B. 3. part. 2. 208.

Valeriana montana, *subrotundo folio* C. B. Pin 165. *Valeriana montana, Lugd.* 1127.

Valeriana alpina, *nardo celticæ similis,* C. B. Pin 165. *Valeriana minima, nardi-folia* J. B. 3. part 206. *Valeriana silvestris, alpina, ij, saxatilis Clus. Hist* lvj.

Valeriana cretica, *filipendulæ radice : Nardus cretica : filipendulæ radice,* C. B. Pin. 165. *Nardo tuberoso di Candia pon. Bald. ital.* 125.

Valeriana celtica *Nardus celtica Dioscoridis,* C. B. Pin. 165. *Nardus celtica,* J. B. 3. part. 2. 205. *Nardus alpina, Clus. Hist* lvij.

Valeriana rubra, C. B. Pin. 165. *Dod. pempt.* 351. *Valeriana rubra, latifolia,* J. B. 3. part. 2. 211.

Valeriana marina, *angustifolia sive minor, rubra. Mor. umb.* Valeriana rubra, *angustifolia,* C. B. Pin. 165. J. B. 2. part. 2. 211.

Valeriana marina, *latifolia sive major, alba, Mor. umb.* Valeriana marina, *angustifolia sive minor, alba. Mor. umb.*

Valeriana hortensis, *Phû folio olusatri Dioscoridis* C. B. Pin 164. *Valeriana major, odoratâ radice* J. B. 3. part. 2. 209. *Valeriana hortensis, Dod. pempt.* 349. grande Valeriane.

Valeriana silvestris, *major,* C. B. Pin. 164. *Valeriana silvestris, magna, aquatica,* J. B. 3. part. 2. 210. *Valeriana silvestris, Dod. pempt.* 349.

Valeriana silvestris, major, *altera, folio Lucido,* H. R. Par.

Valeriana palustris, *major,* C. B. Pin. 164. *Valeriana palustris, major, profunde laciniata,* C. B. prodr 86.

Valeriana palustris, *minor,* C. B. Pin. 164. *Valeriana minor, pratensis vel aquatica,* J. B. 3. part. 2. 211. *Valeriana minima, Dod. pempt.* 350.

Valeriana aquatica, *minor, flore minore, Raij, Hist.* 389.

Valeriana alpina, *minor,* C. B. Pin. 165. *Nardus montana, radice olivari ejusd. Pin.* 165. *Nardus montana, radice oblonga, ejusd.* P. 165.

Valeriana foliis calcitrapæ, C. B. 164. *Valeriana annua, altera, Clus. Hist.* lüij.

Valeriana lusitanica, *latifolia, annua, laciniata.*

Valeriana à Valerio quodam seu potius à voce latina valeo ; *quod viribus eximiis Valere existimetur.*

Valerianæ species quo tempore floribus & semine carent ; radice odoratâ, foliis glabris, ad nodos caulium geminis vulgò dignoscuntur.

LINNÆUS.

37 VALERIANA * *Valeriane, Tournef.* 52. *Vaill.* A, G, 1722. *Valerianella, Mache.Tournef.*aill.Valerianoides vaill.

Calix *vix ullus. Margo germen coronans. Corolla ; petalum unicum. Tubus à latere inferiori, hinc gibbus, mel continens. Limbus quinquefidus, laciniis obtusis. Stamina, tria vel pauciora, subulata, erecta, longitudine corollæ. Antheræ subrotundæ. Pistillum. Germen infra receptaculum. Stylus filiformis longitudine staminum. Stigma crassiusculum. Pericarpium. Capsula non dehiscens, decidua, conorata. Semen. solitaria, oblonga.*

Obs. *mira in hocce genere partium fructificationis inconstantia quoad numerum & figuram in diversis speciebus observatur, E. gr. Calycis margo in quibusdam vix notabilis, in aliis quinquefidus. Corollæ tubus in aliis oblongus, in aliis calcare mellifero instructus, in aliis brevissumus. Limbus in aliis æqualis, in aliis bilabiatus, labio superiori bifido. Stamina in aliis tria, in diformibus duo, in aliis unicum ; in aliis sexu distincta. Pistilli Stigma in aliis trifidum, in aliis emarginatum ; in aliis Globosum. Pericarpium in aliis fere nullum, in aliis capsula crassa, in aliis biloculare. Sem. in quibusdam pappo coronata, in aliis capsulâ tecta ; figura varia.*

Valerianæ spices sunt.

1. VALERIANA (* Rubra) *floribus monandris caudatis, folia lanceolatis integerrimis, Hort. Cliff.* 15. *Hort. upf.* 14. *Roy. Lug.* 235. *Dalib. Parif.* 12.

Valeriana rubra *Bauh. Pin.* 165.

Valeriana marina, *latifolia major rubra, Morif. Hist.* 3. p. 102. f. 7. t. 14. f 15.

Valeriana rubra *angustifolia. Bauh. Pin.* 165. prodr. 88. j. *Bauh. Hist.* 3. p. 211.

Habitat in Galliæ, Helvetiæ, Italiæ, Orientis ruderatis. (Perennes.)

2. VALERIANA (* Calcitrapa) *floribus monandris, foliis pinnatifidis Hort. Upf.* 14.

Valeriana foliis pinnato laciniatis *floribus monandris. Virid. Cliff.* 4. *Hort. Cliff.* 16. *Roy. Ludgb.* 235. *Sauv. Monsp.* 275.

Valeriana foliis calcitrapæ, *Bauh. Pin.* 164. *Morif. Hist.* 3. p. 101. f. 7. t. 14. f. 7.

Valeriana silvestis, *foliis tenuissime divisis. Bauh. Pin.* 165.

Valeriana annua, *s. æstiva. Clus. Hist.* 2. p. 54.

Habitat in Lusitania, oriente. (Annuas.)

3. VALERIANA (* Cornucopiæ) *floribus diandris ringentibus, foliis ovatis sessilibus. Hort. Cliff.* 15. *Hort. Upf. Roy. Lugdh.* 235.

Valeriana peregrina *purpurea albave. Bauh. Pin.* 164. prodr. 87.

Valeriana indica. *Clus. Hist.* 2. p. 54.

Pseudo-Valeriana, *cornucopioides annua purpurea. Morif.
Hist. 3. p. 104. f. 7. t. 16. f. 27.*
Habitat in Americæ, Mauritaniæ, Siciliæ, Hispaniæ arvis.
(*Annuas.*)
4. VALERIANA (*Dioica.) floribus triandis dioicis, fo-
liis pinnatis integerrimis.*
Valeriana dioica. *It. æl. 46. Fl. Svec. 31. 35. Dalib.
Parif. 11.*
Valeriana foliis caulinis *pinnatis, sexu distincta. Hort.
Cliff. 16.*
Valeriana foliis caulinis *pinnatis, polygama. Vir. Cliff.
5. Roy. Lugdb. 235.*
Valeriana paluftris *minor. Bauh. Pin. 164.*
Valeriana paluftris, *inodora parum laciniata. Bauh. Pin. 86.*
Valeriana alpina *minor. Bauh. Pin. 165. prodr. 87.*
Valeriana pratenfis *minor. Morif. Umb. t. 10. d. e.*
Habitat in Europæ & Orientis campis uliginofis. (Perennes.)
5. VALERIANA (*Officinalis.) floribus triandris, foliis
omnibus pinnatis. Mat. Med. 21. Hort. Cliff. 15. F. Svec. 30.
34. Roy. Lugdb. 234. Dalib. Parif. 11.*
Valeriana paluftris *major. Bauh. Pin. 164. prodr. 86.*
Valeriana filveftris *major. Bauh. Pin. 164. Fl. Lapp. 13.*
Valeriana filveftris. *Dod. Pempt. 349.*
Habitat in Europæ nemoribus paludofis. (Perennes.)
6. VALERIANA (*Phu.) floribus triandris, foliis caulinis
pinnatis; radicalibus indivifis. Hort. Upf. 13. Mat. Med. 22.*
Valeriana foliis infimis integris; proximis laciniatis: cau-
linis pinnatis. *Hort. Cliff. 15. Roy. Lugdb. 234.*
Valeriana hortenfis. *Bauh. Pin. 164.*
Habitat in Alfatia. (Perennes.)
*Caule non fulcato & foliolis exterioribus majoribus a V.
officinali & jam differt.*
7. VALERIANA (*Tripteris.) floribus triandris, foliis
dentatis: radicalibus cordatis; caulibus ternatis ovato oblongis.*
Valeriana floribus triandris, *foliis radicalibus cordatis,
aliis laciniatis. Sauv. Monfp. 276.*
Valeriana alpina *prima. Bauh. Pin. 165. prodr. 86. t. 86.*
Valeriana alpina *altera. Bauh. Pin. 165.*
Valeriana alpina *minor, planta palmaris. Pluk. Alm.
380. t. 231. f. 7.*
Valeriana minima *, planta uncialis. Pluk. Alm. 380.
t. 231. f. 8.*
Habitat in Alpibus, Helvetiæ. (Perennes.)
Involucra propria funt diphilla, fetacea.
8. VALERIANA (*Montana.) floribus triandris, foliis
ovato-oblongis fubdentatis, caule fimplici.*
Valeriana foliis omnibus integris, *ex ovato-acuminatis
leviter dentatis. Hall. Helv. 664. It. 8.*
Valeriana montana, *fubrotundo folio. Bauh. Pin. 165.*
Valeriana alpina, *fcrophulariæ folio. Bauh. Pin. 164.
prodr. 87. ** *
Nardo celticæ *fimilis inodora. Bauh. Pin 165.*
Habitat in Alpibus Helveticis, Rhæticis, Pyrenæis. (Perennes.)
9. VALERIANA (*Celtica) floribus triandris, foliis ova-
to-oblongis obtufis integerrimis. Mat. Med. 23.*
Valeriana foliis ovatis *obtufis minime dentatis. Hall.
Helv. 664.*
Nardus *ex apulia. Bauh. Pin 165.*
Nardus *celtica Diofcoridis. Bauh. Pin. 165.*
Nardus *celtica altera. Bauh. Pin. 166.*
Nardus *celtica. Bauh. Hift. 3. p. 205.*
Spica celtica *, faftigio flofculorum ordine diferens, Cam.
Epit. 14.*
Habitat in Alpibus, Helvetiæ, Valefiæ. (Perennes.)
10. VALERIANA (*Tuberofa) floribus triandris, foliis
lanceolatis integerrimis: caulinis Baffi pinnatis.*
Nardus montana, *radice olivari, Bauh. Pin. 165.*
Nardus montana, *radice oblonga, Bauh. Pin. 165.*
Nardus montana, *longius radicata, Cam. Epit. 16.*
Habitat in Dalmatia, Sicilia, Galloprovincia. (Perennes.)
11. VALERIANA (*Saxatilis.) floribus triandris, foliis
fubdentatis: radicalibus ovatis, caulinis lineari lanceolatis.*
Valeriana alpina *, nardo celticæ. Bauh. Pin. 165.*

Valeriana filveftris *, alpina 2. Saxatilis Cluf. Hift. 1.
p. 56. bona.*
Valeriana alpina *, nardo celticæ fimilis, inodora. Pluk.
Alm. 380. t. 232. f. 2.*
Nardo celticæ *fimilis inodora. Bauh. Pin. 165. prodr.
88. Burf. VIII. 122.*
*Habitat in Alpibus, Siriæ, Auftriæ, Baldi, Montalbani
Italiæ.* (Perennes.)
12. VALERIANA (*Pyrenaica.) floribus triandris, foliis
caulinis cordatis ferratis petiolatis: fummis ternatis. Hort.
Cliff. 15. Roy. Lugdb. 235. Monnier. Obf. 235.*
Valeriana maxima Pyrenaica *, cacaliæ folio. Tournef.
inft. 131.*
Valeriana canadenfis. *Riv. Mon. 6.*
Valeriana orientalis *, alliariæ folio, flore albo, Buxh.
cent. 2. p. 19. t. 11.*
Habitat in Pyrenæis. (Perennes.)
13. VALERIANA (*Scandens.) floribus triandris, foliis
ternatis, caule fcandente, Læfl. It. 235.*
Habitat in Cumana.
14. VALERIANA (*Chinenfis.) floribus triandris, foliis
omnibus cordatis repando-lobatis.*
Habitat in China. Ofbeck.
*Caules herbacei, erecti, plufquam pedales, ramis floriferis
oppofitis; Folia oppofita, petiolata, glabra, cordata accuta
lobis lateralibus utrinque binis obtufis. Rami & caules termi-
nati umbellulis involucello cinctis. Semina nuda.*
15. VALERIANA (*Echinata.) floribus triandris regu-
laribus, foliis dentatis, fructibus linearibus tridentatis: extimo majore recurvo.*
Valeriana foliis dentato-ferratis *, pedunculis conicis, feminibus tridentatis, Sauv. Monfp. 130.*
Valerianella echinata *, Bauh. Pin. 165.*
Valerianella cornucopioides echinata. *Colum. Ecphr. 1.
p. t. 204. t. 206.*
Habitat in Italiæ, & Monfpelii umbrofis. Sauvages. (Annuas.)
*Caulis dichotomus. Folia lanceolata, feffilia, obtufa, den-
tata Flores e dichotomia, folitarii, feffiles. Fructus linearis,
apice tridentatus: dente, exteriore majore recurvo. Corolla
infundibuliformis, regularis, quinquefida, alba. Stigma trifidum. Summi flores in fpicas dichotomas, coadunatas, obtufas,
brateis & pedunculis incraffatas digefti; tanquam ex V. locufta
matre & V. cornucopioide patre prognata effet.*
16. VALERIANA (*Locufta.) floribus triandris, caule
dichomoto, foliis linearibus, Fl. Svec. 32. 36. Hort. Upf. 14.
Dalib. Parif. 12.*
Valeriana caule dichotomo; *foliis lanceolatis integris.
Vir. Cliff. 5.*
Valeriana (Olitoria.) *caule dichotomo, foliis lanceolatis
integris, fructu fimplici. Hort. Cliff. 16. Roy. Lugdb. 235.*
Valeriana campeftris inodora major *, Bauh. Pin. 165.*
Habitat in Æuropæ. (Annuas.)
Valeriana (Veficaria.) *caule dichotomo, foliis lanceo-
latis ferratis, calycibus inflatis. Hort. Cliff. 16. Roy. Lugdb.
235.*
Valeriana cretica *, fructu veficario. Tournef. Cor. 6 Bœrh.
Lugdb. 1. p. 75. t. 75.*
Habitat in Cretæ. (Annuas.)
Valeriana (Coronata.) *caule dichotomo, foliis lanceolatis
dentatis, fructu fexdentato. Hort. Cliff. 16. Roy. Lugdb 235.*
Valeriana femine ftellato *, Bauh. Pin. 165.*
Valerianella altera tenuifolia femine fcabiofæ ftellato.
Column. Ecphr. 1. p. 207. t. 209.
Habitat in Lufitaniæ. (Annuas.)
Valeriana (Dentata.) *caule dichomoto; foliis oblongis
fubferatis, feminis corona tridentata. Hall. Helv. 666. Dalib.
Parif. 12.*
Locufta major. *Riv. mon. 6.*
Habitat in Æuropæ Auftralioris. (Annuas.)
Valeriana (Radiata.) *caule dichotomo, capitulis termina-
libus in volucrò cinctis. Grou. Virg. 10.*
Valeriana marilandica *, foliis oblongis obtufis. Raj. Suppl.
3. p. 244.* (*Habitat in Marilandiæ Arvis.* (*Annuas.*)

le Fraisier velu des Bois

PLANTES D'USAGE.

(PLANCHE PREMIERE DES FRAISIERS.)

LE FRAISIER VELU DES BOIS. A. *Fragaria vulgaris. C. B. Pin.* 326. * *Fragaria ferens , Fraga rubra. J. B. Hist.* 2. 394. * *Fragaria , vesca , silvestris.* Linn. 1.

LE FRAISIER VELU CULTIVÉ B. *Fragaria foliis hispidis C. B. Pin.* 327. LE FSAISIER COUCOU. C. *Fragaria sterilis C. B. Pin.* 327.

Les Fraisiers naissent communément dans les bois en Europe, dans l'Asie mineure & dans l'Amérique septentrionale. On en trouve dans le Chili ; mais on n'est pas certain s'ils y sont venusnaturellement ou s'ils y ont été transportés de quelqu'autre contrée ; celui-ci porte des fruits de la plus grosse espèce : on trouve dans les marchés des Villes du Chili des fraises qui sont quelquefois grosses comme des œufs de poule , ordinairement elles sont comme des belles noix. Les Fraisiers de cette espèce qui ont porté des fruits en France, les ont faits moins gros ; mais ordinairement ils avortent , c'est ce qui a fait croire qu'il y en avoit des mâles & des femelles , ce que l'on va détailler ci-après. On nomme ces Fraisiers Frutiller , du nom Espagnol *Frutilla* , ou Fraisiers de *Chili*. Le Fraisiers *Ananas* est aussi d'une grosse espèce que l'on croit venir de la Louisiane ou de Virginie. Cette espèce ne dégénere point ici , ses fraises ont un goût d'ananas ; c'est ce qui leur a donné ce nom. Le Fraisier *Ecarlate* est aussi un Fraisier étranger ; il nous vient du Canada, ou , selon quelques-uns, de Virginie. A l'égard des autres espèces elles seront détaillées dans ce que nous allons dire selon les divers systêmes dans la suite de cette table & dans la suivante.

TOURNEFORT.

FRAGARIA *est plantæ genus , flore rosaceo plurimis scilicet Petalis in orbem positis constante : ex cujus Calyce multifide surgit Pistillum quod deindè abit in fructum ferè globosum , vel ovato-acuminatum , cujus Placentæ modò carnosæ , modò siccæ adhærescunt multa Semina. His notis addenda sunt folia terna , summo pediculo insidentia.*

Fragariæ species sunt.

FRAGARIA vulgaris. *C. B. Pin.* 326. * *Fragaria ferens. Fraga rubra. J. B. 2. 394. Fragaria & fraga Dod. pempt. 672.*

FRAGARIA vulgaris, *variegato folio. H. R. par.* *

FRAGARIA fructu albo. *C. B. Pin.* 326. * *Fragaria ferens Fraga alba. J. B. 2. 394.* *

FRAGARIA fructu parvi pruni *magnitudine. C. B. Pin.* 327. * *Fraga fructu magno Eyst. Capitons.*

FRAGARIA foliis hispidis. *C. B. Pin.* 327. * *Tertium Fragariæ genus. Trag. 500.*

FRAGARIA bis fructum *ferens. C. B. Pin.* 327. * *Quoddam. Fragariæ genus in Alpibus Bargeis , bis in anno fructificans. Cæsalp.* 554.

FRAGARIA flore luteo *C. B. Pin.* 327. * *Fragaria parva, luteo flore Gesn.*

FRAGARIA fructu rotundo , *suavissimo , flore duplici. H. R. par.*

FRAGARIA peregrina , *Hirsuta , fructu rubro , moschato. H. R. par.*

FRAGARIA virginiana , *fructu conccineo. Mor. Hist. Oxon. part.* 2. 186.

FRAGARIA. flore viridi. * *Fragaria arborea. con fiore herbaceo. Zan.* 97.

FRAGARIA sterilis *C. B. Pin.* 327. * *Fragaria silvestris minimè vesca sive sterilis. Lob. Icon.* 698. * *Fragaria non fragifera vel non vesca. J. B. 2.* 395.

FRAGARIA sterilis , *flore pleno Mentz. pug.*

FRAGARIA sterilis , *flore pleno, botryoïde Mentz. pug.*

FRAGARIA sterilis , *silvestris , sericea seu incana. Mor. Hist. Oxon. part.* 2. 187. * *Fragariæ affinis sericea incana. C. B. Pin.* 327. * *Pentaphylli effigie leucas quibusdam. J. B. 2.* 598. * *Incana pentaphylli effigie an leucas Dioscordis adv.* 307.

FRAGARIA sterilis , *incana. H. R. par.*

FRAGARIA sterilis Alpina , *caulesens. H. R. par.* * *Fragaria pentaphylli fructu. Mor. H. R. Bles.* * *Pentaphylloïdes Fragariæ folio. Bot. Monsp. app.*

FRAGARIA sterilis , *alpina , angustifolia.*

FRAGARIA Alpina major. *foliis argenteis , acutis , flore roseo.* * *Trifoglio argentato, alpino. Pon. Bald. Ial.* 222.

FRAGARIA Alpina *major , foliis argenteis obtusis , flore roseo.* * *Heptaphyllum trifoliatum , argenteum , montanum , italicum , longiùs radicatum , crassioribus & rotundioribus foliis. Bocc. mus. par.* 2. 20. * *Heptaphyllum , trifoliatum , argenteum , Italicum ejusd. Tab.* 8.

FRAGARIA Alpina *minor , foliis argenteis obtusis , flore roseo. Heptaphyllum argenteum , Alpinum , trifoliatum , longiùs radicatum , saxatile, Sabaudum , Bocc. Mus. part.* 2. 20. * *Heptaphyllum, alpinum , trifoliatum Sabaudum. ejud. Tab.* 9.

Fragaria , à fraganti (*ut aiunt*) *fructus odore.*

LINNÆUS.

486. FRAGARIA. * Fraisier , *Tournef.* 152. *Malp.* 208. *Calyx perianthium monophyllum , planum , semidecem-fidum : laciniis alternis. exterioribus , angustioribus. Corolla, Petala quinque , subrotunda, patentia , calyci inserta. Stamina , Filamenta viginti , subulata , corrolla breviora , calyci inserta. Antheræ lunulares. Pistillum germina numerosa , minima , in capitillum collecta. Styli simplices , lateri gern inis inserti. Stigmata simplicia. Pericarpium nullum. Receptaculum commune seminum rotundo-ovatum , basi planum , pulposum, molle , magnum , coloratum , deciduum. Semina , numerosa , minima , acuminata , per superficiem receptaculi sparsa , non decidua.*

Obs. Receptaculum commune bacca vulgò dicitur.

Fragariæ species sunt.

1. FRAGARIA (* vesca) *flagellis reptans. Hort. Cliff.* 192. *Hort. Ups.* 133. *Fl. Svec.* 414 , 450. *Mat. Med.* 245. *Roy, Lugdh.* 214. *Hall. Helv.* 243.

Fragaria (*silvestris*) *vulgaris : Bauh. Pin.* 326. *Fl Lapp.* 209. *Gron. Ving.* 56.

Fragaria fructu albo. Bauh. Pin. 326.

Fragaria (*pratensis*) *fructu parvi pruni magnitudine. Bauh. Pin.* 327.

Fragaria (*chiloensis*) *fructu maximo foliis carnosis hirsutis. Dill. Elth.* 145. *t.* 120. *f.* 146.

Habitat in Europæ borealis sterilibus , (*Perennes.*)

Varietas F. pratensis , quæ in hortis sativa audit , distinguitur Bacca à calyce non sponte secedento , & ejusdem scrobiculis pro singulis seminibus.

2. FRAGARIA (* muricata) *caule erecto suffruticoso , foliis hirsutis.*

Fragaria *arborea , flore herbaceo. Zan. hist.*

Fragaria *major vesca , flore herbaceo.* Moris. hist. 2. p.
186.

   Habitat in . . . . (fruticantes.)
   Folia inter flores distinguunt hanc à prima.

   3. FRAGARIA (* sterilis) *caule decumbente repente.* Roy.
Lugdb. 274. Dalib. Paris. 14. Sauv. Monsp. 177. Huds.
Angl. 195.

   Fragaria *sterilis* Bauh. Pin. 327.

   Fragaria *sterilis , seu minime vesca hirsuta minime incana.*
Moris. hist, 2. p. 156. 8. 2. t. 19. f. 5.

   Fragaria *silvestris minime vesca seu sterilis.* Lob. ic. 698.
   Habitat in Anglia , Helvetia. (perennes).

   *Cuules procumbentes , nullus rectus , pedunculi axillares ,
uni flori , Folia ovalia ; Bacca exsucca.*

DUCHESNE.

1. LE FRAISIER DES MOIS. *Fragaria semper florens* , le
pere de tous les Fraisiers.

2. LE FRAISIER DES BOIS, *Fragaria silvestris*, est produit par le Fraisier des mois, & differe du premier en ce
qu'il végete plus lentement. Il produit les fraisiers suivans.

   a Le Fraisier panaché. *Fragaria silvestris variegata.*

   b Le Fraisier blanc. *Fragaria silvestris alba.*

   c Le Fraisier double. *Fragaria silvestris multiplex.*

   d Le Fraisier à trochet. *Fragaria silvestris botryformis.*

   e Le Fraisier de plimouth. *Fragaria silvestris muricata.*

   f Le Fraisier coucou. *Fragaria silvestris abortiva.*

Selon M. D. ces Fraisiers *a* , *b* , *c* , *d* , *e* , *f* , produits
du Fraisier des bois , se forment ordinairement dans les
divers climats , par les diverses terres, la culture & leur
diverses maladies , mais les trois suivans n'ont été produits qu'une seule fois du Fraisier du bois, pour former
trois races différentes.

3. LE FRAISIER FRESSANT, *Fragaria hortensis,* ce
Fraisier est celui qui se cultive à Montreuil & aux environs de Paris.

   a Le Fraisier blanc de jardin, *Fragaria hortensis alba,*
est une variété du précédent.

4. LE FRAISIER SANS COULANT, *Fragaria eflagelis,* qui
ne se reproduit que par graine.

5. LE FRAISIER DE VERSAILLES, *Fragaria monophila,* ce
Fraisier a été découvert par l'auteur en 1761 , à Ver-
failles.

   M. Duchesne fait sortir le Fraisier suivant du Fraisier des
mois , quoiqu'il n'assure point positivement cette origine.

6. LE FRAISIER VERD, *Fragaria viridis,* ce Fraisier
porte des appendices à ses feuilles.

7. LE CAPITON, *Fragaria moschata,* ce Fraisier ici ,
selon M. D. est plutôt né du Fraisier verd , que de tout
autre. M. D. en fait une plante de la classe des *Dioecia* de
Linnæus, c'est-à-dire, qu'il partage sa race entre Fraisiers
mâles & femelles , comme sont partagés les chanvres
& les épinards, &c.

8. LE FRUTILLER, ou Fraisier du Chili, *Fragaria Chi-
lœnsis,* celui-ci est également de la classe du précédent,
il est aussi partagé en deux sexes, selon M. D. & les femelles de cette espèce sont sujetes à être secondées par des
Fraisiers étrangers. Ce Fraisier ici , dit M. D. peut avoir
pris origine du Capiton.

9. Le Fraisier ananas, *Fragaria ananassa,* c'est le Fraisier de Virginie & du Canada ; c'est ce Fraisier ici qui a
fecondé entre les mains de M. Duchesne, un Fraisier femelle de l'espèce 8 , ci-dessus.

   a Le Fraisier panaché , *Fragaria ananassa variegata,*
ce Fraisier ici n'est qu'une variété du Fraisier ananas.

10. LE FRAISIER ÉCARLATE , *Fragaria Virginia.* M. Duchesne prétend qu'il n'est pas possible que ce Fraisier n'ait
pris naissance du Fraisier des bois , les différences entre ces
deux Fraisiers pouvant venir de la diversité du climat. M.
D. soupçonne encore que ce Fraisier ici a engendré le
Fraisier ananas avec la femelle du coucou de Virginie, qui
est le Frutiller ; c'est pourquoi l'ananas a fécondé à son
tour une femelle de Frutiller , que M. D. avoit dans son
jardin en 1761 , comme nous avons dit.

Ainsi il paroît, selon M. D. , que le Fraisier des *mois* a
généré le Fraisier *des bois* & le *Fraisier verd.*

Que le Fraisier *des bois* a généré en Europe le Fraisier
fressant & ses variétés ; le Fraisier *sans coulant,* & le
Fraisier *de Versailles* ; & qu'il génere encore d'autres Fraisiers, qui ne forment pas race comme ceux-ci ; qui sont
les Fraisiers panaché, commun , le blanc, le double ,
celui a trochet, le plimouth & le coucou de ce Pays-ci.

Que le Fraisier *des bois* a généré en Amérique le Fraisier *écarlate.*

Que le Fraisier *verd* a généré en Europe le Fraisier *capiton male & femelle.*

Ce qui forme la seconde génération des Fraisiers , selon le système de M. D.

La troisiéme génération s'est faite par le Fraisier capiton , duquel se sont formés les Fraisiers frutillers en
Amérique.

Par le Fraisier écarlate accouplé avec une femelle des
frutiller , s'est formé l'ananas.

Et par l'ananas & un frutiller femelle, s'est formé dans
le jardin de M. Duchesne , un commencement de race
que l'on ne peut pas encore désigner.

GAUTIER.

Je loue M. Duschesne de son zèle pour le système
Sexuel ; il est certain , que si son expérience peut se répéter
dans les mains de tout le monde , les Botanistes qui adoptent les deux sexes dans les végétaux, lui auront de grandes obligations. C'est ici comme dans le tems de la pré-
diction de la Comète , il faudroit que tout le monde l'eût
vûe , cette Comète tant désirée en 1757 & 1758 , pour
croire qu'elle existoit les nuits sur notre horizon , &
qu'elle eût les dimensions requises. On peut bien voir
des Fraises sur un Fraisier frutiller , puisqu'il donne des
Fraises dans le Chili en abondance , qui est le Pays de
son origine ; mais cela ne décide pas que les Fraisiers d'autre espèce , qui l'ont touché , l'ayent fécondé. Il y a
des années, des situations & un certain soin qui peuvent lui
être favorables. Ce qu'il y a de certain, c'est que les prétendues femelles ont des étamines comme les mâles , & que
leurs mâles ont des utérus , à la vérité flétris après le développement de la fleur ; & au contraire dans les femelles , ces utérus se flétrissent un peu plus tard : mais les
étamines dans les mâles sont plus longs que dans les
femelles ; ce qui provient d'une diversité de stérilité , par
le défaut du climat , & ne forme pas des sexes différens.

Les oliviers que je compare ici , qui se conservent par
curiosité dans Paris , au jardin de MM. les Apothicaires ,
ne font point de fruit, comme ceux de Provence , quoiqu'ils fleurissent comme dans ce Pays, l'utérus se desseche
tout-aussi tôt. Croit-on , par exemple , qu'ils soient
femelles & qu'ils se féconderoient si on pouvoit leurs
répandre des étamines d'un olivier fructifiant ?

Les espèces de Fraisiers sont , selon moi différentes
entr'elles , comme le sont les espèces des autres plantes ;
& une espèce ne sçauroit en produire une autre différente,
réelle & constante , dans une longue suite de génération ,
sans retourner dans son principe de création , & reprendre
sa première forme ; c'est à quoi sont soumis tous les individus du règne végétal & du règne animal.

Dans le règne animal , le changement ou la production d'une nouvelle espèce semble avoir une cause réelle par
les accouplemens sensibles & démontrés. Un chien caniche,
par exemple, avec une chienne braque , font des chiens
hybrides fort laids , qui font une espèce distincte qui se
perd par la suite ; car cette espèce & plusieurs autres tirées du mêlange des espèces réelles des chiens, ne passent
pas en génération constante ; ce qui peut se démontrer
par le mêlange pratiqué par les chiens depuis des temps
considérables , les espèces seroient alors sans fin, au lieu
qu'elles se réduisent à peu , quoique ce soit le genre d'a-
nimal dont l'espèce soit la plus variée.

Parmi les Plantes qui portent en elles seules les facultés génératrices sans le besoin d'accouplement, d'où veut-
on tirer cette formation de diverses espèces ?

l'œillet d'Indé
B
D
l'œillet d'Indé
gautier

PLANTES D'USAGE.

L'ŒILLET D'INDE SIMPLE A. Tagetes *maximus, rectus, flore ſimplici, ex luteo pallido. J. B. 3. 100. * Tanacetum africanum, majus, ſimplici flore, C. B. Pin. 113. * Flos africanus major, ſimplici flore, Tabern. icon. 13.*

L'ŒILLET D'INDE DOUBLE B & D. Tagetes *maximus rectus, flore maximo recto, multiplicato J. B 3. 100. * Tanacetum, ſivè flos africanus major, flore pleno C. B. Pin. 132. * Flos africanus major, aureus, multiflorus Tabern. icon 13.*

L'ŒILLET DE BARBARIE C. Tagetes *indicus, minor, flore pleno, luteo rubeſcente. Tourn. * Caryophyllus indicus, plenus, flore luteo-rubeſcente, minor, Eyſt.*

L'Œillet d'Inde eſt une Plante ſur les vertus de laquelle les ſentimens ont été partagés. Dodonée prétend que l'Œillet d'Inde eſt un poiſon. il rapporre l'expérience d'un Chat qui fut empoiſonné pour en avoir mangé ; celle de pluſieurs Rats qui moururent après en avoir rongé la ſemence ; celle de quelques Cochons qui eurent le même ſort, & celle d'un Enfant à qui la bouche & les levres enflerent pour en avoir maché la fleur. Pluſieurs Botaniſtes ont refuté le ſentiment de cet Auteur, & ont aſſuré que l'Œillet n'étoit point un poiſon. Lemery dit en avoir fait manger à des Chiens qui n'ont point été empoiſonnés. On cultive cette Plante par rapport à la beauté de ſes fleurs : elle fait l'un des ornemens des Parterres, mais elle eſt d'une odeur inſupportable, ainſi que la Couronne impériale. On croit que cette Plante vient originairement d'Afrique, & que celles du Mexique & du Chili ont été tranſportées par les Eſpagnols dans ces Pays. Elle fleurit en Juin.

TOURNEFORT.

'TAGETES *eſt plantæ genus, flore A radiato, cujus ſcilicet diuſcus ex plurimis floſculis multifariam inciſis ; corona verò ex ſemifloſculis componitur, embrionibus incidentibus & calice a, b, monophyllo & tubulato comprehenſis. Embryones autem deindè abeunt in ſemina angulata, capitulo foliato inſtructa & thalamo affixa : occurrunt plerique flores ex floſculis fiſtuloſis compoſiti.*

Tagetis ſpecies ſunt.

TAGETES *maximus, rectus, flore ſimplici, ex luteo pallido, J. B. 3. 100. * Tanacetum africanum, majus, ſimplici flore C. B. pin. 133. Flos africanus, major, ſimplici flore Tabern. icon. 13.*

TAGETES *maximus, rectus, flore maximo, multiplicato J. B. 3. 100. * Tanacetum, ſivè flos africanus, major, flore pleno C. B. pin. 132. Flos africanus, major, aureus, multiflorus, Tabern. icon. 13.*

TAGETES *indicus minor, ſimplici flore, ſivè Caryophyllus indicus, ſivè flos africanus J. B. 3. 98. * Tanacetum africanum, ſeu flos africanus minor C. B. pin. 133. Flos africanus minor, flore ſimplici. Tabern. icon. 12.*

TAGETES *indicus minor, multiplicato flore J. B. 3. 99. * Flos africanus minor, multiflorus, Tabern. icon. 12. * Tanacetum africanum ſivè flos africanus minor, flore pleno C. B. pin. 133.*

TAGETES *indicus, minor, flore pleno, luteo-rubeſcente. * Caryophyllus indicus, plenus, flore luteo-rubeſcente, minor. Eyſt.*

TAGETES *indicus medius, flore luteo-pallido J. B. 3. 99.*

TAGETES *indicus medius, flore luteo, multiplicato, H. L. Bat.*

TAGETES *indicus, flore ſimplici, fiſtuloſo, H. L. Bat. * Tanacetum, ſivè flos mexicanus, flore fiſtuloſo, ſimplici C. B. pin. 133. * Coriyophyllus mexicanus, flore fiſtuloſo, ſimplici, Col. part. 2. 46.*

TAGETES *indicus, flore fiſtuloſo, duplicato H. L. Bat. * Tanacetum ſivè flos mexicanus, flore fiſtuloſo, ple-*

*no C. B. pin. 133. * Caryophyllus mexicanus, alter polyantos, fiſtuloſo flore, Col. part. 2. 48.*

TAGETES *indicus, minimus, flore ſericea hirſutie obſito H. L. Bat. * Tanacetum africanum minimum, ſericea hirſutie obſitum C. B. pin. 133. * Caryophylli hiſpani dicti varietas ſeptima & octava, Col. Deſcript. part. 2. 47.*

TAGETES *foliis tenuiſſimè diviſis. * Tanacetum africanum, foliis tenuiſſimè diviſis. C. B. pin. 133. * Caryophylli hiſpani dicti varietas nona, Col. Deſcript. part. 2. 47.*

Tagetis ſpecies flore fructuque carentes, foliis fætidis & ad nervum ferè inciſis dignoſci ſolent.

LINNÆUS.

801. TAGETES Œillet d'Inde. *Tournef. 278. Vaill. A. G. 1720. 43. 15 Dill. elth. 280. 279.* Calix *a, communis, ſimpliciſſimus, monophyllus, erectus, oblongus, pentagonus, quinquédentatus* Corolla C. *compoſita radiata.* Corollulæ Hermaphoditæ *tubuloſæ, plures in diſco.* Femininæ *ligulatæ, quinque, in radio.* Propria hermaphoditi *tubuloſa, ſemiquinqueſida, obtuſa, calyce longior : laciniis linearibus introrſum villoſis.* Feminis *ligulata hermaphroditis longior, longitudine & latitudine ferè æqualis, obtuſiſſima verſùs tubum anguſtior.* Stamina, *hermaphroditis filamenta quinque, capillaria, breviſſima.* Anthera *cylindracea, tubuloſa.* Piſtillum hermaphroditi Germen *oblongum.* Stylus *filiformis, longitudine ſtaminum.* Stigma *bifidum, tenue, reflexum.* Feminæ Germen *oblongum.* Stylus *filiformis, longitudine hermaphoditi.* Stigma *bifidum, tenue, reflexum.* Pericarpiun *nullum.* Calix *immutatus, leviter ore connivens major factus.* Semen Hermaphroditis *ſolitaria, linearia, compreſſa, calice paulò breviora, coronata ſquamis quinque, erectis acuminatis inæqualibus.* Feminis *ſimilia hermaphroditis.* Receptaculum *b mudum, parvum, planum.*

Tagetis ſpecies ſunt. (1209. *Sp. pl.*)

1. TAGETES (* patula.) *caule ſubdiviſo patulo. Hort.*

Cliff. 418. *Hort. upf.* 267. *Roy. Lugdb.* 180.

Tanacetum *africanum f. Flos africanus minor. Bauh.*
pin. 132.

Flos africanus. *Dod. pempt.* 255.

Tagetes *indicus minor , multiplicato flore.* **Tourn.**
inft. 488.

Tagetes *minor , flore fulvo maculato.* **Dill.** *elth.* 173.
t. 279. f. 361.

Habitat in Mixico. (*annuas.*)

2. TAGETES (* erecta) *caule fimplici erecto, pedun-*
culis nudis unifloris. Hort. Cliff 418. Hort. ufp. 267.
Roy. Lugdb. 180,

Tanacetum *africanum majus , fimplici flore. Bauh.*
pin. 133.

Cariophyllus *indicus. Cam. epit.* 406.

Tagetes *maximus rectus , flore maximo multiplicato.*
Bauh. hift. 3. *p.* 100.

Tagetes *mexicanus , flore fistulofo , fimplex. Col.*

Tagetes *mexicanus alter polyanthos fistulofo , fimplex.*
Col.

Habitat in Mexico. (*annuas.*)

TAGETES (* minuta) *caule fimplici , recto, pedun-*
culis fquamofis multifloris. Hort. Cliff. 419.

Tagetes *multiflora , minuto flore albicante. Dill. elth.*
374. *t.* 280. *f. 362.*

Habitat in Chilli. (*annuas,*)

GAUTIER.

L'Œillet d'Inde a fa fleur de la claffe des *Singene-*
fia polygamia fuperflua. Selon Linneus, le mot de fin-
genefia eft donné aux fleurs dont les étamines font
attachées au cylindre ; le nom de polygamia eft donné aux Fleurs qui , dans la même Plante , font hermaphrodites & mâles, ou hermaphrodites & femelles, fur
la même tige, ou dans le même calice ; & celui de fuperflua , fi les Fleurs hermaphrodites font dans le difque ,
& les femelles dans la couronne ; ce qui donne à réfléchir fur les Sexes des Plantes.

Les parties de *la Fleur* font le calice, la corolle,
les étamines & le piftile.

Celles *du Fruit* font le péricarpe, la femence &
le réceptacle.

L'effence de la Fleur confifte dans l'Anthere & le Stigmate, felon Linneus ; celle du Fruit dans la femence : c'eft fur quoi il fonde tout fon fyftême.

Calix ergò eft Thalamus , Corolla Aulæum , Filamen-
ta Vafa fpermatica , Antheræ Tefticuli , Pulvis Geni-
tura , Stigma Vulva , Stylus Vagina , Germen Ova-
rium , Pericarpium Ovarium fœcundatum , Semen
Ovum.

Plantarum Ventriculus eft Terra , Vafa - chylifera
Radix , Offa Truncus , Pulmones Folia , Cor Calor:
hinc Planta Animal inverfum Veteribus dicta fuit. Lin-
næus, Fundamenta Botanica. C'eft-à-dire que le *ca-*
lice eft le lit de la Plante, la *corolle* la couverture,
les *fils* des étamines les vaiffeaux fpermatiques, l'*An-*
there le Tefticule, la *pouffiere* des étamines les embrions, le *ftigma* la vulve, le *ftyl* le vagin, le *germen*
l'*uterus*, le *fruit* l'ovaire fœcondé , & la *femence*
l'œuf.

Moyennant cet arrangement des Fleurs , l'Œillet
d'Inde eft de celles dont le calice, qui eft le lit
nuptial, felon Linneus, ne porte pas directement les
fleurs ; mais il fert de fupport au réceptable, qui porte
alors lui-même les diverfes fleurs , & cette partie de
la fleur dont Linneus ne parle pas ici , doit être le
matelas , s'il faut mettre les figures en ufage, & les
petites couvertures qui couvrent chacune leurs flof-

cules , des couvre-pieds féparés, qui garantiffent des
impreffions de l'air leurs uterus.

Les Flofcules du difque, ou du centre, qui font en
grand nombre & hermaphrodites , felon cet Auteur ,
ont la *Corolle* en tube, divifée fur les extrêmités en
cinq , obtufe , plus longue que le calice , & garnie
en dedans de lignes frangées & velues. *Les Etamines*
au nombre de cinq , ont leur Fil capillaire très-court,
& les Antheres cylindracées & tubuleufes. *Le Piftile*,
fon Germen oblong. ; le Stil filiforme , plus long que
les étamines ; le Stigma recourbé , fort mince , divifé en deux. *Sa Semence* , feule , marquée d'une ligne
creufe , couronnée de cinq écailles hériffées, pointues & inégales.

Les flofcules femelles prétendues , ont les *corolles* en
fpatule , au nombre de cinq , & en rayon , plus longues que celle des hermaphrodites prétendues , auffi
larges que longues , obtufes , & vers le tube très-aiguës.
Point d'Etamines. Le Germen oblong ; le Stil filiforme , plus long que celui des fleurs hermaphrodites ;
le Stigma divifé en deux , fort mince , & recourbé.
La Semence de même que celle des fleurs hermaphrodites du difque.

Les Uterus font donc femblables entre les fleurs prétendues de fexe compofé , & celles où l'on ne re-
connoît que le fexe féminin. La feule différence confifte dans l'allongement du vagin, ou du ftil. Ces Uterus partent tous du même réceptacle , prennent leur
accroiffement & leur nourriture du même lieu , il
n'eft pas étonnant de croire que les tefticules , ou
glandes feminales des fleurs du difque , aient aidé à
la fécondité de tous les uterus en général attachés au
même lieu d'où partent les fils de ces glandes. Mais
il me paroît difficile de perfuader que les embrions
enfermés dans le tube de leur corolle avec cette prétendue pouffiere vivante & féconde de l'anthere ,
foit fortie comme un jet & tombée à propos pour aller
enfiler une prétendue vulve recourbée , bifpartie , mince , & fans apparence d'ouverture , avec un vagin
filimorne allongé , pour féconder une graine. Dans
une fleur fans étamine , à qui on a donné mal-à-
propos le nom de femelle , je définis plus fimplement la fécondation d'une fleur telle que celle-ci, puifque fes graines ou fes flofcules font pofées fur un même
calice & qu'elles n'ont qu'un réceptacle commun.

Je dis que *le receptacle,* qui eft le placenta dans toutes
les fleurs , n'eft point ici renfermé dans un fruit, ni dans
une coffe; qu'il porte fes graines, comme tous les autres;
& que , pour la confervation des embrions , comme
ils ne font point garantis par aucun péricarpe, les
pétales difperfés entre ces graines , leur fervent de
couvertures, & moyennant cet arrangement, les fleurs
des bords les plus expofées ne font point accompagnées
d'étamines & font en lames ; mais celles du centre ou
du difque, qui font en tube , ont des étamines qui
fervent à la circulation générale.

LA RACINE eft barbue , d'un blanc fale.

LA TIGE eft cannelée & branchue.

LA FEUILLE eft palmeufe ou pinnée.

VERTUS.

Les feuilles écrafées & prifes avec de vin , corri-
gent le froid de l'eftomach , provoquent les urines ,
les mois des femmes , & les fueurs, diffipent les vents,
excitent la femence. Elles remédient aux convulfions,
à la cacherie , à l'hydropifie : le fuc pris avec de
l'eau tiede, excite le vomiffement. *Hernandes.*

La Balsamine.
La Balsamine.

PLANTES D'USAGE.

LA Balsamine double A. (Plan. 1.) Balfamina *indica, flore rubente pleno. Prodr. 2. 22.* * Impatiens (*Balfamina*) *pedunculis uni-floris fubaggregatis, foliis lanceolatis : fuperioribus alternis, nectariis flore brevioribus. Linn.* 5. (habitat in india.)

LA Balsamine simple, a, b, c. Bafamina *fœmina C. B. pin.* 306. * Balfamina *Dod. pempt.* 671. * Balfamina *fœmina perfici folia, vel falicis folio* J. B. 2. 909 (*habitat in india.*)

La Balfamine eft cultivée dans les jardins par la beauté des fleurs qu'elle produit en abondance. Les belles efpeces de cette Plante nous viennent des Indes, de la Chine & de l'Ifle de Ceilan. C'eft une fleur d'été, elle eft annuelle; fon fruit eft fait en douves détachées, qui ne tiennent les graines clofes qu'autant que l'on ne le touche pas ; mais par le toucher ou par l'agitation de la plante dans les grands vents, les douves quittent leur appui, fe détachent & fe courbent toutes en dedans, & lorfque les gráines font mûres ce mouvement les arrache de leur place, & les feme à une certaine diftance de la plante. Il y a une efpéce de Balfamine qui vient en Europe & en Canada, dans les forêts, nommée *Noli me tangere*, que Tournefort & Linnæus mettent dans la claffe de celles-ci, & qui eft appellée ainfi parce qu'au fimple toucher du fruit, qui eft une efpéce de coffe, il fe fépare & fe reploie en élançant fa femence avec une extrême célérité. Cette plante eft nommée Balfamine du nom *Balfamo*, par rapport aux vertus que lui attribuent les anciens Botaniftes.

TOURNEFORT.

418. *inft.* BALSAMINA *eft plantæ genus, flore polypetalo A, anomalo. Is autem vel tetrapetalos vel he. apetalos. Floris tetrapetali petalum fuperius a, fornicatum eft, inferius b, concavum & caudatum, duobus lateralibus c, auritis & amplioribus. Floribus hexapetali qui raviffimus eft, partes, a, b, i, c, h, Piftillum k duobus foliolis ftipatum, floris meditullium occupat, abitque deinde in fructum B nunc ex utraque parte turbinatum p, nunc filiquæ æmulum, ex pluribus veluti mufculis m, conftantem, vi elaftica hac illac diffilentum feminibufque fœtum a, axi e, placentæ afflixis.*

Balfaminæ fpecies funt.

BALSAMINA fœmina *C. B. pin.* 306 * Balfamina *Dod. pempt.* 671. * Balfamina *fœmina, perfici folia, vel falicis folio.* J. B. 2. 909.

BALSAMINA fœmina, *flore candido H*, *L. Bat.*

BALSAMINA fœmina, *flore partim candido, partim rubro. H. L. B.*

BALSAMINA flore majore, *fpeciofo* * Balfamina *fæmina, foliis amplioribus, flore majore, amœnè purpurafcente, Schol. Bat.*

BALSAMINA flore majore, *candido.*

BALSAMINA fœmina, *anguftis & eleganter crenatis foliis, flore albo minore Pluk. almag. Bot.* * Balfamina *indica, flore albo. Breyn. prodr. 2. 22.*

BALSAMINA indica, *flore ex albo & fuavè purpurafcente colore elegantiffimo, variegato. Breyn. Prodr. 2. 22.*

BALSAMINA indica, *flore rubente pleno : Breyn. Prod,* 22.

BALSAMINA indica *angufti-folia flore minore, rubelllo, elegantiffimo.* * Balfamina *fæmina, Zeylanica, angufto folio par. Bat.* 105.

BALSAMINA lutea *five Noli me tangere C. B. Pin.* 306 * *Noli me tangere J. B.* 2. 908. * *Impatiens herba dod pempt.* 659.

BALSAMINA *five Noli me tangere, flore pallido C. B. Pin.* 307.

BALSAMINA *five Noli me tangere flore purpurafcente.*

BALSAMINA lutea, *five Noli me tangere major, virginia floribus faturatè luteis, rubentibus maculis intus notatis Pluk. almag. Bot.*

Balfamina *à Balfamo propter vim Balfamicam momordicæ, quam auctores Rei herbariæ inter Balfaminæ fpecies recenfuerunt.*

LINNÆUS.

822. *Gen.* IMPATIENS. *Riv. IV.* 146. *Balfamina*, Balfamine. *Tournef.* 235. *riv. IV.* 145. *Calyx perianthium diphyllum, minimum : foliolis fubrotundo-acuminitatis, æqualibus, verfus latera floris pofitis, coloratis, deciduis. Corollâ a, b, c, h, i, pentapetala, ringens : petalis inæqualibus : quorum Petalum, a, fummum fubrotundum, planum, rectum, leviter trifidum, apice acuminatum, labium fuperius conftituens. Infima paria, reflexa, maxima, extorfum latiora, obtufa, irregularia, fimilia, labium inferius conftituentia. Intermedia b paria, fimilia, oppofita; ad bafin, exorta. Nectarium h monophyllum, cuculi inftar fundum floris recipiens, ore obliquum extorfum affurgens, bafi in cornu definens ; Stamen, filamenta quinque breviffima, verfus bafin anguftiora, incurva. Antheræ totidem, connatæ, bafi divifæ. Piftillum k Germens ovato-acuminatum. Stylus nullus Stigma fimplex, antheris brevius Pericarpium B, Capfula unilocularis, quinquevalis m elaftice diffiliens valvulis in fpiram convolutis. Semen plura a fubrotunda receptaculo e columnari affixa.*

Obf. deficiunt, in aliis petala V. in aliis cornu nectarii. Capfulæ figura differt : hinc impatiens Riv. Capfula oblonga fuit : & Balfamina Riv. fubrotunda.

Impatientis fpecies funt. (1328. *Spe.*)

* *Pedunculis unifloris.*

1. IMPATIENS (* chinenfis) *pedunculis unifloris folitariis, foliis oppofitis ovatis, nectariis arcuatis. Habitat in china. (annuas). Caulis alternatim ramofus, ruber. Folia oppofita feffilia, ovata, fubferrata. Pedunculi axillares, folitarii, folio longiores, uniflori. Flos purpureus. Nectarium valde arcuatum craffum.*

1. Impatiens (latifolia.) *pedunculis unifloris folitariis, foliis ovatis, ferraturis lanceolantis, nectariis flore longioribus.*

Valli-onapu. *Rheed. mal.* 9. *p.* 91. *t.* 48.

Habitat in India. (*annuas*).

Folia lanceolata, alterna, crenata, e fingula crena mucrone prominente. Pedunculi folitarii, uniflori, longitudine fere foliorum. Flos I. magnitudine Balfaminæ, at calcar Subulatum, longitudine, fere pedunculi.

Impatiens (oppofitifolia) *pedunculis unifloris aggregatis, foliis oppofitis linearibus. Fl. zevl.* 314.

Kondam-pallu. *Rheed. mal.* 9. *p.* 57. *t.* 31 ?

Habitat in Zeylonæ arenofis.

Impatiens (cornuta) *pedunculis unifloris aggregatis foliis lanceolatis, nectariis flore longioribus Fl. zeyl.* 316.

Balfamina *latifolia, floris calcari longiffimo. Burm. zeyl.* 41. *t.* 16. *f.* 1.

Habitat in Zeylona. (*annuas.*)

5. Impatiens (Balfamina) *pedunculis unifloris fubaggregatis, foliis lanceolatis : fuperioribus alternis, nectariis flore brevioribus. Hort. upf.* 276.

Impatiens *pedunculis confertis unifloris. hort cliff.* 428.

Lacca herba. *Rumph. amb.* 5. *p.* 274. *t.* 90.

Tilo-onapu *five Nolengu. Rheed. mal.* 9. *p.* 101. *t.* 52.

Balfamina femina. *Bauh. pin* 306.

Balfamina Dod. *pempt.* 671.

Habitat in India (annuas).

** *Pedunculis multifloris.*

6. Impatiens (* triflora) *pedunculis trifloris folitariis, foliis anguftolanceolatis. Fl. zeyl.* 315.

Balfamina *anguftifolia, floribus ternis communi pedunculo ortis. Burm. zeyl.* 41. *t.* 16. *f.* 2.

Balfamina erecta feu femina, perficæ-augufto-folio zeylanica. Herm. par. 105. t. 105.

Habitat in Zeylonæ paludofis.

7. Impatiens (noli tangere.) *pedunculis multi floris folitariis, foliis ovatis, geniculis caulinis tumentibus. Fl. fvec.* 722. 792. *Dalib. paris.* 270.

Impatiens *pedunculis folitariis multifloris. Hort. Cliff.* 428. *Roy. Lugd.* 431. *Hall. helv.* 405. caule angulato gort. gelr. 502.

Balfamina *lutea feu Noli metangere. Bauh. pin.* 306.

Noli me tangere. *Col. ecphr.* 1. *p.* 149. *t.* 150.

Habitat in Europæ, Canadæ nemoribus. (*perennes,*)

GAUTIER.

La Balfamine porte fes fleurs fur l'aiffelle des feuilles,

elles font feules fur un même peduncule, ou plufieurs attachées au même pied ; Linneus les diftingue dans fon *Species plantarum*, comme nous venons de rapporter, en *pedunculis unifloris*, & *pedunculis multifloris*. Le *noli tangere* eft de cette claffe ici.

La Fleur de la Balfamine eft irréguliere. Celles qui font ici repréfentées font hexapétales, fi on comprend le Nectaire *h* fait en cornet & pofé au bas de la fleur. C'eft ce qu'a fait Tournefort. Le pétale fupérieur ou levre fupérieure de la fleur *a* eft accompagné de deux petales latéraux *b*, dont le défaut *i*, fait les Belfamines *tetrapétales* de Tournefort. Les *Etamines* ne font pas apparentes, on ne peut les voir que fur la fleur même, le *piftile k*, devient le fruit en coffe *B*, compofé de cinq mufcles, ou douves, *m*, élaftiques qui fe courbent intérieurement. Les femences, a, font noires & comme des petites lentilles, un peu globuleufes, attachées au receptacle, ou plancenta, e.

F. 3. *La Racine* eft branchue, nerveufe ; les rameaux de la racine font blancs en dehors & en dedans ; elle eft d'un goût fade & point défagreable, fans odeur.

C. 3. Les *Tiges* rameufes & rondes, légérement canelée dans le tronc, apres, tendres, & pleines dans leurs bafes : mais le haut, ainfi que les tiges latérales, font creufes ; elles font aqueufes. La couleur du bas de la tige eft rougeâtres, & le refte jaune ou vert pâle.

E. 1. Les *Feuilles* communes femblables aux feuilles de fauge ou de pêché, légérement dentelées dans quelques efpéces & dans d'autres feulement apres ; l'attache, queue-folieufe, la texture âpre.

QUALITÉS.

Elle eft vulneraire, déterfive, fortifiante ; mais on s'en fert peu dans la médecine.

VERTUS.

Les fruits verts, infufés dans de l'huile d'olive, ont la vertu de fouder les plaies & de raffembler les chairs féparées, *Mutt.* C'eft là le remede de plufieurs payfans d'Italie & de Provence.

Nota. Je donnerai une feconde planche où fe rapporteront toutes les lettres indicatives qui font ici marquées & qu'on ne trouve pas fur la premiere planche, des Balfamines des Indes, ici jointes. Dans cette feconde planche feront les *noli me tangere*, & une diffection plus détaillée des Balfamines en général.

l'Ellebore verd et jaune

l'Ellebore noir Pl. 12.
B
A
A
A
l'Ellebore noir Pl. 12.
Gautier
d

PLANTES D'USAGE.

L'ELLEBORE NOIR (Planche 1.) à fleur de rose. *Helleborus niger, autumnalis, flore maximo. H. R. par. * Helleborus autumnalis, flore roseo, majore, albo. D. de Mauvilain. Joncq. Hort. * Helleborus niger, flore roseo, C. B. Pin. 186. Habitat in Austria, Hetruria & Apennini asperis.* (perennes.)

L'ELLEBORE VERD, A. (Planche 2.) *Helleborus niger, sylvestris, adulterinus, etiam hyeme virens. J. B. 3. App. 880. * Helleborus, viridis, caule multifloro folioso, foliis digitatis, Lin. 3.* Habitat in montibus viennensibus, Euganeis.* (perennes.)

L'ELLEBORE JAUNE B. *Helleborus niger, ranunculi folio, flore luteo. Tourn. * Helleborus flore, folio insidente Hort. Cliff. 227. Habitat in Lombardiâ, Italiâ, Apennis.* (perennes.)

L'Ellebore noir croît dans les Alpes & en Italie, dans les lieux incultes & montagneux; il fleurit en Février. L'Ellebore fœtide qui a ses fleurs vertes en touffe, fleurit en Janvier, Février & Mars : il vient en Allemagne dans les montagnes; il abonde dans le Lyonnois. Le jaune fleurit dans le même tems, & se trouve en Lombardie & proche les Apenins. Les racines de l'Ellebore noir sont employées en Médecine : on nous les envoie seches des Alpes & de plusieurs autres Pays. Elles doivent être choisies bien nourries, grosses, récentes, garnies de larges branches ou gros fibres, de couleur noirâtre. M. Tournefort donne la description d'un Ellebore noir qu'il appelle *Helleborus orientalis amplissimo folio, caule præalto, flore purpurascente,* qu'il croit être l'Ellebore des Anciens qui avoit beaucoup plus de vertu que le nôtre.

TOURNEFORT.

Helleborus est plantæ genus flore A, (Tab. 1.) B, C, (Tab. 2.) rosaceo, plurimis scilicet petalis in orbem positis constante: ex cujus meditullio surgit pistillum D, plurimis corniculis inter stamina E & petala jacentibus circa basim cinctum, quod deinde abit in fructum F, (Tab. 2.) in quo velut in capitulum colliguntur vaginæ membranaceæ in cornu plerumque desinentes, secundum longitudinem dehiscentes, & seminibus fœtæ H. plerumque subrotundis vel ovatis.

Hellebori species sunt.

HELLEBORUS niger, *fœtidus C. B. pin. 185. * Helleborus niger, sylvestris, adulterinus, etiam hyeme virens. J. B 3. App. 880. * Veratrum nigrum iij. Dod. pempt. 386.*

HELLEBORUS niger *hortensis, flore viridi. C. B. Pin. 285. * Helleborus niger vulgaris, flore viridi, vel herbaceo, radice diuturnâ, J. B. 3. 636. * Veratrum nigrum ij. Dod. pempt. 385.*

HELLEBORUS niger, *hortensis, alter. C. B. Pin. 185. * Veratrum nigrum iiij; peregrinum. Clus. hist. 274.*

HELLEBORUS niger, *amplioribus foliis. * Veratrum nigrum, styriacum. Tabern. icon. 723.*

HELLEBORUS niger, *angustioribus foliis. * Helleborus niger, flore roseo. C. B. Pin. 186. * Helleborus niger, legitimus. Clus. hist. 274.*

HELLEBORUS niger, *autumnalis, flore maximo. H. R. par. * Helleborus autumnalis, flore roseo majore, albo. D. de Mauvilain, Joncq. hort.*

HELLEBORUS niger, *flore roseo, minor, Belgicus. Mor. H. R. Bles.*

HELLEBORUS niger, *sanguineo folio. Bocc. Mus. part. 2, pag. 26 Tab. 11.*

HELLEBORUS niger, *foliis dissectis. Bocc. Mus. part. 2, pag. 26. Tab. 11.*

HELLEBORUS niger, *trifoliatus. Ald. hort. Farnes. 92.*

HELLEBORUS niger, *tuberosus, Ranunculi folio, flore luteo. * Aconitum unifolium, luteum, bulbosum. C. B. Pin. 183. * Ranunculus cum flore in medio folio, radice tuberosâ. J. B. 3 414. * Aconitum luteum, minus. Dod. pempt. 440.*

HELLEBORUS niger, *Ranunculi folio, flore globoso, majore. * Ranunculus montanus, aconiti folio, flore globoso. C. B. Pin. 182. * Ranunculus flore globoso, quibusdam trollius flos. J. B. 419. * Ranunculus flore globoso. Dod. pemp. 430.*

HELLEBORUS niger, *Ranunculi folio, flore globoso, minore.*

Ab eo genere excludendæ sunt Plantæ sequentes. Helleborus niger, *saniculæ folio major C. B. Pin. 186. astrantiæ species est.* Helleborus saniculæ *folio minor. C. B. Pin. 186. Astrantiæ species.* Helleborus niger, *tenuifolius Buphthalmi flore. C. B. Pin. 186. ad Ranunculum revocandus.* Helleborus albus, *flore subviridi. C. B. Pin. 186. species Veratri, ut & sequens.* Helleborus albus, *flore atrorubente. C. B. Pin. 186*

Helleborus dicitur à vocibus græcis ἑλεῖν βοράν, quòd esu interimere credatur.

LINNÆUS.

556. HELLEBORUS, Ellebore. Tournef. 144. Calix nullus, nisi corollam in quibusdam persistentem habeas. Corolla B, C, (Tab. 2.) Petala quinque, vel plura, subrotunda obtusa, magna. Nectaria totidem, brevissima in orbem posita, singula monophylla, tubulata, ore ringinte, introrsum aperto, infernè angustiora. Stamina E, filamenta numerosa, subulata. Antheræ compressæ, infernè angustiores erectæ. Pistillum D, Germina corniculata, in Stylos subulatos desinentia. Stigmata crassiuscula. Pericarpium, capsulæ compressæ bicarinatæ, carinâ inferiore breviore, superiore convexâ, dehiscente. Semina, plura rotunda, suturæ affixa.

Obs. Essentia consistit in nectariis, numerus & figura inconstans est. * Trollius Riv. Helleboro. Ranunculus Boerh. Petala plura conniventia, alterna, exteriora, breviora. Pistilla numerosissima, Stylli brevissimi. Nectarit. unilabiata, labio integro * Aconitum. Riv. Helleboroïdes, Boerh. Petala sex decidua. Flos Folio insidens. * Helleboraster. Corolla pentapetala, persistens, deflorescens, Pistilla tria ad quinque, Stylli staminibus longiores, &c.

Hellebori species sunt.

1. HELLEBORUS (* hyemalis) *flore folio insidente.*
Hort. Cliff. 227. *Hort. Usp.* 158. *Roy. Lugdb.* 484..
Helleborus *ranunculoïdes, precox, tuberosus, flore
luteo. Moris. hist.* 3. *p.* 459. *f.* 12. *t.* 2. *f.* 4.
Aconitum *unifolium bulbosum, Bauh. Pin.* 183. *Hill.
anat. t.* 11.
Habitat in Lombardiâ, Italiâ, Apenninis. (*perennes.*)

2. HELLEBORUS (* niger) *scapo subunifloro, sub-
nudo, foliis pedatis. Hort. ups.* 157. *Roy. Lugdb.* 484.
Mat. med. 273.
Helleborus *scapo florifero, subnudo, petiolo com-
muni bipartito, Hort. Cliff.* 227.
Helleborus *niger, flore roseo. Bauh. Pin.* 186. *Hill.
anat. t.* 1.
Helleborus *niger, legitimus. Clus. Hist.* 1. *p.* 275.
Habitat in Austriæ, Hetruriæ, Apenni asperis. (*pe-
rennes.*)
Folia consistentia, hyeme perennantia.

3. HELLEBORUS (* viridis) *caule multifloro, folioso, foliis digitatis.*
Helleborus *caule æquali folioso, foliis radicalibus
caulem tandem superantibus. Hort. Cliff.* 227. *Hor. Ups.*
158. *Roi Lugdb.* 484.
Helleborus *niger, hortensis, flore viridi. Bauh. Pin.*
185.
Helleborum *nigrum alterum. Cam. epit.* 941.
Habitat in montibus Viennensibus, Euganeis. (*perennes.*)

4. HELLEBORUS (* fœtidus,) *caule multifloro folio-
so, foliis pedatis.*
Helleborus *caule infernè angustato multifolio mul-
tifloro, foliis caule brevioribus. Hort. Cliff.* 227. *Roy.
Lugdb.* 484. *Dalib. Paris* 169. *Sauv. Monsp.* 180.
Helleborus *niger fœtidus. Bauh. Pin.* 185.
Helleboraster *maximus. Lob. ic.* 679.
Helleborus *femina. Sterb. fung.* 372. *t.* 36. *f. e.*
Helleborus *niger trifoliatus. Moris. hist.* 3. *p.* 460.
Habitat in Germaniâ, Helvetiâ, Galliâ (*biennes.*)
(*perennes.*) *Caulis infrà folia nudus.*

5. HELLEBORUS (* trifolius) *scapo unifloro, foliis
ternatis. Amæn. acad.* 2. *p.* 356. *t.* 4 *f.* 18. *Kal. it.* 3.
p. 379.
*Habitat in Canadæ, Siberiæ sylvis nemorosis, cum
oxalide, Circæa.*

GAUTIER.

L'ELLEBORE a son *calice*, *a*, ou gaine, fait en cuillere;
il abandonne la fleur qui s'éleve au-dessus, & comme il n'embrasse pas tout-à-fait la tige par son ori-
rigine, elle se continue & produit par le côté opposé un second calice plus petit, marqué *b*, d'où
s'éleve le pied d'une fleur, à la base de laquelle est
le troisiéme calice *c*, & dans les dernieres tiges que
pousse la Plante que l'on voit ici en. B, (plan. 2)le premier calice *a* embrasse les deux tiges où sont les calices
b b, l'un desquels, & tous les deux quelquefois, portent
le pied de deux fleurs qui ont chacune leur troisieme calice *c* à la base des petales. Les calices alternes, à la naissance du bouton, l'entourent totalement. Ces calices dans
l'Ellebore verd A, sont comme des feuilles, *a*, *b*, *c* ;
mais dans l'Ellebore jaune il n'y a aucun calice : la
feuille *d*, faite en fraise, soutient la fleur & lui sert de
calice.

LA FLEUR est composée de cinq *petales* qui se con-
fondent dans leur origine, & sont d'une extrême ad-
hérence avec la base du pistile & le bout de la tige.
Ces petales ne sont point égales ; les trois supérieures sont plus grandes que celles de dessous. Les *nectaires* sont séparés des petales faits en cornet de papier roulé, au nombre de dix ou douze, & quelquefois plus ou moins, rangés de deux en deux, sans
avoir rien de commun avec l'ordre des petales ; ils sont
implantés par leur pointe, ou pédicules, au placenta.
A leur origine ils ont une espece de glande d'où sort
une liqueur gluante & miéleuse. Le *placenta d*, ou
réceptacle, qui soutient les nectaires, soutient en même tems les étamines qui forment ensemble un turban ou une couronne, & ce réceptacle porte aussi les
uterus, *e*, au nombre de cinq ou plus, & les pénetre par
ses divisions qui produisent les graines en abondance
dans chacun de ces uterus ; dans lesquels elles suivent la
côte intérieure. Ces branches du placenta après avoir
pénétré les uterus, ou germens, & produit leurs graines, se perdent en se joignant avec la côte extérieure du germen pour former les *stils* qui sont faits
en haliene, pointus, un peu courbés, lesquels ont un
stigma ou pointe rousse qui termine celle du stil.

LES TIGES des feuilles & des fleurs sont rondes,
fistuleuses & tachetées de rouge dans l'ellebore noir; elles
sortent de la racine ; elles sont pleines & tendres.

LA FEUILLE est découpée en plusieurs feuillets, &
divisée premiérement en trois en forme de patte à
moitié fermée. les deux premieres divisions forment
ordinairement deux feuilles à quatre feuillets chacune, quelquefois l'une des deux est à cinq feuillets,
& la division postérieure ne porte qu'une seule feuille ; chaque feuillet & la petite feuille sont de forme
commune & inégalement dentelés dans leur contour
à dents de scie, sur la partie supérieure seulement ;
ces feuillets & la petite feuille sont unis, pétiolés &
traversés d'une grosse côte dans leur partie inférieure.

LA RACINE est tubéreuse & branchue & presque
sans fils ; elle est de couleur brune, d'un jaune sale
en dedans ; les branches sont brunes aussi, mais blanches en dedans, ayant un petit nerf intérieur, ligneux &
roux ou jaune foncé ; la chair est caleuse & ferme.

L'ELLEBORE JAUNE porte sa fleur sur sa feuille,
comme nous avons dit. La *feuille* est composée de
trois divisions comme la précédente. Elle est posée
sur le bout de la tige ; chaque division de la feuille
est refendue en trois feuillets qui sont unis ou dé-
coupés sur leurs extrêmités, tous ensemble, quelquefois un seulement, ou les deux des côtés.

La *tige* est ronde & creuse, point tachetée comme
celle de l'Ellebore noir.

LA RACINE est de même tubéreuse, mais point
branchue & au contraire pleine de filets toufus.

VERTUS.

Les racines de l'Ellebore purgent par haut & par
bas ; elles détachent les humeurs mélancoliques, bi-
lieuses & brûlées : on s'en sert pour la mélancolie hy-
pocondriaque, pour la Manie, pour la Folie, pour la
fievre quarte. La dose est depuis demi-scrupule jusqu'à une dragme, réduite en poudre subtile : on en
fait prendre aussi en infusion & en extrait, elle entre
dans plusieurs Compositions de Pharmacie.

la Flambe
Gautier
B.R

PLANTES D'USAGE.

(PLANCHE PREMIERE DES IRIS).

L'IRIS POURPRE BARBU A TIGE NUE. A. Iris *latifolia caule aphyllo.* C. B. Pin. 32. * Iris *major, latifolia purpurea, caule nudo, alia,* Clusio 26. J. B. 272. * Iris *major latifolia, XXV & XXVI. Cluf. Hist. 223.* * Iris, *aphylla, corollis barbatis, scapo nudo longitudine foliorum, multifloro.* Linn. 6. (perennes).

L'IRIS NAIN BARBU, A FLEUR BLANCHE. B. Iris *humilis flore candido,* Tourn. *. Chamœiris *flore candido.* C. B. Pin. 34. * Iris, *pumila, corollis barbatis, caule foliis breviore, unifloro.* Linn. 9. Habitat in *austriæ, pannoniæ, collibus apricis.* (perennes).

L'IRIS A ODEUR DE SUREAU. C. Iris *latifolia germanica, sambuci odore.* Bauh. Pin. 31. Habitat in Europa australi (perennes).

L'Iris barbu qui est celui que nous représentons dans la première planche des Iris, croît en plusieurs lieux, dans les endroits arides & secs, en Orient, aux environs de Constantinople, dans la Carniole en Hongrie, en Autriche, dans le reste de l'Allemagne, en Portugal & aux environs de Florence. L'Iris à fleur rase vient en France, en Angleterre, en Toscane, en Suisse, en Sibérie ; on en trouve aussi en Allemagne dans les prés, en Autriche au pied des monts, en Espagne & en Portugal, & cette même espèce se trouve en Perse, en Arabie, dans l'Amérique, en Virginie & en Pensilvanie ; mais de tous les Iris la Racine la plus estimée, est celle de l'Iris de Florence ou de Toscane, qui est de l'espèce des Iris barbus à fleur blanche, on nous l'apporte séche de cet endroit, pelée & ébarbée. On doit la choisir bien nourrie, pesante, compacte, nette, fort blanche ayant une odeur de violette douce & agreable, d'un goût un peu piquant & amer. La fleur bleue de cette plante sert à faire le vert d'Iris. Elle se cueille dans le mois de Mai & la racine en Autonne.

TOURNEFORT.

IRIS (*358 inst.*) *est planta genus flore* A. B. C. *liliaceo, monopetalo, ad exortum veluti infundibuliformi & in partes sex ampliato, quarum tres, c, sursum ; tres, b, verò deorsum spectant. Pistillum, g, è fundo floris surgit tribus petalis, f, instructum fornicatis & partibus floris deorsum inflexis, ita incunbentibus ut palati cujusdam speciem præ se ferant. Calyx autem, g, deinde abit in fructum oblongum i, k, l, trifariam apice dehiscentem in trialoculamenta m, divisum & seminibus, n o, fœtum nunc subrotundis n, nunc planis o, his notis addenda ex radix carnosa, oblonga, repens & tunicis carens.*

Iridis species sunt.

IRIS vulgaris *Germanica sive silvestris.* C. B. Pin. 30.
IRIS hortensis *latifolia.* * *hortensis pallide cærulea.* * *hortensis alba germanica* C. B. Pin 31. * *Hortensis pallide, cærulea involucro albo minor* H. R. par.
IRIS alba florentina C. B. Pin. 31.
IRIS illyrica C. B. Pin. 31. Eyst. * *Illyrica flore majore: Tourn.*
IRIS susiana, *flore maximo, ex albo nigricante* C. B. Pin. 31.
IRIS latifolia, *minor, alba oris cœruleis.* Suert. * *Latifolia minor oris dilutè purpureis* H. R. par. * *Latifolia Germanica odore suavi.* * *Latifolia Germanica, odore sambuci.* * *Latifolia Germanica ochroleucos.* * *Latifolia Germanica, candido-purpurea.* * *Latifolia odore Oxyacantha.* * *Latifolifolia pannonica, colore multiplici.* * *Latifolia alba viridis.* * *Latifolio caule aphyllo.* * *Latifolia, candida, purpureis venis distincta.* * *Latifolia belgica, odore sambuci.* * *Latifolia belgica versicolor, odore sambuci.* * *Latifolia belgica, odore sambuci altera.* * *Latifolia belgica variegata.* * *Latifolia belgica cærulea versicolor.* * *Latifolia, ex albo pallescens, striata.* * *Latifolia humilior, purpurea.* * *Latifolia humilior, versicolor,* C. B. Pin. 31. 32. *Latifolia, minor, alba, oris dilentè purpureis* H. R. par.
IRIS asiatica *cærulea polianthos.* * *Asiatica purpurea.* C. B. Pin. 31.
IRIS peregrina *subrubens, inodora.* * *Peregrina odore exyacantha* C. B. Pin. 31.

IRIS major *Latifolia, Romana cærulea* Clusio. 24. J. B. 2. 718. *.
IRIS dalmatica, *major* C. B. Pin. 31. *.
IRIS dalmatica, *minor* clus. hist. 284.
IRIS bizantina, *purpuro-cærulea.* C. B. Pin. 31.
IRIS damascena *polyanthos.* C. B. Pin. 31.
IRIS biflora, *flore minore odore Lilii convalium.* C. B. Pin. 32.
IRIS sativa, *lutea.* C. B. Pin. 32.
IRIS lutea *variegata* Clusii. Lob. Jncon. 66.
IRIS media *longissimis foliis lutea.* C. B. Pin. 32.
IRIS palustris, *Lutea* Tabern. Icon. 643. * *Palustris, lutea sive acorus adulterinus, foliis glaucis brevioribus.* H. L. Bat. * *Pallustris pallida* Raii. Synops. 234.
IRIS fœtidissima *seu xyris. gladiolus fœtidus.* C. B. Pin. 30.
IRIS pratensis *angustifolia, folio fœtido.* * *Pratensis angustifolia, non fœtida altior.* * *Pratensis angustifolia, humilior.* C. B. Pin. 32.
IRIS angustifolia, *maritima, major.* * *Angustifolia maritima, minor.* * *Angustifolia hortensis ; versicolor.* * *Angustifolia, candida, lineis rubentibus notata.* * *Angustifolia, bicolor.* * *Angustifolia prunum redolens, minor.* * *Angustifolia, prunum redolens major.* C. B. Pin. 33.
IRIS humilis, *major, saturatè purpurea, biflora.* * *Humilis variegata.* * *Humilis, flore saturate violaceo.* * *Humilis, minor, flore purpureo.* * *Humilis candidans, venis & orâ cæruleis.* * *Humilis pyrenaica, foliis repandis, è luteo virescentibus.* * *Humilis, pyrenaica, foliis repandis vivescentibus cum lineis cæruleis.* * *Humilis, minor, flore purpureo cæruleo.* * *Humilis, flore rubello.* * *Humilis, minor, flore variè picto.* * *Humilis flore purpureo flavescente.* * *Humilis, flore pallido albo.* * *Humilis minor, flore variegato.* * *Humilis, flore candido.* * *Humilis flore luteo.* * *Humilis, flare obsolete pallido* * *Humilis, flore pallida luteo.* * *Humilis candidans, venis variis distincta.* *. *Humilis saxatilis, Gallica.* * *Humilis, Latifolia saxatilis, lusitanica,* Tourn. * *Humilis, Latifolia, major, acaulis.* J. B. 2. 724. *Humilis, flore atro purpureo.* H. L. Bat.
Iris, *à cœlestis arcus similitudine nomen obtinuit, ut ait* Dioscorides.

LINNÆUS.

49 IRIS : *Tournef.* 186. 187. 188. *xiphyon.* T. 189. Si-

Syrinchium T. *Hermodactylus* T. Calyx *nullus* ; Spathæ, a, *simplices, imbricatæ, alterna flores distinguentes, perstsentes.* Corolla (fig. A.) *sex partita Petala oblonga, obtusa, tria, b exteriora reflexa, tria c interiora erecta & acutiora, omnia unguibus connata.* Stamen (fig. C & D.) *Filamenta* e *tria, subulata, petalis reflexis incumbentia,* Antheræ f *oblonga, recta depressa.* Pistillum *Germen* g *oblongum, infra receptaculum.* Stylus *simplex brevissimus.* Stygma h *maximum, tripartitum, lacimis petala mentientibus, latis reflexis, stamina & petala alterna deprimentibus, apicibus bifidis.* Pericarpium i k *Capsula oblonga, angulata, trilocularis, trivalvis* l m. Semina o n *plura, magna.*

Obs *Nectarium in quibusdam est linea longitudinalis villosa, Basi petalorum reflexorum insculpta ; in aliis verò puncta tria mellifera externe ad basin floris. Capsula in aliis trigona, in aliis hexagona, observatur.* Xiphium T. *Radice bulbosa, foliis subulatis.* Sisyrinchium T. *Radice bulbosæ, duplici altera alteri imposita.* Hermodactylus T. *Radice tuberosa ; foliis tetragonis.* Iris T. *Radice carnosa oblonga repente, foliis ensiformibus.*

Iris fecies funt. (55. fp. plan.)

** Barbatæ nectariis petalorum reflexum.*

1. Iris (* *fusiana.*) *corolla barbata, caule foliis longiore unifloro.* Hort. Cliff. 18. Roy. Lugd. 17.

Iris *fusiana, flore maximo ex albo nigricante.* Bauh. Pin. 31. teatr. 579. Moris. hist. 2. p. 351. f. 4. t. 6. f. 6.

Iris *latifolia major.* Cluf. hist. 1. p. 217.

Habitat in Oriente : venit Constinopoli. in belgium 1573.

Caulis teres ; Germen trigono-teretiusculum ; Petala 3. *interiora majora reflexa.*

2. Iris (* *Florentina.*) *corollis barbatis, caule foliis altiore subbifloro, floribus sessilibus.* Mill. ic. 154.

Iris *alba Florentina.* Bauh. Pin. 31.

Iris *alba Germanica.* Bauh. Pin. 31.

Iris *flore albo.* Roy. hist. 1180.

Habitat in Europa australi - Carniala (perennes).

Simillima j. Germanicæ *ut vix differat, sed Corolla alba petalis integris : inferioribus marginum basi reflexis ; superioribus magis erectis. Stigmata magis erecta & parum serrata.*

3. Iris (* *Germanica.*) *corollis barbatis, caule foliis longiore multifloro, floribus inferioribus pedunculatis.* Hort. Cliff. 18. Hort. Upf. 16. mat. med. 24. Roy. Lugh. 17.

Iris *vulgaris Germanica S. silvestris.* Bauh. Pin. 30.

Habitat in Germaniæ editis. (perennes.)

Petala inferiora plana ; interiora interegerrima, nec emarginata.

4. Iris (* *sambucina.*) *corollis barbatis, caule foliis altiore multifloro, petalis deflexis planis : erectis emarginatis.*

Iris *latifolia Germanica, sambuci odore.* Bauh. Pin. 31.

Iris *major latifolia* VIII. Cluf. Hist. 1. p. 219.

Habitat in Europa australi. (perennes.)

Similla j. Germanicæ, *sed deflexa petala saturatius violacea, plana quidem at submarginata. Erecta pallide, saturatius tamen, cerulea & emarginata. Stigmata serrata, acutiuscula, carina cærulescente.*

5. Iris (* *squalens.*) *corollis barbatis ; caule foliis altiore multifloro petalis deffexis replicatis ; erectis emarginatis.*

Iris *folio lato rugoso, petalis repandis ex purpureo sordido pallido & luteo variis, erectis vero squalide latescentibus.* Bœrh. Lugdb. 2. p. 125.

Habitat in Europa australi. (perennes).

Simillima j. Germinacæ, *sed Petala deflexa in medio replicata, saturatius violacea venis albis flavescentibus & in medio cærulescentibus. Erecta petala, uti & Stigmata squalide fllava, valde emarginata.*

Iris (* *aphylla*) *corollis barbatis, scapo nudo longitudine foliorum multifloro.* Roy. Lugdb. 17.

Iris *latifolia, caule aphillo* Bauh. Pin. 32.

Habitat in . . . . . (perennes).

Iris (* *variegata.*) *corollis barbatis, caule subfolioso longitudine foliorun multifloro.* Roy. Lugdb. 17. Hort. Ufp. 16.

Iris *coloris barbatis, foliis altitudine caulis multiflori.* Hort. Cliff. 19.

Iris *latifolia pannonica, colore multiplici.* Bauh. Pin. 31.

Iris *lutea variegata.* Lob. Hist. 34. Ebret. pict. t. 10. f. 3.

Habitat in Hugaria. (perennes).

8. Iris (* *biflora.*) *corollis barbatis, caule foliis breviore trifloro.* Hort. Upf. 17.

Iris *corollis barbatis, foliis caulem multiflorum superantibus.* Hort. Cliff. 19. Roy. Lugb. 17.

Iris *latifolia biflora.* Besl. Eyst. Vern. 114.

Chamæiris *major saturate purpurea biflora* Bauh. Pin. 33.

Habitat in Lusitaniæ rupibus. (perennes).

9. Iris (* *pumila*) *corollis barbatis, caule foliis breviore unifloro.*

Iris *corollis barbatis, foliis caulem uniflorum superantibus.* Hort. Cliff. 19. Roy Lugb 17.

Chamæiris *minor flore pupureo.* Bauh. Pin. 33.

Chamæiris *latifolia minor.* 1, 2. Cluf. Hist. 1. p. 225.

Chamæiris *minor, flore purpureo ceruleo.* Bauh. Pin. 33.

Chamæiris *minor, flore rubello.* Bauh. Pin. 33.

Chamæiris *minor, flore variegato.* Bauh. Pin. 34.

Habitat in Austriæ, Pannoniæ collibus apricis. (perennes).

*** Imberbis : pelalis diflexis læribus.*

10. Iris (* *pseudacorus*) *corollis imberbibus : petalis interioribus Stigmate minoribus, folliis ensiformibus.* Hort. Cliff. 19. Fl. Suec. 33. 37. Mat. med. 25.

Acorus *adulterinus.* Bauh. Pin. 34. Theatr. 634.

Acorum *falsum.* Cam. epit. 6.

Habitat in Europa ad ripas paludum, fossarum (perennes).

Petala exteriora utrinque ad Filamenta dentem exserunt. Germen trigonum angulis suleo bifidis.

Iris (* *fœlidissima.*) *corollis inberbibus, petalis interioribus patentissumis, caule uniangulato, foliis ensiformibus.* Hort. Cliff. 19. Roy. Lugdb. 18. Dalib. Paris 13. Sauv. monsp. 41.

Gladiolus *fœtidus* Bauh. Pin 30.

Spathula *fœtida,* Xyris. Bauh. Hist. 2. p. 731. dod. pemt. 247.

Habitat in Gallia, Anglia, Hetruria. (perennes).

Caulis teres, hinc angulatus, longitudine foliorum, oblectus foliis fœtidissimis. Germen trigonum angulis sulco bifidis. Corolla cærulescenti-tristis in-gratissimi colloris, nec noctu odora Petala exteriora ungue subtus plicis rugoso ; Petala interiora Stigmate majora, patentia.

Iris (* *sibirica.*) *corollis imberbibus, Germinibus trigonis, caule tereti foliis linearibus.* Hort. Cliff. 19. Hort. Upf. 17. Roy. Lugdb. 78. Hall. Helv. 280. Gmel. Sibir. 1. p. 28.

Iris *pratensis angustifolia non fœtida altior.* Bauh. Pin. 32. theatr. 597.

Iris *angustifolia* 2. Cluf. Hist. 1. p. 227.

Habitat in Austriæ, Helvetiæ, Sibiriæ pratis. (perennes).

Spathæ in j. *fibrica & versicolore aridæ seu scariosæ sunt. Huic caulis foliis atior : Petala interiora erecta. Germen trigonum angulis non sulcatum.*

Iris (* *versicolor.*) *corolloris imberbibus, Germinibus subtrigonis, caule tereti flexuoso, foliis ensiformibus.*

Iris *Americana versicolor, stylo crenato.* Dill. Elth. 188. t. 155. f. 188.

Iris *Americana versicolor, stylo non crenato.* Dill. Elth. 187. t. 155. f. 187.

Iris *latifolia virginiana, florum petalis rependis purpureis.* Ehret. pict. t. 6. f. 2.

Le reste à la table de la deuxième planche des Iris.

le Cyclamen
C
B
B.R

PLANTES D'USAGE.

LE Cyclamen a feuille anguleuse (Pain de pourceau.) *Cyclamen hyeme & veré florens, folio anguloso, amplo flore carneo, basi purpureá, Persicum dictum* H. R. Par. * *Cyclamen, Europeum, corolla retroflexa.* Linn. I. *Habita in Austria, Tartaria, Europæ Australis siccis umbrosis nemcrosis.* (*Perennes.*)

Le Cyclamen se trouve dans l'Europe Méridionale en Autriche, en Tartarie, dans l'Orient, aux Isles d'Archipel; en Perse, à l'Isle de Ceilan & en Afrique; il croît dans les bois, dans les buissons, aux lieux ombrageux, sous les arbres; ses feuilles poussent après la fleur, & sa racine est en usage dans la Médecine. Il ne faut point trop arroser cette plante, ni l'exposer au grand soleil, elle périt alors. Lemery rapporte qu'ayant mis à sécher une racine de cette plante, percée & suspendue par une ficelle dans un temps fort sec, en automne, elle avoit poussé deux mois après douze ou treize pédicules longs d'un pied, fort tendres, pleins de suc, & portant à leur sommet chacun une fleur aussi belle que si la plante eût été en terre; ce qui arrive aux Scilles que les Apoticaires pendent dans leurs laboratoires. Ces plantes conservent long-temps leurs activités après avoir été électrisées par l'action de la Terre; de la même façon que l'électricité se conserve dans les corps résineux ayant été introduite par le feu lorsqu'on les met en fusion. (*Voyez Mém. de l'Ac. an* 1734, *page* 341) M. Gray a fait fondre dans une cuillere de fer différentes matieres résineuses séparement, comme de la résine blanche, &c. & du soufre. Lorsque ces matieres avoient pris la forme de la cuillere en se refroidissant; il échaufoit de nouveau la cuillere un moment, pour détacher les matieres qui avoient pris la forme d'un segment de sphere; & en se refroidissant de nouveau, ces corps devenoient électriques naturellement, & conservoient l'électricité pendant plus d'un an en les enveloppant de papier ou de flanelle. Cette racine ici est enveloppée d'une forte peau, & le Scille de plusieurs couvertures.

TOURNEFORT.

CYCLAMEN (154 inst.) *est plantæ genus, flore,* A *monopelato, rotato, globoso, in quinque partes sursum revolutas plerumque sectio; ex Calyce autem,* B, *surgit Pistillum,* d, *posticæ floris parti adihstar clavi infixum, quod deinde abit in fructum,* a, *feré globosum, membranaceum, multifariam dehijcentem, seminibus fœtum,* h, *ut plurimum oblongis & angulatis, Placentæ* c, *affixis.*

Cyclaminis species sunt.

CYCLAMEN orbiculato folio, *infernè purpurascente* C. B. pin 308. * *Cyclaminus folio rotundiore, vulgatior* J. B. 3. 551. * *Cyclaminus orbicularis, rotundifolius* Dod. pempt. 337.

CYCLAMEN orbiculato folio, *infernè purpurascente,* flores pleno H. L. Bat.

CYCLAMEN orbiculato folio, *infernè ex viridi pallente* C. B. pin. 308. * *Cyclaminus odorato flore, ij Clus.* Hist. 264.

CYCLAMEN autumnale, orbiculato, *circumroso folio subtus rubente odoratissimo, flore carneo, corcyræum* H. R. par. Cyclamen de Corfou * *Cyclamen autumnale, orbiculato circumroso folio, subtus rubente, odorato flore ad purpuram vergente* H. R. par. joncq. hort.

CYCLAMEN autumnale, *folio subrotundo, lucido, molliori & crenato, suaverubente flore, syriacum* H. R. par. Hugueteau.

CYCLAMEN autumnale, *folio subrotundo lucido, molliore & crenato, basi rubra, flore niveo maximo, syriacum,* Hugueteau *dictum.* D. Cheauveau Joncq. hort.

CYCLAMEN odoratum, *æstivo solstitio florens, folio maculato* C. B. pin. 308. * *Cyclaminis odorati varietás* Clus. Hist. 264.

CYCLAMEN *æstivo solstitio florens, folio paulò longiore vixdum maculato, flore dilutè purpurascente,*

Romanum recentiorum H. R par. * *Cyclamen autumnale folio paulò longiore, vixdum maculato, dilutè incarnato flore Romanum, Morini* joncq. hort.

CYCLAMEN folio subrotundo, *ampliore, flore dilutè violaceo pictaviensium* H. R. par. * *Cyclamen autumnale pictaviensium, dilutè violaceo flore* D. de Bertinieres Joncq. Hort.

CYCLAMEN autumnale, *exorticum alterum* Joncq. Hort. * *Cyclaminum montis libani* Corn.

CYCLAMEN hyemale, *orbiculatis foliis, infernè rubentibus purpurascente flore:Coum herbariorum* H. R. par. * *Cyclamen hyemale, orbiculatis foliis, infernè rubentibus, purpureo flore, Coum Morini* Juncq. Hort. Cyclamen de Chyo.

CYCLAMEN hyeme & vere *florens, folio anguloso, amplo flore albo, basi purpureá, persicum dictum* H. R. par. * *Cyclamen autumno florens & hyeme folio anguloso, amplo flore albo, basi purpureá, persicum Morini* joncq. hort. Cyclamen de Perse.

CYCLAMEN hyeme & vere *florens, folio anguloso, amplo flore carneo, basi purpureá* H. R. par.

CYCLAMEN toto fere anno *florens, odorato purpureo flore, Africanum dictum* H. R. par. Cyclamen d'Afrique.

CYCLAMEN Africanum *aliud, Gigas monspensulanis dictum* H. R. par. Legrand Africain.

CYCLAMEN vernum, *anguloso, folio, triplici viridate sericea vario, maximis floris albis, imo osculo purpurascente, antiochenum nuperorum* H R. par. * *Cyclamen vernum, anguloso folio triplici viriditate holosericeá vario, imo osculo rotundo purpurascente, maximis floribus albis Antiochenum Morini* joncq. hort. Cyclamen d'Antioche.

CYCLAMEN Antiochenum, *autumnale, flore purpureo, duplici* Park.

CYCLAMEN latifolium, *auriculatum, flore suaverubente* H. R. par.

CYCLAMEN folio angustissimo, *auriculato, flore alto,*

imâ sui parte purpurascente, Bizantinum herbariorum
H. R. par. * Cyclamen folio quinque auriculis donato flore
albo imâ sui parte purpurascente Morini, Regium herbariorum Joncq. Hort. Cyclamen Bizantin.

CYCLAMEN aprili florens, cordato folio, amæna viriditate & albedine picto, minimo flore H. R. par. Cyclamen aprili florens, cordato folio, flore niveo, interdum
purpurea basi lactescente flore Joncq. hort. * Cyclamen
Orientale corn. Cyclamen Orientale.

CYCLAMEN folio longiore, anguloso & linguam serpentis mentiente, Regium nostras H. R. par. * Cyclamen
anguloso folio, serpentis linguam æmulante Morini joncq.
hort.

CYCLAMEN folio longiore, anguloso & linguam serpentis mentiente, amplo flore albo H. R. par.

CYCLAMEN radice maxima, foliis infernè rubentibus
C. B. pin. 308. * Cyclamen Romanum Eyst.

CYCLAMEN folio anguloso C. B. pin. 308. * Cyclaminus folio anguloso J. B. 3. 553. * Cyclamen verno tempore
florens Clus. hist. 265.

CYCLAMEN hederæ folio C. B. pin. 308. * Cyclaminus
orbicularis Dod. pempt. 337.

CYCLAMEN folio hederaceo, polyanthes C. B. pin
308. * Cyclaminus Bizantinus, polyanthes Clus. hist.
264.

CYCLAMEN radice Castaneæ magnitudinis C. B. pin.
308. * Cyclaminus Bizantinus Clus. hist. 264.

CYCLAMEN radice exigua C. B. pin. 308. * Cyclaminus parva radice J. B. 3. 553. * Cyclaminus æstivus clus.
hist. 265.

CYCLAMEN oblonga radice C. B. pin. 308. * Cyclaminus odoratus. κικαριζος Clus. Hist. 264.

CYCLAMEN vernum, album C. B. pin. 308. * Cyclaminus flore albo vernus J. B. 3. 554.

CYCLAMEN vernum flore rubro pancii Lob. obs. 332.
* Cyclaminus flore rubro graciliori J. B. 3. 554.

CYCLAMEN foliis violariæ radice cordis effigie C. B.
pin, 308. * Cyclaminus vernus, spurius, flore luteo J. B.
3. 534. * Cyclamen vernum, spurium Clus. hist. app. alt.
anct.

*Cyclamus dicitur à voce Græca κυκλος circulus prop-
ter radices & folia orbiculata specierum hujus generis:
quo enim tempore flore & fructu carent dignosci solent foliis subrotundis vel angulatis, ex albo & vario plerumque variegatis. Earum radices ut plurimum tuberosæ.*

LINNÆUS.

193. CICLAMEN. * Pain de pourceau. Tournef. 68.
Calyx, B, perianthium semiquinquefidum, subrotundum, persistens: laciniis ovatis. Corolla A, petalum unicum. Tubus subglobosus calyce duplo-major, parvus,
nutans, Limbus sursum reflexus, quinque partitus, maximus: laciniis ovato-laceolatis collum prominens. Stamina Filamenta quinque, minima, in tubo Corollæ. Antheræ recte, acutæ, in collo corollæ. Pistillum, d, Germen subrotundum. Stylus filiformis rectus, staminibus longior. Stigma acutum. Pericarpium, a, bacca globosa,
unilocularis; apice quinquefariam dehiscens. Semina, h,
plurima subovata, angulata. Receptaculum, c, ovatum
liberum.

Cyclaminis species sunt. (207. Spec.)

CYCLAMEN (*Europeum) corolla retroflexa.
Cyclamen foliis cordatis, corolla reflexa. hort. ups.
47 mat. med. 65.
Cyclamen: Hort. Cliff. 49. Roy Lugd. 414.

Cyclamina omnia 1-13. Bauh. pin, 307.
Cyclaminus: Cam. epit. 35.
Habitat in Austriæ, Tartariæ, Europæ australis sic-
cis umbrosis nemorosis. (Perennes).
Varietates sic conjungunt plantas folio anguloso &
rotundo, ut vix ac ne vix limites dentur.
CYCLAMEN (* indicum) corollæ limbo nutante. Fl.
Zeyl. 401.
Habitat in Zeylona. (Perennes.)

GAUTIER.

LE CYCLAMEN, ou *Pain de pourceau. F. IX. C. I. E. VI.*
LA FLEUR de cette plante sort de terre nuë sans
feuille au bout d'une tige spirale, elle sort en bouton,
& lors de sa naissance, cette tige spirale fend la
terre pour garantir la fleur. *La Corolle* a l'orifice
du tube tourné vers la terre, mais le Limbe est replié
& demeure herissé formant dans son repli latéralement
deux espéces de neuds percés qui restent blancs, & ne
participent pas de la même teinte du reste de la fleur.
Le Limbe est divisé en cinq pétales lanceolés. Les *Étamines* au nombre de cinq, ont leur Filament très-court.
Les Antheres sont réunies vers le stil, & ont une base
évasée & mipartie, & finissent en pointe membraneuse
& allongée; ayant quelque ressemblance à la graine
de laitue. Le *pistile* est arrondi & assis sur le calice; son
stil est en alene, pointu & sans Stigma.

LE FRUIT est une espéce de cosse sphérique & membraneuse; elle s'ouvre en plusieurs parties, qui renferment des semences anguleuses attachées à un receptacle, ou placenta, piramidal.

LA RACINE est gastrique, noire en dehors ayant
quelques filets dispersés, blanche en dedans, charnue,
d'un goût amer & désagréable.

LA TIGE ne porte qu'une fleur, elle est courte, ronde
cilindrique, ou fistuleuse, ébranchée, & le tronc qui
réunit les tiges sous terre, noir & écailleux.

LA FEUILLE de cette espéce ici est cardiale, dans
d'autre espéce elle est ronde, légérement dentelée dans
ses contours, petiolée comme l'on voit ici, ou portée
par une longue tige, sortant du même tronc que les
fleurs; la feuille est aussi à grosse cotte, tachetée & bor-
dée de blanc, & sa texture unie.

QUALITÉS.

La racine de cette plante contient beaucoup de
phlegme, d'huile & de sel essentiel; elle est incisive,
atténuante, détersive & apéritive.

VERTUS.

Elle dissout la pierre des reins; sert pour faire sortir
l'arriere faix après l'accouchement, pour dissoudre les
glandes, pour lever les obstructions, pour résoudre les
tumeurs on l'emploi, intérieurement & extérieurement.
Lemery.

Selon quelques Auteurs, la racine a quelque chose
de venimeux; on s'en sert cependant dans les fortes
purgations, & on en donne une scrupule dans de l'eau
miellée à ceux qui ont la jaunisse, ce qui les fait suer,
dissipe les humeurs visqueuses, désopile le foie & la
rate, sert à l'hydropisie & à la colique; le suc de la
racine tiré par le nez est bon contre la migraine & le
mal de tête invétéré, & aux autres maladies de la tête.

la Racine d'Angélique

l'Angélique
D
Gautier

PLANTES D'USAGE.

L'ANGELIQUE DE BOHEME (Planche 1.) *Angelica sylvestris major*, Bauh. *Pin.* 155.
La RACINE DE L'ANGELIQUE (Planche 2.) *Habitat in Europæ frigidioris subhumidis sylvestris.*
(Perennes.)

L'ANGELIQUE ou *Archangelique*, est ainsi nommée à cause des grandes vertus qu'elle possé-
de : elle croît aux lieux humides, en terre grasse. On confit au sucre sa côte & ses semences ; c'est
un préservatif contre le mauvais air. On fait aussi d'excellent ratafia avec ses côtes ou avec sa
racine ; l'odeur de cette Plante est forte, mais agréable ; elle se conserve long-temps dans les
endroits qui en sont imbibés. On nous apporte la Racine d'Angelique séche de plusieurs pays ;
mais la meilleure est celle qui vient de Bohême, & ensuite celle du reste de l'Allemagne : elle
doit être grosse, longue, brune extérieurement, blanche intérieurement, entiere, non vermou-
lue, à quoi elle est sujette étant gardée trop long-temps ; elle est d'un goût aromatique tirant
sur l'amer. Cette Plante est assez commune dans les environs de Paris, on la cultive dans presque
tous les jardins.

La grande espece, qui est celle-ci, a les feuilles de sa base extrêmement grandes : j'ai donné
une de ces feuilles que l'on voit sous la Racine, telle que je les ai vues sur la Plante qui m'a été
donnée du Jardin de Messieurs les Apothicaires de Paris.

TOURNEFORT.

ANGELICA, 313. *inst. est plantæ genus, flore* A (tabula 1.) *rosaceo & umbellato, plurimis scilicet Petalis, a,
constante, in orbem positis & Calyci, c, insidentibus. Is autem abit in Fructum, d, ex duobus Seminibus oblongis, crassiusculis, apii semine majoribus, hinc gibbis & striatis, inde
verò planis. His notis addenda sunt Folia alata, in partes
satis amplas divisa.*

Angelicæ species sunt.

Angelica silvestris, *minor sive erratica* C.B. *Pin.* 155 *.
Angelica sylvestris, repens* J.B. 3 par. 2. 145. * *Egopo-
dium*, Herba *Gerardi* Tabern. Icon. 83.

Angelica Acadiensis, *flore luteo* H. R. *par.* 55.

Angelica alpina, *ad nodos florida. An Ligusticum quo-
rumdam, foliis Angelicæ.* J.B. 3. part. 2. 147.

Angelica montana, *perennis, paludapii folio.* * *Ligusticum vulgare, an Libanotis fertilis Theophrasti* C.B. *Pin.*
157. * *Ligusticum vulgare, foliis Apii* J.B. 3. part. 2.
122. *Levisticum vulgare* Dod. *pempt.* 311. *Laserpitium*
ang. Ache de montagne.

Angelica pratensis, *apii folio.* * *Seseli pratense silaus forte
Plinio* C.B. *Pin.* 162. * *Silaum quibusdam, flore luteolo.*
J.B. 3. part. 2. 170. * *Siler alterum, pratense* Dod. *pempt.*
310.

Angelica pratensis, *altera, Apii folio.*

Angelica montana, *perennis, Aquilegia folio.* * *Libanotis latifolia, aquilegiæ folio* C.B. *Pin.* 157. * *Ligusticum
Rauvolfii, foliis aquilegia* J.B. 3. part. 2. 148.

Angelica Canadensis, *tenui folia, Asphodeli radice.*

Angelica Canadensis, *foliis quasi præmorsis, & in tenuè
capillamentum abeuntibus, foliolo donatum.*

Angelica, *à viribus eximiis, &, ut ita dicam, Angelicis.*

LINNÆUS.

Angelica, 262. *Calix* (tabula 1.) *umbella universalis
multiplex, subrotunda : partialis,* A, *florens exactè globosa.
Invocrum* B, *universale tri-vel-pentaphyllum, parvum : par-
tiale parvum, octophyllum. Perianthium proprium, c, quinquedentatum, vix notabile. Corolla, universalis uniformis :
partialis a, Petallis quinque, lanceolatis, leviter incurvis,
caducis. Stamina, filamenta quinque, simplicia, corolla
longiora. Antheræ simplices. Pistilum, b, Germen infra receptaculum. Styli duo, reflexi. Stigmata obtusa. Pericarpium nullum. Fructus subrotundus, angulatus, bipartibi-
lis. Semina, d, duo, ovata hinc plana, margine cincta,
inde convexa, tribus lineis secundùm longitudinem elevatis
notata.*

Angelicæ species sunt, (360. Sep.)

1. ANGELICA (*Archangelica) foliorum impari lobato.
Fl. Lapp.* 101. *Fl. Suec.* 233, 245. *Mat. med.* 120. *Hort.
Cliff.* 97. *Roy. Lugdb.* 103.

Angelica sativa, *Bauh. Pin.* 155.

Angelica major. *Dod. pempt.* 318.

Habitat in alpibus Lapponia, ad rivulos. (biennes.)

*Umbella universalis copiosa, radiis angulatis ; partiales
globosæ. Involucrum sæpe unifolium ; in volucella polyphyl-
la, linearia, reflexa. Petala ovata, acuta, viridia, cadu-
ca, stamina alba.*

2. ANGELICA (* sylvestris) *foliis æqualibus ovato-lanceolatis serratis. Hort. Cliff.* 97. *Fl. Suec.* 234, 246. *Mat.
med.* 121. *Gron. virg.* 31. *Hall. Helv.* 441. *Roy. Lugdb.*
103.

Angelica sylvestris major. *Bauh. Pin.* 155.

Angelica sylvestris. *Dod. pempt.* 318, *Fl. Lapp.* 102.

Habitat in Europa frigidioris subhumidis sylvaticis. (perennes.)

ANGELICA (* atro-purpurea) *extimo foliorum pari coa-
dunato : foliolo terminali petiolato. Roy. Lugdb.* 103.

Angelica Canadensis atro-purpurea. *Corn. Canad.* 198.
t. 199.

Habitat in Canada.

4. ANGELICA (* Lucide) *foliolis æqualibus ovatis in-
ciso serratis. Hort. Cliff.* 97. *Hort. Upsf.* 62. *Roy. Lugdb.*
103.

Angelica lucida Canadensis. *Corn. Canad.* 196. *t.* 197.
Morisf. Histf. 3. *p.* 281. *f.* 9. *t.* 3. *f.* 8.

Habitat in canada. (biennes.)

GAUTIER.

L'ANGÉLIQUE F. 11. C. 11. fleurit en bouquet & en
umbelle.

LA FLEUR vient en paquet dans un *calice commun*
B, membraneux, ovalaire, divisé en trois ou cinq parties qui s'écartent, pour laisser développer les bouquets
globuleux qui se séparent ensuite, & dont les péduncules
forment une espece de parasol irrégulier. Chaque Fleur en
particulier est pétiolée, & sort de l'extrémité du pédun-
cule commun. Le *calice particulier, c,* est périanthe divisé
en cinq, d'où sort la *Corolle a,* composée de cinq ou six
Pétales en forme de rose planes. Les *Etamines* sont au
nombre de cinq, plus longues que la corolle ; les Fils sont
fort déliés, & l'Anthere est en graine de laitue. Le *Pistile b,* a deux Stils aigus, en fil, & posés en forme de four-
che, où on ne distingue point de Stigma.

LE FRUIT, *d,* est composé de deux graines qui formoient l'extrémité du pistile, qui se séparent & tiennent

par un filet bien mince, au réceptacle, qui a formé dans la fleur la bafe du calice. Les *femences* font ovales, plates, entourées d'une marge, & à l'endroit convexe, marquées longitudinalement de trois lignes.

La Racine eft *tronçonnée* jaune, fale en dehors, blanche en dedans, pouffant des branches ou efpeces de navets nerveux, d'une odeur forte & agréable.

La Tige eft canelée, *fémirameufe*, liffe & unie, creufe, de la même odeur que la racine.

La Feuille *découpée*, comme celle du Céleri, ayant pour queue une membrane qui a fervi d'enveloppe & de calice aux tiges & aux Fleurs.

QUALITÉS.

Elle contient beaucoup d'huile exaltée ; & de fel volatil.

VERTUS.

Elle eft cordiale, ftomacale, céphalique, apéritive, fudorifique, vulnéraire : elle réfifte au venin ; on l'employe contre la pefte, pour les fiévres malignes, pour la morfure des chiens enragés, & eft contre le Scorbut.

la tubéreuse Pl. 1
Gautier
B.R

PLANTES D'USAGE.

LA Tubereuse (*Planche* 1re) *Hyacinthus indicus, tuberosa radice. Clus. Hist. 1. p. 176.* * *Hyacinthus indicus, tuberosus, flore Hyacinthi orientalis C. B. Pin. 47. J. B. 2. 588.* * *poliantes tuberosa 1. Linn. . . Habitat in Iava, Zeylona.* (perennes).

La Jacinthe Ametyste A. (*Planche 2*). *Hyacinthus oblongo flore Amethystino, major, C. B. Pin. 43.* La Jacinthe des Bois; B. *Hyacinthus anglicus flore incarnato Eyst.* La Jacinthe Double C. *Hyacinthus orientalis flore Duplici. C. B. Pin. 45.*

Nota. La deuxieme Planche, où est la dissection des fleurs & les jacintes, sera dans la seconde quarantaine.

La tubereuse est une plante dont la tige croît à la hauteur de trois ou quatre pieds, grosse comme le petit doit; sa racine forme diverses tubérosités; c'est ce qui lui a fait donner le nom de Tubereuse : elle est cultivée dans les jardins. Son origine vient des Indes, quoiqu'elle soit extrêmement commune dans toute l'Europe & particulierement à Paris. Les Fleuristes à Marseille en font une branche de commerce, & font des envois considérables de leurs racines en divers Pays. La fleur contient beaucoup d'huile exaltée & spiriteuse. Les Parfumeurs s'en servent, mais on ne l'emploie point en médecine, elle excite souvent les vapeurs aux Femmes.

La Jacinthe est beaucoup variée dans ses espèces; mais toutes ces variétés pourroient se réduire aux seuls caractères qui marquent une espèce déterminée & distincte; ce qui se trouve dans les Jacintes par la forme du tube de leurs fleurs, par celle de leurs feuilles, & par la qualité de leur tiges : car les diverses couleurs, le plus ou moins de grosseur, & le nombre des petales ne change point les espèces : ce ne sont que les variétés occasionnées par le climat & par la Culture.

TOURNEFORT.

Hyacinthus *est plantæ genus, flore A. B. C. lilliaceo monopetalo, in sex parte secto & quasi campaniformi, tubulato, ex cujus fundo surgit pistillum D, quod deinde abit in fructum E, subrotundum fere trigonum, in terna loculamenta F, divisum seminibsuque fœtum modo subrotundis F, modo planis.* (Tabula 2.)

Hyacinthi species sunt.

Hyacinthus oblongo *flore cœruleus, major* * *Oblongo flore Amethystino* *. *Oblongo flore violæ nigræ, major* *. *Oblongo flore fusco* *. *Oblongo fore flavo-viridi* *. *Oblongo ceruleo flore, minor* *. *Oblongo albo flore, minor* *. *Oblongo flore suaviter rubente. C. B. Pin. 43. 44.* * *Oblongo flore cæruleo & albo mixto, H. L. Bat.*

Hyacinthus Anglicus, *flore incarnato* *. *Anglicus cinericus* Eyst.

Hyacinthus non scriptus, *flore candido. Dod. pempt. 215.*

Hyacinthus obsoleto flore *. *Obsoleto flore alter. C. B. Pin. 44* *. *Obsoletus Clusii., flore obsoleto viridi Suv.*

Hyacinthus seronitus, *albicans. C. B. Pin. 44.* * *Seronitus obsoleto colore, Eyst.*

Hyacinthus minor, *hispanicus, orientalis facie, flore mixto. Clus. Cur. post. infol. 18.*

Hyacintus floribus campanulæ *uno versu dispositis.* * *Floribus campanulæ, utrinque dispositis. C. B. Pin. 44.*

Hyacinthus orientalis, *caule maculato.* * *Orientalis purpureus.* * *Orientalis exalbidus.* * *Orientalis albus primus.* * *Orientalis albus alter.* * *Orientalis maximus.* *Orientalis latifolius.* * *Orientalis variegatus phænicæis calyculis, subtus rubentibus, vel floribus anteriùs albescentibus à versa parte purpurascentibus.* * *Oritentalis ramosus.* * *Orientalis florum foliis reflexis & variegatis.* * *Orientalis caule folioso.* * *Orientalis seronitus.* * *Orientalis seronitus, floribus erectis candidis.* * *Orientalis seronitus floribus erectis cæruleis* * *Orientalis seronitus striatus.* * *Orientalis flore duplici.* * *Orientalis flore duplici Cæruleo.* * *Orientalis flore cæruleo pleno.* * *Orientalis albus, multiplici flore. C. B. Pin. 44. 45.* * *Orientalis caule maculato flore violaceo.* * *Orientalis, flore cæruleo calyce brevi, polyanthos.* * *Orientalis albore splendido.* * *Orientalis maximus flore albo.* * *Orientalis polyanthos flore cinenrei coloris.* * *Orientalis polyanthos flore argenteo.* * *Orientalis flore violaceo odoratissimo.* * *Orientalis, maximus flore amœnè cœruleo, polyanthos.* * *Orientalis, max. calyculis suaverubentibus. H. R. par.* * *Orientalis brumalis, flore cæruleo, foliis parte infernâ maculis purpureis notatis.* * *Orientalis maximus flore incarnato.* * *Orientalis flore duplici, cæruleo, Romanus dictus.* * *Orient. purpureo pleno* * *Orientalis, flore purpureo violaceo calyculis turgidis.* * *Orientalis pallide incarnatus, multiplici flore.* *Orientalis, roseus, italicus dictus, multiplici flore candidissimo.* * *Orientalis flore duplici Capucinus.* * *Orientalis, Capucinus dictus, flore elegantiori. H L. Bat.* * *Orientalis, violaceo colore albis lineis. Eyst.*

Hyacinthus flore purpureo, *albo. Eyst.*

Hyacinthus amethystinus, *pleno flore campanulato magni Ducis hetruriæ. H. R. par.*

Hyacinthus precox *albus, C. B. Pin. 45.*

Hyacinthus indicus, *tuberosus, flore hyacinthi orientalis. C. B. Pin. 47.* * *hyacinthus indicus tuberosa radice. Clus. Hist. 176.* * *J. B. 2. 588.* La tubereuse.

Hyacinthus ab hyacintho puero, ut fabulantur.

LINNÆUS.

323. Polianthes. * Tuberosa *Heist.* Calyx *nullus.* Corolla *Infudibuliformis, monopetala, Tubus incurvus, oblongus, Limbus patulus; laciniis sex, ovàtis.* Stamina *Filamenta sex, crassa, obtusa, ad faucem corollæ. Antheræ lineares, filamentis longiores.* Pistillum, *Germen subrotundum, in fundo corollæ. Stylus filiformis corollâ fere brevior, Stigma trifidum, crassiusculum, melliferum.* Pericarpium, *capsula subrotunda, obtusè trigona, basi corollæ obvoluta, trilocularis, trivalvis.* Semina *plurima, plana, gemino ordine incumbentia, semiorbiculata.*

Polianthis species sunt.

1. Polianthes. (* tuberosa).
Polianthes *floribus alternis. Hort. Cliff. 127. Hort. Upf. 76. Flos. Zeyl. 225.*

Hyacinthus *indicus tuberosus, flore narcissi. Bauh. Pin. 47. Rudh. Elys. 2. p. 39. f. 4.*

Hyacinthus *indicus tuberosus, flore hyacinthi orientalis. Bauh. Pin. 47. Rudh. Elys. 2. p. 38, f. 2.*

Hyacinthus *indicus, tuberosa radice. Clus. Hist. 1. p. 176.*

Amica nocturna *Rumph. amb. 5. p. 285. t. 98.*

Habitat in Java, Zeylona. (perennes.)

LINNÆUS.

342. HYACINTHUS.* jacinthe, *Tournef. 180. Muscari, Tourn. 180.* Calyx, *nullus.* Corolla A.B. C. *Campanulata, monopetala, Limbus sexfidus reflexus. Nectarium pori tres, melliferi, ad apicem germinis.* Stamina. *a , Filamenta sex subulata Breviora. Antheræ, conniventes ,* Pistillum D. *rotundo trigonum, trisulcum. Stilus simplex. Corrolla brevior. Stigma obtusum.* Pericarpium *capsula subrotunda, triquetra, trilocularis, trivalvis.* Semen *binâ (Sæpius), subrotunda.* Receptaculum *columnare.*

OBS. *Genus hocce naturle in plura, non naturalia distribuerunt. Hyacinthus quum tubus corolla sit, tubulatus, oblongus. Muscari quum tubus corolla sit fere globosus. Alia corolla sex-partita gaudet.*

Hyacinthi species sunt.

HYACINTHUS (* non scriptus) *corollis campanulatis sex-partitis apice revolutis. Hort. Cliff. 125. Roy. Lugdb. 23. Sauv. Monsp. 7.*

HYACINTHUS *oblongo flore, caruleus major. Bauh. Pin. 43.*

Habitat, in Anglia, Gallia, Hispania, Italia, nemoribus.

Bractea sunt sæpius floribus longiores, & bina. Petala apice revoluta. Stigma guttula madidum.

2. HYACINTHUS (* cernuus) *corollis campanulatis sex-partitis racemo cernuo.*

Hyacinthus *Hispanicus. Clus. hist. 1. p. 177.*

Hyacinthus *oblongo flore suaviter rubente, minor Bauh. Pin. 44.*

Habitat in Hispana. (perennes.)

Convenit cum H. non scripto habitu & facie, quamvis minor; differt vero foliis magis linearibus, minus lanceolotis, erectioribus; Racemo magis nutante corollis incarnatis nec caruleis, teretioribus, cum petalorum lateribus ad basin minus plano patentibus, nec dorso linea elevata notatis, minusque revolutis (quamvis reflexa) quam in illo, Pistilum demum Staminibus breviùs est. Bractea, bina saturatiùs incarnata.

HYACINTHUS (* seronitus) *corollarum exterioribus petalis subdistinctis interioribus coadunatis.*

Hyacinthus *obsoleto flore. Bauh. Pin. 44.*

Hyacinthus *obsoleti coloris, Hispanicus serotinus. Clus. hist. 1. p. 177. 178.*

Habitat in Hispania Mauritania. (perennes.)

Racemus secundus. Flore tristi colore, nec tamen noctu ambrosiaci. Corolla sex-fida: Laciniis 3 alternis exterioribus fere ad basin usque separatis recurvisque.

HYACINTHUS (* viridis) *corollarum exterioribus laciniis subulatis longissimis.*

Habitat ad cap. b. spei; vivam aluit D. Burmannus.

Satura. H. amethystini, sed corolla virides. Laciniis tribus exterioribus alternis duplo longioribus toto flore, subulatis in acumen angustissimum.

5. HYACINTHUS (* amethystinus) *corollis campanulatis semi-sexfidis basi cylindricis. Hort. Upf. 85.*

Hyacinthus *oblongo caruleo flore, minor. Bauh. Pin. 44. Rud. 2. Ezys. 2. p. 27. f. 8.*

Hyacinthus *minor Hispanicus augusti folius. Bauh. Hist. 2. p. 587. Clus. cur. app. alt.*

Habitat in Hispania. (perennes.)

6. HYACINTHUS (* orientalis) *corollis infundebuliformibus semi sexfidis basi ventricosis. Hort. upf. 85. Hort. cliff. 125. Roy Lugdb. 27. Gron. Orient. 115.*

Hyacinthus *orientalis, (spec. 1 - 15) & plenus (1 - 3) Bauh. Pin. 44.*

Hyacinthus *orientalis major & minor Dod. pempt. 216.*

Habitat in Asia, Affrica. (perennes.)

7. HYACINTHUS (* muscari) *corollis ovatis omnibus æqualibus. Hort. cliff. 126. Hort. usp. 85. Roy, Lugdb. 28.*

Hyacinthus *racemosus, moschatus. Bauh. Pin. 43.*

Muscari *obsoletiore flore. clus. hist. 1. p. 178.*

Habitat in Asia ultra Bosphorum, inde in Europam ante. 1554. (perennes.)

8. HYACINTHUS (* monstrosus) *corrolis subovatis. Vir. cliff. 28. Roy, Lugdb. 28.*

Hyacinthus *floribus paniculatis monstrosis. Hort. cliff. 126.*

Hyacinthus *panicula carulea. Bauh. Pin. 42.*

Hyacinthus *sannesius panicula comosa. Col. ecphr. 2. p. 10. t. 2.*

Habitat . . . primum inventa in agro papiensi, & juxta Boran Gallia. (perennes.)

Videtur sequentis sola varietas?

9. HYACINTHUS (* comosus) *corollis angulato-cylindricis: summis sterilibus longiùs pedicellatis.*

Hyacinthus *corollis globosis: summis pedunculatis, foliis ensiformibus. Sauv. monsp. 17.*

Hyacinthus *comosus major purpureus. Bauh. Pin. 42.*

Hyacinthus. *Cam. epit. 798.*

Habitat in Gallia & Europa australis agris. (perennes.)

10. HYACINTHUS (* botryoides) *corollis globosis uni-formibus, foliis canaliculato- cylindricis strictis.*

Hyacinthus *corollis globosis Hort. cliff. 126. Hort. usp. 85. Roy. Ludgb. 28.*

Hyacinthus *corollis globosis, foliis in cylindrum convolutis. Sauv. monsp. 19.*

Hyacinthus *racemosus caruleus major. Bauh. Pin. 42.*

Hyacinthus *botryoides purpureus 111. clus. hist. 1. p. 181.*

Hyacinthus *Botryoides caruleus amænus. lob. 12. 108.*

Habitat in Italia.

Differt floribus in odoris & foliis erectis à sequenti cui flores odori & folia patenti decumbentia carinata.

11. HYACINTHUS (* racemosus) *corollis ovatis: summis sessilibus foliis laxis. sauv. monsp. 17.*

Hyacinthus *racemosus caruleus minor juncifolius. Bauh. Pin. 43.*

Hyacinthus *botryoides purpureus clus. hist. p. 181.*

Habitat in Europa australi. (perennes.)

12. HYACINTHUS (* orchioides.) *corollis sex partitis: petalis tribus exterioribus brevioribus.*

Hyacinthus *orchioides africanus major, bifolius maculatus, flore sulphureo obsoleto majore. Brein. prodr. 3. p. 24. t. 11. f. 1, 2, 3.*

Orchis *angustifolia maculata. Buxb. cent. 3. p. 10. t. 16.*

Orchis *hyacinthoides, foliis caule & floribus maculatis Buxb. cent. cent. 3. p. 12. t. 20.*

Habitat in Æthiopia. (perennes.)

Folia duo puculata' ovata, oblonga, racemus floribus copiosissimis; violaceis. Corolla vix ad basim sex partita: petala exteriora alterna ovata, breviora, interiora, obovota, longiora.

13 HYACINTHUS (* lanatus) *corollis lanatis caule ramoso. Roi. Lugdb. 27.*

Habitat . . . .

GAUTIER.

LA TUBEREUSE est une jacinte du même genre que les autres, selon Tournefort; mais Linnæus la sépare du genre des jacintes sous le nom de *Polianthes*, quoiqu'elle soit selon lui de la même classe. Au contraire, par les racines, ces deux plantes sont séparées de famille & se trouvent dans la même espèce par les feuilles, & dans le même genre par la forme de leurs fleurs, selon moi.

VERTUS.

La racine est détersive, astringente, aglutinante. Sa semence est apéritive, étant prise en poudre au poids d'une dragme ou d'une demi-dragme. *Lemery.*

le Cannacorus
Gautier
le Cannacorus
Gautier

PLANTES CURIEUSES ET ETRANGERES.
LE CANACORUS.

Canacorus amplissimo folio ; flore ritulo. **Tourn.** 367. *&* 192. *Arundo indica Latissimo folio flore rutilo.* **H. R.** *par.* Le Canacorus se nomme aussi Balizier.

LE CAMARA.

Camara alia flore variegato, non Spinosa. **Plum.** *gen.* 32. *ic* 17. *F. l. Lantana Camara* **Linn.** 4. *pag.* 874. *Sp.* Le Camara se nomme aussi Sureau de l'Amérique.

LE FIGUIER D'INDE.

Ficus Indica, major levis. **Pluk.** *alm.* 146. *&* 8. *Opuntia maxima*, **Sloan.** *jam.* 194. *Cactus Cochinilli fer.* 19. *p.* 670. **Linn.**

LE CANACORUS est une plante vivace qui naît entre les tropiques en Asie, en Afrique & en Amérique. Cette plante pousse de sa racine nodeuse plusieurs tiges à la hauteur d'environ quatre pieds, grosses comme le doigt, nouées d'espace en espace comme les roseaux ; ses feuilles sont amples, nerveuses, pointues à leur extrêmité, d'un verd pâle, d'un goût d'herbe mêlé d'un peu d'acrimonie.

LE CAMARA du Jardin du Roi d'après lequel je donne celui-ci, est un Arbrisseau de la grosseur d'un groseillier, il vient de l'Amérique Méridionale. Ses tiges sont rondes ayant une moële comme le Sureau, elles sont nodeuses & raboteuses, d'une couleur brune. Sa feuille est grenue, légérement dentelée ; ses fleurs sont ombelées, petites, faites en jasmin & panachées.

LE FIGUIER D'INDE vient de la Jamaique & de l'Amérique Méridionale. Cette plante est vivace, & fait une espéce d'Arbrisseau sans tiges. Ses fleurs sont en rose, mais sans odeur ; son fruit ne mûrit, ni ne grossit point dans ces pays-ci. Il vient en Espagne, en Italie & en Provence ; où l'on trouve une espéce de ces figues qui piquent comme les orties. Le goût de ce fruit est fade & douceâtre. La feuille de cette Plante mise dans la terre & renversée prend racine.

Nota. Je ne donne pas la dissection de la fleur & du fruit de ces trois plantes, ni celle de la fleur à Crapau. Je dois examiner de nouveau ces plantes, & je remets ce qui me reste à faire sur ce sujet à la prochaine quarantaine & dans la Table de la Planche IX.

Suite de la VIᵉ Dissertation.

Je supposois dans présente Dissertation que le Murier de la classe du Ricin étoit une plante parfaite qui avoit ses étamines en fleurs séparées des uterus, comme dans les Mays ou Bled turc, & qu'alors les glandes des uterus ou étamines étant suprimées, on interrompoit la génération des semences ; de sorte que les Muriers de la classe des *Diœcia* devoient être alors des Muriers sterils dans les deux sexes prétendus, parce que les mâles n'avoient que des étamines sans uterus, & les prétendues femelles n'avoient que des uterus sans leurs glandes ou sans leurs étamines : ainsi Camerarius a tort de ne pas s'expliquer de quelle espéce étoit le murier sur lequel il a fait ses expériences. Le Mays ensuite duquel il dit s'être servi est de la classe du Ricin & du murier *monœcia* ; il se pouvoit aussi qu'en coupant les glandes seminales, séparées des uterus, qu'on appelle fleurs mâles, la génération fut interrompue. Mais au chanvre son expérience n'a pas réussi par la suppression des fleurs mâles, c'est-à-dire, des plantes à fleurs prétendues mâles ; la fleur porte graine, a donné son fruit parfait sans germination étrangere, ce qui doit arriver à la Mercuriale ; malgré ce qu'en dit cet Auteur : & supposé que le Chanvre femele, comme il dit lui-même, ait fécondé, & qu'aucontraire la Mercuriale femele ait péri sans faire sa graine, après la même suppression ; l'expérience du Chanvre suffit, & prouve que la Mercuriale portant graine a péri sans générer, par tout autre accident que par le défaut de la plante prétendue mâle. Ces expériences sont répetées soigneusement sur mes fenêtres, cette année ici 1767, & j'en donnerai le résultat dans mes premieres quarantaines. On verra peut-être que dans la classe du Ricin même, les fleurs prétendues mâles, que je dis actuellement glandes des uterus, ne seront que des fleurs avortées, comme dans les prétendues fleurs mâles des plantes de Chanvre & de Mercuriale.

SEPTIEME DISSERTATION

Sur les prétendus infiniment petits des germes, & sur les Moules perpetuels, independans du temps.

On peut supposer dans l'expérience de la feuille de Figuier qui prend racine, que les feuilles se sont succédées. En mettant celle-ci dans la terre elle a suivi le cours végétal de l'embrion primitif qui a commencé la plante ; comme dans les fraisiers qui se perpétuent par coulant, ce qu'on appelle développement de partie. Mais ici la feuille est renversée, & la partie qui devoit fournir une feuille fournit une racine ; & à l'endroit que la feuille tenoit avec une autre feuille, où il ne devroit paroître que des racines ou des filamens prolongés, il sort une feuille. Ce n'est alors plus un *développement.* C'est nécessairement une filtration inverse des glandes qui assimilent les particules de la seve, & leur font prendre des formes par leur assemblage : car le développement doit être fixe, & demande l'infini qui est la chose la plus ridicule, comme j'ai déjà dit.

La feuille du Figuier d'Inde doit être mife an rang des tiges des autres plantes, qui prennent racine & pouffent des nouvelles tiges, des feuilles, des fleurs & des fruits. J'ai planté à Nice au bord du Var des branches de Peupliers du haut & bas, elles ont pouffé des racines de leur partie fupérieure, enfoncée dans la terre, & des tiges de la partie inférieure qui étoit en l'air. C'eft ici la même expérience, & ce font les mêmes raifons & les mêmes conféquences. Ce que j'ai cependant obfervé de plus particulier & en même-temps de plus favorable, avec les branches de Peuplier, 1°. c'eft que les branches ou tiges que je plantois en terre, ainfi renverfées, étoient affilées avec une hache & pointues, pour être plus facilement enfoncées à coup de maffe, 2°. que j'avois foin que l'écorce qui eft affez unie, dans cette efpéce d'arbre, n'eût aucun bourgeon; 3°. que les racines malgré cela fortoient de l'écorce, & prenoient naiffance des pores les plus ferrés. 4°. Que fi par hafard il y avoit des bourgeons fur l'écorce; ces bourgeons périffoient & ne pouffoient point de racines. 5°. Que les bourgeons qui étoient à l'air, quoique d'une direction inverfe fe redreffoient, & continuoient leur végétation.

Si le développement avoit lieu, pourquoi les cicatricules de la feuille de Figuier, qui font les endroits par où fortent les feuilles dans l'air, & les racines dans la terre, feroient-elles différentes des branches qui ne pouffent que des bourgeons en l'air, & périffent dans la terre? Le lieu du développement doit être fixé, les cicatricules de la feuille de Figuier d'Inde qui font, fes nœuds & fes bourgeons, devroient également périr dans la terre comme les bourgeons des arbres, & les branches d'arbres ne devroient point former des nœuds où il n'y en a point, & pouffer des racines dans les endroits où il n'y en auroit jamais eû, ni bourgeons ni racines. Cela eft fi vrai, que dans une groffe branche de Peuplier d'Italie dont je me fuis fervi, au bout de trois mois j'ai eu foin de couper toutes les racines qui avoient pouffés de cette branche, & il en eft pouffé un mois après d'autres à côté, & cela tant qu'il y a eu d'écorce à la partie qui étoit enfoncée dans la terre; & au contraire aux pareilles branches que je laiffois dans l'état de leur premiere végétation, il y reftoit des efpaces entre les racines où il ne fortoit jamais d'autres racines ni de bourgeons.

Tout en général dans les végétaux démontre une formation de nouvelles parties & de nouveau corps par la feule filtration des glandes: la feve fitôt qu'elle trouve jour dans un végétal, fe fait place & entre dans fes glandes. Le fang dans les animaux, & la feve dans les plantes, portent avec eux toutes les parties de la formation des corps dans ces deux regnes, fans les glandes qui filtrent & affimilent les parties il n'y auroit rien de formé; il a fallu des glandes pour commencer à filtrer, & ce font ces glandes qui ont été créées. Ce font ces glandes créées, qu'on veut cependant appeler *le tout toujours vivant*, & on ne compte pour rien toutes les productions de ces glandes; on veut que leur exiftance foit éternelle.

C'eft la nature de la glande qui forme l'efpéce; ainfi l'efpéce fe perpétue par la filtration des glandes qui fe reproduifent dans l'efpéce qui leur fert de foutient & d'enveloppe. Mais les premieres glandes qui font les vraies matrices primitives, ont commencé & font forties des mains d'un créateur. Elles ne peuvent point exifter hors des corps qui les raffemblent, leur exif-

tance éternelle & vague eft une illufion; ces glandes voltigeoient, dit-on, & voltigent encore, dans l'efpace immenfe de l'univers, & s'il n'y avoit pas tous les corps qu'il faut pour les contenir, elles s'affembleroient pour en créer d'autres. Idée qui ne porte que fur des mots. La glande même eft un corps complet & argonifé, elle a des pores, des feuilles, des valvules, & elle n'eft rien hors du corps. Cependant la glande n'eft point une *molecule*, car on doit entendre par molecule un point, un atome fans organe, autrement la molecule feroit un corps. Il faut que les élémens qui paffent à travers les pores d'une glande, & qui font retenus ou rejettés par fes valvules, foient infiniment plus fubtils que les pores des glandes qui leur fervent de conduit. Ces élémens ne font alors qu'un affemblage & une contiguité de molecules différentes, fimples, fans organes & inanimées; pouffées par un agent à travers les glandes, dont nous parlons, qui s'affimilent, fe défuniffent, fe joignent & fe féparent par le moyen de la feule organifation de ces glandes & de l'action qui leur eft communiquée pour cet effet par l'agent qui les impulfe: ainfi le terme de *molecule organique* eft contradictoire. Les glandes de toutes les efpéces, dans le regne animal & dans le regne végétal, font des corps créés & non pas des molecules: ces corps fervent à former d'autres corps, & les molecules fans organe ne peuvent former des corps; elles ne forment que des élémens. Ce n'eft que par le fecours des glandes, comme je viens de dire, qui les dirigent, qu'elles entrent dans la compofition des corps. Par cette explication on ôte le louche qui fe trouve dans le mot de *molecule organique*. La confufion des mots & l'application fauffe qu'il s'en fait dans les fciences, quelquefois embrouille. J'appelle ici *Glandes*, les petits corps dont nous fommes parfemés, & que tous les Anatomiftes connoiffent. Les Plantes, de l'aveu de tous les Botaniftes, font auffi parfemées de glandes. Si on vient enfuite appeller ces glandes des *moules*, comment pouvoir s'entendre? Un moule dans le corps animal & dans les végétaux, eft ce que l'on appelle *vifcere*; c'eft un compofé de glandes, rien n'eft plus démontré que cette vérité. Si on appelle enfuite *moules* les corps, les individus, en un mot, les hommes, les animaux, les plantes, on aide encore à la confufion; car les individus ne font pas des moules, mais des corps organifés qui contiennent un ou plufieurs moules. Dans l'homme & les animaux, les véficules feminales font les moules; mais les hommes & les animaux ne font pas des moules. Dans les plantes, les piftiles font des moules, mais les plantes ne font pas des moules, & on ne peut pas dire qu'il *exifte un nombre déterminé de moules capable de s'affimiler*. Les moules ne s'affimilent pas, ce font les glandes qui s'affimilent pour former les moules. Ainfi il faut diftinguer les moules des individus, dont les moules ne font que partie; & cette *matiere vivante qui eft entiérement abforbée par les moules exiftans*; qu'eft-elle donc cette matiere vivante, que les moules abforbent? Les moules ne peuvent rien abforber de vivant; ils occafionnent les formes, affimilent les atomes & les particules des élémens: l'Agent univerfel dans les plantes leur donne la vie végétale, & dans les hommes l'ame met ces parties en action. On ne peut échaper ici ces principes. Les Riens fur lefquels on fe fonde font bientôt détruits. Les animaux ont une ame différente de la nôtre; mais ce n'eft pas la matiere vivante qui les fait agir. *Ma- tiere vivante! Efprit materiel!*

9 782329 791630